KB022119

거닐며 노는

노 철학

자연에서 스트레스 없이
거닐며 노는 도교 철학

펴 낸 날 2019년 11월 18일

지 은 이 황준식
펴 낸 이 이기성
편집팀장 이윤숙
기획편집 윤가영, 정은지, 한솔
표지디자인 윤가영
책임마케팅 강보현, 류상만
펴 낸 곳 도서출판 생각나눔
출판등록 제 2018-000288호
주   소 서울 잔다리로7안길 22, 태성빌딩 3층
전   화 02-325-5100
팩   스 02-325-5101
홈페이지 www.생각나눔.kr
이 메 일 bookmain@think-book.com

• 책값은 표지 뒷면에 표기되어 있습니다.
  ISBN 979-11-90089-95-1(03150)

• 이 도서의 국립중앙도서관 출판 시 도서목록(CIP)은 서지정보유통지원시스템 홈페이지
  (http://seoji.nl.go.kr)와 국가자료공동목록시스템(http://www.nl.go.kr/kolisnet)에서
  이용하실 수 있습니다(CIP제어번호: CIP2019044527).

Copyright ⓒ 2019 by 황준식 All rights reserved.
· 이 책은 저작권법에 따라 보호받는 저작물이므로 무단전재와 복제를 금지합니다.
· 잘못된 책은 구입하신 곳에서 바꾸어 드립니다.

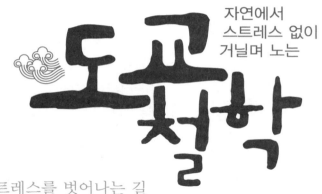

자연에서
스트레스 없이
거닐며 노는

도꼴철학

노장(老莊)이 알려주는 스트레스를 벗어나는 길

생각나눔

머리말

　나는 의사로서 환자를 진찰하는 것을 40년 정도 하고 나니 환자를
보는 시각이 달라지기 시작했다. 바꾸어 말하면 병을 치료하는 데 있
어서 스트레스 요인이 많이 관여하고 있다는 것을 알게 되어 스트레
스 문제에 대하여 여러 각도에서 다루게 되었다.
　그러한 생각으로 나의 진료 생활을 메우다 보니 세계 각국에서 펴
낸 스트레스에 관한 책을 많이 구해서 읽게 되었다. 그랬더니 다음과
같이 생각이 떠오르기 시작했다.

　'스트레스 해소법 중에는 혹시 종교가 스트레스 해소법으로 으뜸이
아니겠는가.'
　4대 종교 하면 불교, 기독교, 도교, 이슬람교를 꼽는다. 그중에서
우선 불교가 스트레스 해소에 어떻게 도움이 되는가를 『공(空), 나를
비우고 얻는 내 안의 평화』라는 제목의 책을 3년 전인 2016년 10월
에 서울대학교 출판문화원에서 내놓았다.

　이번에는 도교와 스트레스 해소와의 관계에 대해서 쓰기 시작했는
데, 나에게는 책의 내용을 풀어쓰기가 무척이나 힘들었다. 도가사상
은 지금껏 익숙했던 논리적 사고방식을 버리고 마음속으로 느끼며
곱씹어야 하기에 그랬다고 생각한다. 그러나 90살에 시작한 도교 철
학에 대한 접근은 의학자의 실험적인 일탈이자 '건강한 육체'를 위한
근원적인 연구라고 말하고 싶다.

도교의 시조인 노자의 『도덕경』은 5,000여 자에 불과하고 알 듯 말 듯 모호하고 역설적이나, 거기에서 현대인들의 스트레스 해소를 위한 근본적인 고갱이를 숨은 보물처럼 찾을 수 있다.

　사람들은 잡된 마음 없이 참되고 성실하게 운명대로 자연에 따라 살아가야 한다. 모든 것을 운명 또는 자연에 맡김으로써 사람들이 지니는 어려움이나 고뇌(스트레스)로부터 벗어난다.

　우리들의 생명에는 모든 것이 구비(具備)되어 있다. 전 우주에 필적할 만하다. 바꾸어 말하면 우리들의 생명 중에는 우리들의 상상을 초월하는 한량없이 크고 넓은 가능성을 품고 있다는 것이다. 대우주의 리듬과 조화하여 신체에 내재해 있는 생명력을 왕성하게 해야 한다는 뜻이다.
　병을 치유하는 능력은 '자연치유'와 '생명력'에 의한다. 인간 자신들의 제약공장(製藥工場)에서 만들어지는 묘약(妙藥)만큼 무한경애(境涯)로 넓힐 수 있는 이상적인 약은 없다. 자기 몸에 내재(內在)해 있는 강인한 의지력, 다시 말하면 '생명력'을 무한대(無限大)로 발현(發顯)하여 인간이 가지고 있는 자기 치유 능력을 최대한 살리며 사는 것이 진정한 건강법이라고 믿고 싶다.

차례

道可道 非常道, 名可名 非常名_

"道를 도라고 말로 표현하면,
그 도는 항구 불변한 본연의 도가 아니고,
이름지어 부를 수 있는 이름은
참다운 실재의 이름이 아니다."

初章 글을 시작하기 전에

스트레스

💬 '스트레스'란 용어만큼 현대 사회에 깊게 용해된 의학용어도 드물 것이다. '스트레스'란 말 그냥 그대로 동서를 가릴 것 없이 세계의 거의 모든 나라에서 통용되는 공통어(共通語)는 없지 않겠는가.

1. 스트레스는 무엇일까?

'스트레스'라는 용어는 원래 어떤 의미였을까? 이 용어를 최초로 들여온 것은 미국 생리학자 케논(Canon, 1872~1945)인데, 본격적으로 '스트레스' 용어를 사용하며, 현재 사용되고 있는 만큼 상용화된 것은 캐나다의 내분비학자, 세리에(H. Selye 1907~1982) 교수의 공적이다. 스트레스란 말은 원래 공학(工學)과 물리학 영역에서 쓰이던 용어로써 외부로부터 힘이 가해졌을 때 생기는 물체의 뒤틀림을 뜻하는 것으로 되어 있다. 세리에는 이것을 생체에 적용해서 생물학적 스트레스라고 불렀다.

엄밀히 말하면 생체에 생긴 변화를 스트레스라고 부르고, 스트레스 상태를 생기게 하는 자극은 '스트레스'가 아니라 '스트레서(Stresser)'라고 구별하게 된다. 생체에 '스트레스'를 발생하는 '스트레서'는 여러 종류인데, 실제로 그것들도 엄밀하게 구별할 수 없을 때가 많으므로 그때그때 적당히 나누어 써도 괜찮을 것 같다.

2. 스트레스에 어떻게 적응하는가?

간단하게 말하면 적응(適應)이라는 것은 생체가 환경의 변화에 대응하여 생존하기 쉽게 하도록 변화해 가는 것을 말한다. 갑자기 기온이 내려가는 겨울 아침 정원의 전면에 서리가 눈부시도록 하얗게 깔리고, 얼음 아래에서는 붕어는 조용히 생명을 유지하고 있다. 사람이었다면 벌써 동사했을 것이다. 그러나 사람이건, 붕어이건 각각 적응하는 방법을 가지고 있다.

예를 들면, 바깥 온도가 점점 떨어지게 되면 자기의 체온도 떨어지는데, 그래도 살아갈 수 있는 어류, 개구리, 뱀과 같은 냉혈동물을 순응성 생체(順應性 生體)라고 하고, 스스로 체온을 일정하게 유지하는 온혈동물로 이것들을 조절성 생체(調節性 生體)라고 한다.

조절성 생체는 일정한 생명 조건에서만 생존이 가능하므로, 순응성 생체와 비교하면 생존하기 위한 조건의 폭이 좁다.

적응의 또 다른 방법은 외부의 조건이 변화하여도 내적 생명조건을 일정하게 유지하는 것이다,

내부 환경과 외부 환경에 대하여 클로드 베르나르(Claude Bernard 1813~1878)의 연구에 따르면 우리들의 신체를 채우고 있는 혈액과 임

파액이 내부 환경에 속하고, 이 내부 환경이 변화하면 각 장기에 영향을 주게 된다. 내부 환경이 일정한 상태로 유지되어 있는 것이 생물이 건강한 생활을 하는 데 대단히 중요하다. 기상 기온과 같은 외부 환경 조건이 크게 변화하여도 내부 환경에는 큰 변화가 없다는 것을 관찰했다. 이와 같이 외부 환경이 아무리 변화하여도 내부 환경이 일정하게 유지되어 있다는 것이 건강을 유지하는 데는 중요하다는 개념을 제창(提唱)한 것도 클로드 베르나르의 큰 공적이다.

3. 호메오스타시스: 항상성(恒常性)의 유지

위의 현상과 관련하여 하버드 대학의 케논은 호메오스타시스(Homeostasis. 항상성의 유지)라는 용어를 체계화하여 사용하기 시작하였다.

'호메오Homeo'라는 것은 엇비슷하다는 의미이고, '스타시스stasis'라는 것은 일정한 상태라는 뜻이다. 말하자면, 언제나 비슷비슷한 상태로 유지되어 있다는 것을 말한다. 물론, 그때 일정한 상태로 유지되는 것은 내부 환경이다. 체온을 생각해보면 이해가 쉽다.

항상성 유지라는 것은 그저 수동적으로 일정한 상태를 유지하고 있다는 것은 아니다. 끊임없이 외부환경 조건을 느끼며 변화해나가며 내부 상태를 일정하게 유지하는 것이다. 예컨대, 항상 일정량의 물이 흐르고 있는 하천과 같다. 일정한 깊이를 유지하고 있으나, 거기에 흐르는 물은 항상 변하고 있다.

사람에서는 적혈구의 수명은 대체로 120일, 임파구는 1년, 혈소판은 10일, 피부조직의 표피는 2주간에서 1개월이다. 이와 같이 만들어지는 한편 파괴되어간다.

우리의 신체는 항상성(恒常性)을 유지하기 위해서 조절기능이나 반사기능을 구사하고 있다. 이러한 호메오스타시스가 무너지면 병에 걸리는 것이다.

어째서 이렇게까지 '스트레스'라는 용어가 퍼지게 되었을까? 그것은 단적으로 말해서 '스트레스'가 그만큼 현대를 살아가는 고됨을 상징하는 데 꼭 필요한 말이기 때문이다. 그렇다면 왜 현대 사회에 필수불가결한 말이 되었을까? 말할 것도 없이 현대는 스트레스의 시대이며, 그것이 우리들의 건강을 위협하기 때문이다.

우리는 바야흐로 '스트레스' 투성이의 생활을 하고 있다. 오래 시달린 나머지 이른바 스트레스 병이라고 불리는 병에 괴로워하는 사람도 많고, 오히려 스트레스 병 예비군(豫備群)이라 말할 수 있는 사람들도 많다. 더욱이 복잡화하고 거대화하여 가속도가 붙는 변화를 하는 현대는 과학기술의 고도화에 따라가며 더욱이 '테크노 스트레스'라고 불리는 컴퓨터라 상증되는 과학기술 대 인간이라는 새로운 스트레스를 만들어 내고 있다.

그러나 현대 사회에서 어느 사람들은 반건강(半健康) 상태[1]로 지내며 어느 사람들은 반환자라는 말을 들으면서 어떻게든 매일 매일의 생활을 훌륭히 해낸다.

---

1. 반건강 상태: 막연한 혹은 명확한 여러 가지 증상을 호소하지만 그에 맞는 기질적 질환의 증거(서양의학적인 검사상의 이상)가 없는 상태를 의미하며 다음과 같다. ① 병은 아니지만 어떠한 이상 증상이 인정되는 것 ② 인정된 이상증상이 지속됨으로써, 장래 병으로 이행할 가능성이 높은 것 ③ 적절한 대처를 통해 개선을 기대할 수 있는 것

스트레스에 관한 책은 한없이 눈에 뜨인다. 그 책들의 대부분이 스트레스와 관련된 병에 대한 이야기를 써놓았고 스트레스 해소법을 여러 가지로 나열하고 있다. 그것들의 많은 부분은 병하고 관련지어 스트레스로 야기되는 병에 대해서 지나치게 스트레스와 강조되어 있기도 한 듯하다. 그 나름대로 스트레스 병의 예방이나 대처법으로써 유효하겠으나, 그 이전에 근본적으로 해야 할 것은 없을까?

현대 의학에서 중요한 것은 사람의 정신 상태가 어떻게 개개인의 면역계에 큰 영향을 주는지 과학적으로 해명하는 일이라고 생각한다.

앞에서 기술한 '항상성(恒常性)의 유지'를 노자의 철학과 연관짓자면, 고요한 상태로 돌아가는 현상이라고 보는 항상성은 모든 사람의 생명에 깃들어있다고 한다. 노자는 이 항상성 유지를 위한 힘(치유와 복원)을 자연에서 체득하라고 말한다. 인간의 이상적인 행위 방식이나 통치 원칙에 대하여 자연의 존재 형식과 운행 방식을 모델로 해야 한다는 것이다.

여기서는 스트레스에 대한 근본적인 해결방안을 노자의 도교 철학에서 탐색해보고자 한다.

도교 철학의 시작, 노자(老子)

1. '노자'라는 사람

노자는 초나라 고현 출신으로 이름은 담(聃), 자는 백양(伯陽)이며 주나라 왕실의 장서 관리자였다고 알려져 있다. 하지만 생몰 연대가 불분명하고, 행적에 대한 기록이 거의 없기 때문에 그의 이름과 생애에 대해 여러 가지 견해가 존재한다.

어떤 이는 『도덕경』을 전국시대의 저술로 여기고 노자를 전국시대 인물이라고도 한다. 심지어 노자의 실재를 부정하는 학자까지 있으며, 노자에 대한 분분한 설로 인해 『도덕경』의 실제 저자가 노자인지 아닌지에 대해서도 명확하지 않다. 즉, 『도덕경』의 저자를 노자로 보는 견해와 전국시대(戰國時代)의 도가 유파(道家 流派)들이 지었다는 견해가 상존한다.

노담(老聃)이라는 인물에 대하여 현존하는 최고(最古)의 바람직한 상태로 정리된 것은 BC1세기 한나라 사마천(司馬遷)이 쓴 노자전(老子傳) 사기(史記)인데, 사마천 시대에 이미 절반 정도는 전설적 인물로 되어 있어서 초(楚)나라 철인(哲人) 노래자(老萊子)나, 주(周)나라 태사(太史, 궁중의 기록을 주관하는 장관)와 동일하게 보는 설이 나돌았을 정도이다.

이런저런 말이 많았지만, 공자는 노자를 스승으로 하고 예(禮)를 배웠다는 기술이 『장자』 외편 천운편이나 유가의 경전인 『예기』(禮記 증자

문편 曾子問篇) 등에 실려 있어서 이를 사실로 본다면 공자(BC 479년 73세 몰(歿))의 선배가 되며, BC 500년경에 이 세상에서 살았던 인물이다. 맹자(孟子)를 전후한 시대에 생존한 것으로 추측되나, 노자의 저자의 정체는 명확하지 않다.

도가(道家)의 사상가이면서 노자의 저자로서 노자에 대하여 처음으로 잘 정리된 전기(傳記)를 쓴 것은 사기(史記)의 노자열전(老子列傳)이라고 한다. 그 사실은 노자를 도가(道家)를 개조(開祖)한 이로 인정하는 학설을 쓴 문헌이기도 하다. 사람들에게 관심을 끌도록 하는 것은 고대의 유명인으로서 노자는, 어디까지나 『노자』의 저자로서 노자이므로, 사실 『노자』라는 저서가 있다고 명언하고 있는가 없는가는 별도로 치더라도, 전국시대(BC 403~221) 이래로 도가의 가르침을 해설하는 노자를 '노자' 그분이라고 간주하게 된 것이다.

2. 『노자』라는 책과 사상

노자 사상의 간추린 소개는 전한시대, 문제기(文帝期 BC 179~157)에서 경제(景帝)기에 썼으리라고 생각되는 『장자』 천하편에 벌써 이루어졌는데, 노자의 성명, 출신지, 직업, 활동연대 등과 같은 평생에 관한 기록은 한 건도 보이지 않고, 총합적(總合的), 체계적인 전기로 된 것도 보이지 않는다. 한편, 노자의 생애에 관한 다양한 일화는 많다. 이는 노자에 관계된 역사적 사실이라고 보기에는 무리인데, 기원전 백년쯤 되어서 노자에 관하여 잘 정리된 전기를 쓰겠다고 모험을 강행한 사람이 나타났다. 그 사람은 다름 아닌 사마천이었고, 그 책은 사기의 노자열전이다.

노자의 사상은 『도덕경』을 기반으로 하여 도교로 발전했다.

노자(老子)와 장자(莊子)로 대표되는 도가 사상은 자유를 추구했다. 자유는 절대적이며, 누구라도 도를 깨닫기만 하면 절대 자유에 도달할 수 있다고 보았다. 그러나 도가 사상은 절대 자유를 추구하는 사상이기도 했지만, 현실에서 벗어나고자 하는 '현실도피 사상', '은둔의 사상'으로 인식되기도 했다. 따라서 도가 사상은 중국 역사 속에서 귀족과 지식인들에게는 패배자, 은둔자의 철학으로 여겨지며 발전했고, 어렵고 추상적인 면이 있어 이해하기 어려운 백성들에게는 종교를 떠올리게 했다.

노자의 이름이 귀(耳)와 관계가 있다는 것은 도가의 생명 중시 사상을 나타내는 것이기도 하다.

공자가 노자를 찾아가 앞으로 이 세상을 어떻게 바르게 할 수 있는지를 물었을 때 노자는 "너는 너무 야심이 많다. 그 욕심을 다 버려야 되겠다."라고 충고했다고 한다. 이것은 물론 도가에서 전하는 공자에 대한 이야기다. 사마천 자신도 그랬고, 태사령(太史令)이던 사마천(司馬遷)의 아버지 사마담(司馬談) 또한 도가를 가장 중요시했던 것이다.

도가 사상은 한(漢)나라의 개국과 함께 위정자 사이에서 황로(黃老) 사상이라는 이름으로 유행하기도 했다. 황로 사상은 황제(黃帝)와 노자의 준말로, 노자의 사상이 정치나 군사에 적용된 것을 일컫는다. 한나라 개국 초기에는 계속된 전쟁으로 백성의 삶이 피폐해졌다. 따라서 백성들을 위로하고, 그들이 더 잘살 수 있는 환경을 만들어 주는 것이 절실했다. 조참, 진평, 전숙, 급암, 직불의, 사마담 등이 황로 사상의 대가들에게 교육을 받았으며, 한문제(漢文帝), 문제의 황후 두씨, 두씨 일가, 한경제(漢景帝)도 황로 사상을 배웠다. 하지만 한나라 중기에 사회와 경제가 발전하면서 사회적 모순과 민족 갈등이 격화되고 정치 상황이 복잡해지자, 도가 사상은 더 이상 통치 사상으로 적합하지 않았다. 이에 유가에게 그 자리를 내주고 말았다.

한편, 도가 사상의 한 줄기는 후한 시대에 도교로 발전했다. 당시 장릉(張陵)이 오두미도(五斗米道)라고도 불렸던 천사도(天師道)를 만들었는데, 이것이 도교의 출발이었다. 이들은 노자를 시조로 하고, 『도덕경』을 경전으로 삼았다. 이후 도교는 불교와 결합하여 민간 신앙으로 발전해 현실의 고난을 비판하고, 새 세상을 원하는 민중의 바람에 힘을 보태기도 했다. 그리하여 중국 역사상 도교의 영향을 받은 민중 봉기가 다수 일어났다. (다음백과 발췌)

『노자(老子)』라는 책은 많은 전국 말기(戰國末期)에서 전한 초기(前漢初期) 사이의 도가 사상가들의 뇌리에 번쩍이던 것을 모아 놓은 것으로 파악할 수 있다.

당대 사회의 큰 문제점을 생각해보자면 다음과 같이 네 가지를 들 수 있다.

첫째, 전국시대의 여러 나라는 부국강병 정책을 쓰고 있는 과정에서 하루도 빠짐없이 싸움을 벌이고 있었는데, 이런 전쟁이 사람에게 갖다 주는 비참하고 심각한 피해이다. (요새 말로 극단적인 스트레스 상태이다.)

둘째, 정책은 이상과 같은 대외전쟁으로 받는 피해와도 관련하여 중국 고대사상(古代史上)의 크나큰 변혁의 높은 파도가 일으키는 각국의 정치질서 혼란과, 예를 들면 도적이 멋대로 다니는 등 그것이 사람들에게 미치는 곤궁과 고통이 말할 수 없이 크다. (사회적 스트레스가 팽배했다.)

셋째, 이상의 정치질서의 혼란과도 관련되어 통치자와 민중 사이의 각양각색의 격차 확대, 이를테면 통치자의 특권화와 국민의 생존권, 기아, 빈곤의 극대화가 나타난다. (국민의 굶주림과 빈곤, 사회 전체의 스트레스의 극단화 현상)

넷째, 앞에서 든 어느 사건과도 관련지어서 중국 고대의 전통사회 기초를 만들게 된다. 가족의 유대가 엷어지고, 효자(孝慈)를 비롯한 소박한 윤리의 소실(消失), 이런 사건들과는 정반대로 욕망을 추구하는 버릇이 강렬해진다. (강렬한 욕망은 스트레스의 큰 원흉이라 한다.)

이렇게 정리하고 보니 『노자』란 책은 마치 스트레스 해소의 원본과 같다.

『노자』라는 책은 중국에서 처음으로 부정하는 정신과 논리(論理)를 확립한 주목할 만한 철학서이면서 인간의 본연의 자세에 대해서 처음으로 부정적 경고를 밖으로 내놓았던 문명비판의 저작서이다. 『노자』를 앞선 중국 고전, 예를 들면 서경(書經)이나 시경(詩經) 등에도 부정적인 표현이나 논리가 아주 보이지 않는다는 말은 아니다. 간혹 예기나 논어 안에도 부정이나 금지를 표현하는 문장을 확인할 수 있다.

그러나 그런 부정이나 금지가 기성의 사회질서 및 제도를 근본적으로 긍정하고 난 뒤에, 또는 그것들을 계속 유지하기 위해서 인간의 행위에 대하 부정적 훈계에 지나지 않는데 반하여, 『노자』는 그것들의 질서와 제도 규범을 떠받치고 있는 것, 그 사람들의 인간관, 가치관, 그네들이 찬미하고 있는 문명과 문화 자체를 뿌리째 비판하고 부정하고 있는 것이다.

『노자』에서는 우선 그네들이 문명이 재주 있는 사람을 존중하고 욕망이 사치를 부추기는 것 등을 비판한다. 그네들은 오로지 인간의 지적 능력에 따라서 가치를 평가하고, 그 능력이 뛰어난 사람을 재치가 뛰어나다고 하였고, 뒤떨어지는 사람을 못났다고 한다. 능력이 뛰어나기 위해서 널리 고서(古書)를 읽고, 다양한 지식을 쌓아두어 많은 것을 아는 사람이 된다. 그들의 지적 호기심은 새로운 호기심을 낳게 하고, 새로운 호기심은 더욱더 새로운 호기심을 낳게 하여 눈은 밖에 보이는 것에 끝없이 찾아다니며 그들의 마음은 대상하는 세상을 향해 끊임없이 확산한다. 이를테면 눈요기를 위해서 하고, 그것이 사는 방법이 되고 만다. 그들의 불가사의한 정신은 혼탁해지고 만다.

사람이 태어나면서부터 얻은 참된 뛰어난 지혜, 자연의 빛과 같은 그것은 그로 인하여 어둠에 가려지고, 그들이 넓은 세계를 찾아서 헤매면 헤맬수록 그들은 근원적 진리에 대해서 더욱더 장님이 되고 만다. 『노자』에서는 그것을 "지식이 넓은 사람은 모른다."라고 비판하고

"그들이 찾아 나올 길은 더욱 멀어지고, 아는 것은 점점 줄어든 사람이 된다."라고 부정하였다. 노자는 밖으로 찾아다니며 아는 지식은 생명의 내적 충실을 해치는 위험한 폭주(暴走)로 보고, 외부에서 구해서 얻은 지식으로 인간의 가치를 잣대질하는 문화나 문명에 대하여 강한 경고를 시작하는 것이다.

노자 도덕경(老子 道德經)

💬 노자(이이, 李耳)가 세상을 떠나 은둔하려고 국경 지대를 지나다가 함곡관을 지키던 윤희(尹喜)라는 관리를 만나게 된다. 그때 윤희가 노자(이이)에게 "선생님이 떠나시면 선생님의 가르침이 없어지지 않습니까? 뭘 좀 써주십시오." 하고 간곡히 부탁했다. 그래서 5천여 자의 글을 쓰게 되는데, 이것이 『노자』라는 책이다. 한대(漢代) 이후로는 보통 『도덕경』이라고 불렸다.

『노자』 곧 『도덕경(道德經)』은 '도경(道經)'과 '덕경(德經)'으로 나뉘는데, 1장에서 37장까지가 주로 도를 주제로 이야기했다고 해서 도경이라 하고, 38장부터 81장까지를 덕경이라고 한다.

전통사회에서 실패를 경험한 사람은 『노자』와 『장자』의 글을 읽고 삶의 위로를 받았다. 세상에 내로라 할 것이 없어졌을 때 도교는 어머니 품처럼 품어주고 삶을 살 수 있는 원기를 전해주는 역할을 했다.

도교는 매우 복합적이다. 보통 민간 기복신앙이나 부적, 다산신앙, 풍수지리설, 민간 의학과도 직간접적으로 연결되어 있다. 『노자』나 『장자』에서처럼 높은 정신에서 자유로운 경지를 노래하는가 하면 민간적이고 토속적인 면까지 있기 때문에 모두 포괄한다. 도가 사상의 방향은 뚜렷하다. 노자는 모든 개체 밑바탕에 흐르는 '도(道)'라는 궁극적 원리를 보았다. 도라는 것은 만물을 있게 하고 만물의 근원이 되고 만물을 키우는 것이다.

이 도에 대한 통찰을 알려준 것이 『노자 도덕경』이다. 자연을 대상으로 사고한 결과 도출해낸 노자 철학의 핵심구조라 할 수 있다.

『노자』는 기독교와 같이 신을 가지지 않는 동양 사람에게 초월적, 절대적 진리를 말해주는 종교적 색채가 있는 책이었으나 현저하게 정치적이기도 하다.

백성들이 마땅히 갖추어야 할 모습에 대해서 말하거나 그래서는 안 되는 몸가짐에 관해서 이야기하고 백성들이 법령에 구애됨 없이 스스로 평등하게 되는 것(사회적 스트레스 해소)을 이상적인 정치라고 밝혔으며, 제멋대로 굴다가 난처한 흔적을 남겨서 사람을 죽이고 즐거워하는 등의 현실적 위정자의 비뚤어진 행위를 비판했다.

노자는 현실사회에 대한 강한 정치적 관심을 가지고 때로는 현실적 위정자들의 본연의 자세에 예리한 비판을 하는데, 정치적인 관심은 무위(無爲)의 입장에 서있는 것으로, 유위(有爲)의 입장에서 생활하는 세속(世俗)과는 근본적으로 성격을 달리한다.

『노자 도덕경』의 성립연대와 저자의 정체(正體)에 대하여는 예나 지금이나 시끄럽기는 한가지다. 노자, 노담(老聃 담은 귀가 큰 사람이라는 뜻)이라는 사람이 전국시대에 실재하지 않았을까 하는 것은 선진(先秦)의 문헌 순자(荀子)의 천론편(天論篇)이나 여씨춘추(呂氏春秋) 불이편(不二篇), 『장자』내편 양생주편(養生主篇), 응제왕편(應帝王篇) 등에 기재되어 있는 것으로 알려졌다.

여기에는 동일 문장이나 어구가 종종 중복되어 나타나는 것이 보이는데, 그것 또한 한날 한시에 저작된 것이 아니라는 것으로 짐작할 수 있다. 노자의 처세술의 지혜를 배우고자 하는 사람들에 전승되고 필사되는 동안에 덧붙여지거나 가증되는 문장이 더해져서 한대(漢代) 이후에 몇 차례의 교정과 정리 작업을 거쳐서 현재의 텍스트가 되었다고 볼 수 있겠다.

道常無爲而無不爲_
天法道道法自然_

"도는 언제나 무위이지만 하지 않는 일이 없다.
하늘은 도를 본받고 도는 자연을 본받는다."

第一章 도(道)는 무한정자[2]다

💬 道可道非常道(도가도비상도), 名可名非常名(명가명비상명), 無名天地之始(무명천지지시), 有名萬物之母(유명만물지모). 故常無欲以觀其妙(고상무욕이관기묘), 常有欲以觀其(상유욕이관기). 此兩者,(차양자) 同出而異名(동출이이명), 同謂之玄(동위지현). 玄之又玄(현지우현), 衆妙之門(중묘지문)

이것이 도(道)라고 말할 수 있는 도(道)는 언제나 변하지 않는 도가 아니고, 이것이 이름이라고 표시할 수 있는 이름은 항상 쓸 수 있는 이름이 아니다.

천지가 생기기 시작할 때는 아직 이름은 없고, 만물에 나타나서 이름이 정해졌다. 그래서 언제든지 욕망이 없는 입장에 서게 되면 도(道)는 미묘하여 심오한 모습이 보여지고, 언제든지 욕심이 있는 입장에 서게 되면 만물이 활동하는 결과로 나타나는 갖가지 현상만 보일 뿐이다.

미묘하며 심오한 모습과 만물이 활동하고 있는 모습 둘 다 도(道)라는 한 가지 근원에서 나타나는 것인데(미묘하고 뜻이 심오하다든가 활동하고 있다고 말하듯이) 다르게 표현되고 있다. 한 가지 근원에서 나오므로 어슴푸레하게 어둡고 심오한 것이라고 말하는데(그와 같이 말하면 도의

---

2. 고대 철학자 아낙시만드로스의 핵심개념인 아페이론apeiron과 동일한 개념으로서, '무한함'과 '비일정함'을 뜻하며 우주와 만물을 존재하게 하는 힘을 필연적으로 제시한다고 함

활동이나 만물의 활동이 한가지가 되므로), 어슴푸레 어둡고 심오함 위에 또 심오한 것이 조정되면서, 그와 같은 심오한 것 위에도 심오한 것으로부터 온갖 미묘한 것이 태어난다.

말할 수 있는 도(道)가 상도(常道)가 아니요, 부를 수 있는 이름은 상명(常名)이 아니다.

이름이 없을 때에는 만물(萬物)의 모체(母体)다. 그러므로 항상 욕심이 없으면 만물의 그 미묘함을 관찰할 수 있고, 욕심이 사로잡히면 현상밖에 볼 수 없다. 이 양자는 같이 나오고서도 이름을 달리하여, 한가지로 이것을 현묘(玄妙)라고 이른다. 현묘한 가운데 또 현묘한 것은 모든 묘리(妙理)의 문이다. 중묘지문(衆妙之門) - 묘(妙)와 묘(妙)는 너무나 심오해서 보려고 해도 볼 수 없다는 뜻인데, 바꾸어 말하면 도(道)의 모습을 말하고 있다.

맨 처음의 도(道)는 일상적으로 말하는 도리로서의 도(道)이며, 다음의 도(道)는 도(道)라고 한다는 의미로 풀이해 본다. 최후의 도(道)는 노자 철학의 근본 개념으로 우주를 구성하는 근본적 실체이며 이법(理法)이다. 변화하며 운동하므로 불변(不變)은 아니나, 실체로서 상존(常存)한다.

위 왕필본의 상(常)자가 마왕퇴(馬王堆) 한나라 묘에서 발견된 백서본에는 항(恒)으로 되어 있다. 이렇게 상(常)으로 바뀐 것은 전한(前漢)의 문제 유항(文帝 劉恒)이란 분의 휘(諱, 이름)를 피하기 위해서이다. 상(常)은 노자에는 상선(常善), 상덕(常德), 상심(常心) 등과 같이 많이 쓰이고 있는 것을 참고로 한다면, 항상 불변의 뜻으로 해석되어야 한다. 한비자(韓非子) 해로편(解老篇)에도 죽지도 않고 쇠퇴하지 않는 것을 상(常)이라 한다(不死不衰者, 謂常)고 해석해 놓았다.

천지의 시원(始原)으로서 세계가 개벽하기 전부터 존재하던 형이상학적인 근원의 진리에는 이름이 없고, 그것은 사람의 말로서 이름 붙일 수 없는 혼돈스러운 그 무엇인데, 천지가 개벽하며 만물이 생기고 형이하학적(形而下學的) 세계가 성립하게 되면서 '만물의 어머니', 즉 만물을 탄생시키는 어머니라고도 할 수 있는 천지(天地)는 하늘이라 불리고 또는 땅이라고 불린다. 거기에 비로소 이름이 존재하게 된다. 이 이름(名)은 이미 형태 있는 것에 붙는 이름(名)이고 형태 없는 것을 부르는 이름이라고 할 수 없는 이름, 근원적인 진리의 말은 아니다.

여기서 '이름 없는 천지의 시작에는'라고 하는 것은 『장자(莊子)』에 나오는 도는 이름이 없다(칙양편, 則陽篇)는 것과 도는 이름 붙일 수 없다(지북유편, 知北遊篇)로 표현된 것과 같은 의미의 사상 표현이며, 혼돈이 천지로 나누어지고, 형이하학적(形而下學的) 세계로서 질서가 생기게 되면, 거기에 천지(만물)란 이름이 성립된다고 되어 있는데 상응하는 사상 표현이다.

항상 욕심 없이 하면 그 묘(妙)함을 보고, 항상 욕심이 많으면 형상 밖에 보이지 않는다. 이상 말한 것처럼 도(道)는 이것이 도(道)라며 사람의 언어로써 규정할 수 없는 것이고, 형태를 가지고 이름을 가지는 천지(天地)보다 더욱더 무형 무명의 궁극적 실재이므로, 그 깊고 아물

아물하는 실상을 있는 그대로 볼 수 있다. 형태 있는 것의 근원에 있으면서 형태 없는 것, 이름을 가지고 있는 것의 근원에 있는 이름 없는 것. 요컨대 인간을 포함한 일체만물이 거기에서 태어나고, 거기까지 다시 돌아가는 궁극 근원의 실재, 도에 눈을 뜰 수 있다.

　사람이 무욕(無慾) 또는 과욕(寡慾- 욕심이 적음)의 경지에 몸을 두게 되면 도(道)와 합일한다는 주장은 노자의 철학의 근본이 된다.

　그와 반대로, 인간이 형태 있는 것에 집착하여 이름의 세계(물질세계)의 포로가 되어 욕망이라는 것에서 항상 떨어지지 않고 있는 동안에는 그의 눈에 비치는 도(道)는 형이하학적 세계로 형상화한다. 그 현상면의 밝은 차별과 대립 속에서 스트레스의 극치에 달하여 아수라장에서 신음하게 된다. 말하자면, 욕망에 더럽혀진 그의 눈은 유형유명(有形有名)의 차별과 대립의 세계에 사로잡혀 옴짝달싹 못하게 되어 그 근원에 있는 무형 무명의 궁극적 실재, 도의 세계에 대하여 완전히 장님이 되고 만다.

　묘(妙), 단적으로 말하면 도의 깊고 멀고 속이 깊고 고요한 실상도, 명백한 형상을 가지는 안전의 현상세계도, 원류는 다 같이 도에서 나온 것으로 근원을 따라 올라가면 하나(一)이나 실재세계(實在世界)와 현상세계는 그냥 그대로 같은 것은 아니고 묘(妙, 어슴푸레하다), 교(皦, 하얗게 빛나 밝음)은 서로 반대되는 말, 도의 존재 모습에 다름이 있는 양면을 나타내는 대립개념이다. 그리고 이와 같이 이름을 달리하는 두 가지, 말하자면 묘(妙)와 교(皦), 실재세계(實在世界)와 현상세계의 이상적인 상태는, 인간의 말과 지식으로는 설명할 수 없는 불가사의함을 지닌 것으로, 따라서 오로지 현묘유현(玄妙幽玄)이라 부를 수밖에 없다.

"태초에 언어가 있었는데, 언어는 하나님과 함께 있었으며, 언어는 하나님이다."라고 한 말은 성경 요한복음 1:1~3에 있는데, 성경에서는 말은 빛이며 질서의 원리이며, 모든 명석한 것들의 상징이었다.

그러나 『노자』에 있어서는 태초에 말은 없었으며, 말은 하나님과 더불어 있었던 것도 아니었다. 『노자』에서는 태초에 도가 있었는데, 그 도(道)는 말도 없고 이름도 없으며, 모든 질서와 분명하고 확실한 것을 거절하고, 컴컴하고 어슴푸레하게 아주 조용해지는, 비합리한 혼돈이었다.

이 현상세계의 모든 존재는 그 컴컴하고 분명하지 않은 혼돈 속에서 생겨나고, 멀지 않아 다시 혼돈 속으로 돌아간다. 어떤 말이건 영광도, 그리고 어떤 문명과 영화도 그것이 사람에 의하여 만들어진 것이라면 언젠가는 분리되며 멸망하게 되고, 도(道)의 혼돈 속에 덧없이 삼켜져 간다. 노자는 그저 붕괴하여가는 역사의 지평을 멈추어 서서 응시하며, 거기서부터 역사의 영고성쇠를 넘어선 것, 인간이 붕괴하면서 부서지지 않고 사는 방법을 깊이 생각한 것이다.

노자의 도(道)는 빛을 암흑의 근원으로서가 아니라, 암흑을 빛의 근원으로 파악한다. 컴컴하고 확실하지 않은 것을 밝은 것으로, 언어 없는 세계가 말이 있는 세계의 근저로 생각한다. 노자에 있어서는 도(道)는 언어를 초월한 곳에 실재하는 무명의 혼돈이며, 도(道)는 언어도 아니고, 언어와 더불어 있었던 것도 아니다.

처음에 '말'이 있었다고 하는 성경의 사상과 처음의 '말'을 부정하는 노자의 사상. 우리는 이 양자의 대비 속에 노자 철학의 근본적 특징의 하나를 이해할 수 있게 되지 않을까?

노자의 철학은 명석한 논리를 추구하는 철학이 아니다. 그것은 로고스를 초월한 것, 혼돈을 문제로 삼는 철학이며 유럽식 이성(합리)의 철학의 반대편에 서 있는 철학이다. 성경의 가르침에 깊이 교양을 터득한 유럽적 사고가 컴컴한 것보다 빛을, 형체 없는 것보다 형체 있는 것을, 무(無)보다 유(有)를 중요하게 여기는 데 반하여, 빛보다 컴컴한 것, 형체가 있는 것보다 형체가 없는 것을, 유(有)보다 무(無)를 근원적인 것으로 보고 응시한다.

밝고 화려한 세계보다, 컴컴하고 가라앉은 세계를, 첨예한 것보다 둔중(鈍重)한 것을, 격심하게 변동하는 것보다 묵직하게 안정된 것을 중요하게 생각한다. 소란스러운 것보다 고요한 것, 문명보다 소박을, 전진보다 복귀(復歸)를 강조한다.

노자의 철학을 다시 말하자면 중국 역사의 흙탕물 속에서 좌정하고 있는 철학이다. 그것은 짓밟히고도 강인하게 버티며 나가는 강인함, 대지에 밀착하는 것들의 끈질김, 중심(重心)을 아래로 떨어뜨리고 힘차게 사는 것이 자신이 사는 방법이라고 주장하는 철학이다. 그 이상 부서질 수 없는 것, 일체의 인간적 손길에 의하여 부서져 무(無)로 돌아가는 데에서 자신의 삶의 방식을 생각한다.

이러한 노자의 철학과는 별개로 군(君)·신(臣)·민(民)이 생기고 인륜(人倫)의 도(道), 예악(禮樂)에 대한 가르침을 쓴 경전이 편찬되고, 이를 배우고 익히는 것이 교양을 위한 필수요소라고 요구한다. 그 교양을 충분히 몸에 지니고 있는 사람이 지자(知者)이자 현자(賢者)이며, 현자(賢者)를 가장 중요한 의미를 갖는 인간의 가치로 보게 된다. 사람들은 현자(賢者)가 되고자 밤낮을 몸과 뼈를 깎아먹는다. 지자(知者), 현자(賢者)가 되려고 고향을 떠나서 여러 곳으로 유학(留學)한다. 관리로서의 영달이 그네들의 궁핍에 용기를 주고, 잘 입고 잘 먹어 부귀한 생활과 번쩍이는 도회의 사치가 그들의 고생을 격려한다. 경쟁심과 질투심이 그네들의 야심 속에 소용돌이치며, 위선과 허식, 간사함, 교활한 지혜 등이 초조한 그들을 악질화한다.

(어쩌면 이 한 구절은 현대인의 스트레스의 주범일지도 모른다. 앞뒤 문장을 자세히 몇 번이고 읽어 보았으면 한다.)

노자(老子)는 그것이 진정한 인간의 행복이냐고 반문한다. 그리고 그들이 선(善)이라고, 아름답다고 하며 기분이 좋다고 하는 것이 과연 사람에게도 진정한 가치일까 비판한다. 그네들은 현자라는 가치를 척도로 하여 인간 본연의 태도를 인위적으로 바꾸라고 하며, 그 척도에 맞지 않는 것을 모조리 잘라버린다. 나의 현지(賢知)로서 인위적으로 도를 설정하고 이 도(道)에 따라서 인륜의 질서를 결정한다. 규격에 맞지 않는 사람은 멍텅구리로 취급하고 그네들의 생활양식을 몸에 익힌 사람, 세련된 교양인이라고 불린다. 그것을 몸에 익히지 못한 사람을 상스러운 촌놈으로 불린다. 그러나 그들의 이와 같은 가치체계야말로 예를 들면, 넓은 대지에 새끼줄로 칸막이를 하고 그 테두리 안만이 대지라며 절규하는 것이 아닐까? 또는 그 새끼줄의 칸막이야말로 항상 불변의 규칙이라며 혼자서 득의양양해지는 것이나 아닐까? 그러나 그것은 요컨대 하나의 가치체계에 불과하고 더욱이 항상 불변의 절대적인 것이 될 수 없다. 그 한계성과 인위성(人爲性)을 잊어버리는데 그들의 오만심이 깔려있고, 그 근원에 있는 것을 무시하는데 그들의 편견과 오류가 있는 것이다.

거기에 더하여 인위적인 것은 요컨대, 언젠가는 막다른 곳을 만나서 분리되어 사라진다. 아무리 정비된 정치질서도, 아무리 화려한 문명과 문화도 그것이 사람이 만든 것이라면 언젠가는 혼란에 빠져 망가질 운명을 피할 수 없다. 그뿐 아니라 그 가능성은 종종 역사적으로 보면 갑자기 현실로 나타나게 된다. 인간의 계략이나 예측을 들어주지 않는 게 운명이라는 것의 본질이기 때문이다.

질서 있는 사회에 태어난 사람은 그 질서를 인간사회의 당연한 이상적인 것으로 생각하고, 문명이 사치스러운 사회 안에서 자란 사람은 그 사치를 인간 생활의 상태라고 생각하지 않을까? 그러나 전란의 시대에 태어난 사람은 전란이야말로 사회의 본래의 모습으로 생각하고, 폐허와 기아 속에서 자라난 사람은 폐허와 기아야말로 인간생활의 근저라고 바라본다.

노자의 입장은 인간사회가 망하고 붕괴하는 것을 필연적이라고 관망한다. 일체의 인간적 조작이 망가져 버린 곳에 아직 망가지지 않은 것으로 남는 것은 자연(自然)이며, 자연스럽게 침착하게 살아가는 길만이 인간에게 궁극적 안전감을 보장한다.

노자는 이 자연에서 인간의 본성과 사는 방법의 궁극적 근거를 찾는 것이다. 노자가 도(道)를 도(道)답게 하는 것, 이름(名)을 이름답게 하는 것을 상(常)의 도(道)가 아니다, 상(常)의 이름(名)이 아니다라며 부정할 때, 거기에는 유가(儒家)의 가체체계와 문명주의(文明主義)에 대한 반발과 비판, 일체의 인위적인 것들의 근원으로서 자연에 대하여 예리한 응시(凝視)와 깊은 성찰(省察)이 있었기 때문이다.

노자의 비판은 주로 유가(儒家)의 가치체계와 문명주의를 상대로 하여 의식한 것이었는데, 그것은 또한 자연을 무시하는 실체의 학문, 문화에 대한 적도 없으면서 도전했다고 해석할 수 있다. 인간이 자연 속에서 태어나 거기서 생활하고, 그리고 그 안에서 죽어가는 것은 부정할 수 없는 사실이다.

인간이 자연 안에서 탄생하며 거기서 생활하고 또 그 안에서 죽어간다는 것은 부정 못 할 사실이다. 그것은 인간 한 사람의 문제가 아니고 만물 일체에 공통된 진리이다. 인류의 역사가 생겨나고부터, 어떤 철학이나 종교도 이 진리를 뒤집어엎을 수는 없었다. 그 증거로 아무리 위대한 깨달음을 한 종교인, 대성인(大聖人)도 결국은 모두 죽어갈 수밖에 없지 않았는가?
예수도 이 자연에서 벗어날 수는 없었고, 부처 또한 성불의 예고에 따라 가야 하지 않았는가? 예수의 말씀에 되살아났다고 하는 나자로도 결국은 죽어갈 수밖에 없었다.

인간의 생사가 만물의 그것들과 같이 자연의 규정을 피할 길이 없다면, 인간의 인체의 영위도 이 자연을 도(道)로 받아들일 때 처음으로 참된 사는 방법이 되지 않을까? 인간이 인위적인 약은 체하는 것을 버리고 자연의 도(道)에 그냥 그대로 온순하게 따라갈 때 거기에 비로소 최상의 구원이 있고, 그 구원 앞에는 현자(賢者)도 없고 어리석은 사람도 없으며, 좋은 사람과 나쁜 사람이 없다고 노자는 생각한다.

인간은 이 깨달음과 구원에 눈을 뜰 때 비로소 '도(道)가 도(道)로서 할 일', 모든 인위적 규범의 한계성과 상대성 등에 또다시 자기 스스로 눈뜨게 되지 않겠는가. 그것이 종교 또는 철학의 길이건, 또는 과학이나 예술의 길이건, 자연을 잊어버리고 세워진 도는 모두가 상도(常道)가 아니라며 노자는 부정한다.

유가(儒家)의 가치체계와 문명주의를 부정적으로 비판하는 노자의 철학은 현란한 문명을 가지고 있는 도시 생활보다 단순 소박한 자연 속에 매몰된 농촌 생활을 중시하고, 그 자연을 동경하였다. 중국을 넓게 여행한 사람이면 누구든지 강한 인상을 받듯이, 도시와 도시 사이에는 넓고 아득한 대자연이 있고, 그 대자연에 둘러싸여서 촌락들이 점점으로 들어서 있다. 도시의 화려한 시끄럽고 복잡함과 비교하면 촌락들은 죽은 듯이 조용하고 쓸쓸하며, 조용하여 오히려 감동을 없애버린 듯한 분위기가 감돈다.

2천 년 이상의 옛날, 특히 노자가 태어난 곳으로 전해지는 강소성 서주(江蘇省 徐州) 또는 하남성 록읍현(河南城 鹿邑縣) 지역은 전란이 그칠 새 없었다. 화려한 문명을 자랑하던 도시도 종종 하루아침에 흡사 폐허와 같게 되며 혼란과 기아로 도시주민을 죽음의 공포 속으로 몰아넣었다(스트레스 상태의 극치). 문명의 사치가 돌연히 야만하고 비참한 꼴로 일변하게 된다. 그럼에도 농촌은 혼란과 기아를 무감각으로 바라보며 변치 않는 조용함을 그저 죽은 듯이 계속 유지한다. 노자는 이렇게 조용한 농촌 안에서 소박한 것, 자연스러운 것, 부서지지 않는 전형적인 본성을 보았다.

인간이 하는 일을 영구하고 넓고 아득한 대자연의 모습과 비교해보면 너무나 작고, 도시의 문명은 단순 소박한 농촌의 자연과 견주어보면 너무나 약하고 부서지기 쉽다. 인간이 망가지지 않고 사는 방법을 찾고 있는 한 이 소박과 자연을 생활의 근본원리로 하고, 거기에 중심(重心)을 떨어뜨려 강인한 삶의 방식을 가지는 것 이외에는 달리 없다는 생각은 노자의 흔들림 없는 확신이 된다. 노자 철학의 본질적 관심은 인간의 허물어지지 않는 것, 강인한 것, 근본적인 것을 어디까지나 추구하는 데 있다.

도시의 문명이 부정되는 것도, 그것이 부서지기 쉬운 것, 질기고 튼튼하지 않다고 보았기 때문이다. 노자는 단순한 문명의 비판자, 문화를 부정하는 사람이 아니다. 그는 오히려 농촌의 자연과 소박함 속에 부서지지 않는 사는 방법의 모형, 도(道)의 구현을 발견한 것이다. 노자에게 자연이란 도(道)의 본성일 따름이다.

그리고 여기서 우리는 노자가 말하는 소위 현(玄)에 대해 간단히 생각해 보기로 하자.

현(玄)이란 원래 캄캄하고 확실하지 않은 것, 어렴풋해서 잡을만한 곳도 없는 것을 의미하며, 색은 검은색을 의미한다. 그러나 그 검정은 색깔만 검은색은 아니고 몇 번이고 물감을 들여야 새까맣게 되기 직전의 색, 가볍게 붉은색을 띠고 있는 검은색이다. 그것은 컴컴하고 확실하지 않은 것을 의미하는 점에서는, 만물을 만들어내는 도(道)의, 아무리 생각해도 알 수 없는 작용을 형용할 수 있는 말로써 사용되는데, 몇 번이고 염색한 검은색을 의미한다는 점에서는 오랜 세월 동안 공을 쌓고, 경험도 쌓아올려 놓았으니, 푸른색이 벗겨져 떨어지고 늙어간다는 의미를 한편으로는 포함하고 있다. 말하자면 노자의 철학은 '현(玄)하고 또 현(玄)한 도(道)'를 설법하는 철학으로서 종종 현(玄)의 철학이라 부르기도 하는데, 이 현(玄)은 또 경험을 쌓았다가 인생의 풍파를 견디어내고 늙었다는 의미를 포함하는 점에서도 노자의 철학을 특징짓기에 적합한 말이다.

현(玄)이 흑색이라고 하면 우리는 쉽게 수묵화, 즉 먹물로 그린 그림의 색깔을 떠올린다. 수묵화에서 먹의 색은 검다는 잡다한 색채를 사용하면 결코 표현할 수 없는 미의 세계를 오히려 자유롭게 표현할 수 있다. 그러므로 흑색이 가지는 검은 정도는 여분의 장식적인 색, 요란한 색의 아름다움에 모조리 없어지고, 본질적인 것, 근본적인 것, 본래적인 것만 나타난다는 단순성이므로, 외부를 향해 분산하는 게 아니고 내면을 향해서 통일되어가는 것 같은 소박함이다. 그것은 사람의 마음을 시끌시끌하게 북돋우는 것을 하지 않고, 무한한 깊이, 근원적 조용함으로 사람을 이끈다. 더구나 근원적 조용함은 단순한 조용함이 아니고, 모든 움직임을 안쪽에 포함하고 있는 동중(動中)의 정

(靜)인 것이다. 거기에는 일종의 어둠을 느끼기는 하지만 그 어둠도 단순한 어둠이 아니고, 인간의 마음을 침착하게 몰두하도록 하며, 죽은 듯 조용하여 내려앉게 하는 어둠, 인간의 마음을 깊이 내면적으로 통일시키는 어둠이다.

노자의 현(玄)도 모든 변화와 다양성을 속에 내포하고 있는 근원적 일(一)이며, 그 일(一)에서 이 세계의 만물이 모조리 생겨나는 것이다. 그것은 인간의 말로써 질서를 세울 것을 삼가며, 인간의 감각(感覺), 지각(知覺)을 가까이하지 않는 비합리적인 혼돈이기는 하지만, 아주 사멸해버린 혼돈이 아니고 어렴풋이 붉은색을 생의 움직임으로 보이게 하는, 검고 거대한 무엇이었다. 그것은 컴컴하고 희미한 조용함 속에 모든 움직임을 감추어 놓은 동중(動中)의 정(靜)이며, 그것 자체는 형상이 없으면서 일체의 형상 있는 것을 무한으로 출생시키는 묘한 문(門)이다. 거기서는 색 세상의 번거로움, 문명의 허식과 관능의 탐미며 정욕에 빠져드는 것, 모두가 큰 적막 속에서 해체되어 없어지면서 색 없는 색, 소리 없는 소리가 저절로 보이게 되며 들려진다.

또한, 현(玄)이란 중국의 광대한 대자연 속에서 밤중에 산골짜기를 홀로 잠시 멈춰서 있는 사람의 적막을 의식한 것과 틀림없을 것이다. 그 산골짜기에 멈춰 서 있으면 삼라만상이 검고 검은 밤의 혼돈 속에서 조용함에 빠져들고 있다. 그러나 그것은 죽음의 정적이 아니고, 어딘가에서 숨을 쉬고 있다. 한낮에 만상의 온갖 분명하고 확실함, 모든 시끄러움이 이 밤의 어둠 속에 가라앉아 혼돈해졌으나, 꼼짝하지 않고 눈을 크게 뜨고, 귀를 깨끗하게 하면 색 없는 색이 보이게 되고, 소리 없는 소리가 들려온다. 말 없는 말로써 대자연이 나에게 말을 걸어와 나도 말 없는 말로 대자연에 말을 건다. 대자연이 나의 존재의 근원으로 거기에 있고 나는 그 근원을 뚫어지게 보면서 일체의 인간적 허망을 벗어난다. 그때 인간은 처음으로 나의 눈동자를 안으로 뒤집고 그 묘(妙)를 본다. 현(玄)의 경지에 몸을 둘 수 있지 않겠는가.

노자의 현(玄)이란 말하자면 깜깜한 밤의 산골짜기를 혼자서 서성대는 사람의 철학이다.

第二章 변화하는 현상의 근원은 도(道)이다.

💬 天下皆知美之爲美(천하개지미지위미), 斯惡已(사오이). 皆知善之爲善(개지선지위선), 斯不善已(사불선이). 故有無相生(고유무상생), 難易相成(난이상성), 長短相較(장단상교), 高下相傾(고하상경), 音聲相和(음성상화), 前後相隨(전후상수). 是以聖人處無爲之事(시이성인처무위지사), 行不言之敎(행불언지교). 萬物作焉而不辭(만물작언이불사), 生而不有(생이불유), 爲而不恃(위이불시). 功成而弗居(공성이불거), 夫唯弗居(부유불거), 是以不去(시이불거).

세상 사람들은 누구나 다 미(美)는 언제든지 아름답다고 생각하고 있는데, 사실은 그것은 추(醜)한 것일 뿐이다. 모든 사람이 좋은 것으로 생각하고 있는데, 사실은 감정의 움직임에 따라 선(善)이 절정에 이르면 도리어 불선(不善)으로 된다는 것을 모른다. 그래서 있고 없고는 상대가 있고서 생겨나고, 어렵고 쉽고는 상대가 있고 나서 성립되며, 길고 짧음은 상대가 있고서야 모양을 갖추게 되고, 높고 낮음은 상대가 있고서 비로소 나타나고, 음계와 선율 또한 상대가 있어 조화하게 되며, 앞과 뒤는 상대가 있어야 줄을 서게 된다.

이치가 이러하므로 성인은 무위(無爲)의 입장에 몸을 두고, 말에 의하지 않는 교화를 한다. 만물의 자생에 맡기고는 소작을 더하지 않는다. 만물이 생육하여도 소유하지는 않고 은혜를 베풀어도 보답을 기대하지 않으며, 만물을 성취시켜도 공적에 안주하지 않는다. 안주하지 않으므로 그 공적은 없어지지 않는다.

사람이 만든 다양한 가치개념은 빠짐없이 상대적인 것이다. 따라서 이 상대성은 사물의 존재에 대해서도 똑같이 말할 수 있다. 사물이 '있다'고 하면 그 '있다'는 '없다'를 예상하고, '없다'를 예상하여 한편으로 예상하지 않으면, '있다'라는 것도 말할 수 없게 된다.

이를테면 있다(有)와 없다(無)라는 개념은 서로 의지하며, 서로 기대하며 생기는 상대적 개념이다. 이와 비슷하게 '어렵다'라는 것과 '쉽다'라는 것은 상대적으로 성립하는 개념이고, '길다'와 '짧다'도 상대적으로 성립하는 불가분의 개념이다. '높다'와 '낮다'도 서로 대신할 수 있는 상대적 개념이다. 음(音)과 성(聲), 바꾸어 말하면 악기 음향과 육성은 서로 조화하며, 앞과 뒤와는 서로 부수하는 상대적 개념이다.

여기서 노자는 인간이 주장하는 다양한 가치개념도 결국 상대적인 것이지 절대적인 것이 아니라는 점, 그럼에도 그것을 절대적인 것처럼 착각하고 만물을 제멋대로 차별하며, 있는 그대로의 세계를 왜곡하여 자신을 속박하고 다른 것들에 못질하는 인간의 미련함과 위험함을 경고하고 있다. 노자의 '있는 그대로', 즉 자연(自然)이란 일체의 인위적인 것들을 모조리 없애버리고, 인간이 버릴 수 있는 한의 남아도는 모든 것을 버릴 수 있는 대로 버린 것이다. 그리고 버릴 수 없는 것으로만 남는 궁극 사실이 있다.

유럽에 있어서 로고스의 철학의 확립자 데카르트(René Descartes)가 일체의 존재, 곧 끝까지 남김없이 의심하고 나서 아직 의심할 수 없는 것으로 주장하는 자아, 이를테면 "내가 생각할 수 있기 때문에 내가 있다."라는 나의 존재까지, 카오스의 철학자 노자는 여전히 피아 상대

(彼我相對)의 나로 보는 것이다. 노자에 있어서는 일체의 인간적 입장에서 생각된 것은 요컨대 상대적인 것이며 상대적인 것은 모조리 한계를 가지고 있는 것이다.

번쩍이는 의복을 몸에 걸친 도시의 주민은 자기의 사치스러운 생활을 좋고 아름답다고 하고, 거친 옷으로 만족하는 농사꾼을 좋지도 않고 아름답지도 않다고 한다. 또는 내가 탐닉하는 인위적인 음악의 선율에는 문명의 우아함을 자랑으로 삼으면서, 산들바람, 시냇물이 졸졸 흐르는 자연의 소리를 듣는 농촌 사람을 업신여긴다. 그러나 그네들의 가치관은 상대적인 것이며 근거 없는 허영일 뿐이다. 그들이 아름답다고 하는 것은 절대적인 것이 아니고, 그들이 선(善)이라고 하는 것도 절대적 선(善)일 수 없다.

무위(無爲)라는 것은 지식과 인위로써 영리한 체 하지 않고, 그것들을 버리고 도(道)와 하나가 된 무심한 거동을 뜻하는데, 불언지교(不言之敎)라는 것은 말 없고 이름 없는 도(道)의 본체에 그냥 그대로 순응한 자연스러운 자연의 교화를 뜻한다.
『장자』의 지인(至人) 무위의 업(業)에 소요(逍遙)한다(大宗師篇)고 한 것과 성인은 말없이 가르침을 행한다(知北遊篇)라고 한 것을 같은 맥락으로 볼 수 있다.

성인(聖人)이 무위(無爲)의 일을 하며, 말없이 가르침을 한다는 것은 대체 어떠한 것일까?

무위(無爲)는 말할 것도 없이 위(爲)를 부정하는 말이라 하더라도 그
것은 종종 오해를 받듯 아무 일도 하지 않고 팔짱을 끼고 있다든가
또는 꼼짝 않고 엎드려 잠자는 태만을 말하는 것은 아니다. 그것은
나의 오만함을 버리고 천지자연의 이법(理法)에 그냥 그대로 따라가는
것이다.

도(道)는 생성화육(生成化育)이란 위대한 공적을 쌓고서 성공한 사람
의 영광된 자리에 앉으려고 하지 않기 때문에 비로소 그 지위에서 떠
나지도 않고 영원히 위대한 존재로 남게 된다.
여전히 이 장에서 처음 보이는 '무위(無爲)'라는 말에 대하여 약간의
설명을 덧붙였으면 한다.

천지자연의 세계에서는 모든 존재가 갖가지 모양을 가지고 태어나
서 여러 가지 모습으로 성장 및 변화하면서 하나하나의 충실한 생명
을 전개하는 것을 보여주고 있다.
강가의 버드나무는 녹색으로 흔들리고, 산속의 동백꽃은 붉은색
으로 꽃이 피며, 새는 하늘 높이 날며, 물고기들은 물 깊이 뛰어들며
논다. 거기에 아무런 작위적 의지나 가치 의식도 없고, 번거롭게 핑계
나 이유를 붙이지도 않는다. 모든 것이 자연스럽게 그러한 것이며, 일
부러 한 것은 어느 하나도 없다. 있는 그대로 사람처럼 일을 꾸민다
든지, 당치도 않게 힘을 써버리지도 않는다. 천지자연의 세계는 있는
그대로이며, 나의 존재를 고집하거나, 남에게 뻐긴다든지, 말이 많고
시끄럽게 구는 일도 없다. 요는 사람이 하는 짓들은 아무것도 하지
않고 사람의 힘으로는 도저히 따라갈 수 없는 위대한 일들을 이루는

것이 천지자연의 세계이다.

노자는 이와 같은 천지자연 세계의 본질을 무위(無爲)라고 파악한다. 그리고 무위를 디디고 인간의 본래의 자세, 참된 위(爲)를 생각하고, 인간의 본래적이지 않은 위(爲), 즉 허위를 부정한다.

노자는 사람의 독선적 위를 부정하고, 그것을 부정함으로써 천지자연의 원리 그대로를 따라가는 참된 위를 하려고 하는 것이다. 그러니까 노자의 무위는 단순한 무위가 아니고, 참된 위를 하기 위해서 인간적인 위를 부정하는 것이니, 그 무위는 정확하게 말하자면 무위(無爲)의 위(爲)라고 해야 하지 않을까?

노자의 무위를 인간들의 제멋대로의 처분, 깜찍한 지혜와 재간, 독선적인 가치관이나 구실 달기에 자승자박하고 있지 않은지!
"지자(知者)는 무위하다. 어리석은 사람은 스스로를 붙들어 맨다."라고 말한 것이 있다. 노자의 무위도 인간 마음대로의 재량과 간사한 지혜, 독선적인 가치관이나 구실 붙이기로 스스로 얽매이는 일이 없어야 하겠다.

"학문을 끊은 하릴없는 한가한 도인은 망상을 버리지 못하고 진실함을 구하지 않는다."
당대(唐代) 선승(禪僧) 영가대사(永嘉大師) 증도가(證道歌)에 있는데, 부처의 법신을 "무위(無爲)이면서 무상무지(無相無知)이다."라고 해석하였으며, 해탈(解脫)을 구하지 않고 "해탈이 스스로 이루어진다."라고 설법한 사람은 중국 정토교(淨土敎)의 확립자인 도작[道綽, 저서: 안락집(安樂集)]인데, 그들이 말하는 무위(無爲)도 노자의 무위와 밀접하게 관련된 사상개념이었다. 우리는 중국에 있어서 가장 중국적인 불교로 알려진 선종(禪宗)과 정토교(淨土敎)가 노자의 무위사상을 교리 안으로 계승하여 그 사상에 뿌리 깊게 자리 잡혀 있다는 사실을 간과할 수는 없을 것이다.

第三章 무위무욕(無爲無欲)의 정치이상(政治理想)

💬 不尙賢(불상현), 使民不爭(사민불쟁). 不貴難得之貨(불귀난득지화), 使民不爲盜(사민불위도). 不見可欲(불견가욕), 使民心不亂(사민심불란). 是以聖人之治(시이성인지치), 虛其心(허기심), 實其腹(실기복), 弱其志(약기지), 强其骨(강기골). 常使民無知無欲(상사민무지무욕), 使夫智者不敢爲也(사부지자불감위야). 爲無爲則無不治(위무위칙무불치)

만일 위정자가 정치를 할 때에 재능이 있는 사람을 잘한다고 칭찬을 해주지 않는다면, 백성들은 자연히 남보다 무엇이든지 잘하겠다는 경쟁심이 없어지게 된다. 위정자가 진귀한 보물을 존중하지 않는다면 백성들은 도둑질을 안 하게 된다. 위정자가 많은 욕망을 가지지 않는다면 백성들은 혼란에 빠지지 않는다.

그러므로 성인의 정치는 마음을 단순하게 하고 배를 채우게 하고, 마음을 약하게 하고, 근육을 튼튼하게 하며, 항상 백성들을 무지무욕(無知無欲)한 상태에 두고 잔꾀를 써서 행동하지 않도록 한다. 무위에 의하여 일을 처리하게 되면 정치가 잘못될 일이 없을 것이다.

이 장은 노자의 욕망론이나 문명비판의 입장을 가장 기본적으로 파고든 점에서 주목을 받고 있다. 또는 인간에 있어서 진정한 행복이란 무엇인가, 인간의 본성과 소위 말하는 문화와 문명이라는 것들과의 관계는 어떤 것일까 하는 문제에 대해서도 예리한 생각을 언외(言外)

에 포함하고 있다는 점에 우리들의 주의를 끌게 한다.

관련해서 『장자』에는 현명함을 말하면 백성들은 서로 미워하고, 지(知)에 기울어지면 백성들은 서로 도둑질한다. 구슬(珠)을 깨버리면 작은 도적은 생기지 않는다. 영욕(榮辱)을 세우고 나면 병이 생기고, 돈과 재물이 쌓이면 싸움이 난다(則陽篇) 등으로 적혀있다.

위정자가 지자현인(知者賢人)을 존중하지 않으면 국민들을 싸우지 않게 할 수 있다. 진귀한 재보(財寶)를 가지고 있지 않으면 백성들이 도둑질을 하지 않도록 할 수 있다. 탐내는 것을 보이지 않으며 백성들의 마음이 흐트러지지 않도록 할 수 있다.

그러므로 무위자연(無爲自然)의 도(道)를 체득한 사람, 성인(聖人)이 지배자로서 정치를 할 때는 백성들의 마음에는 아무 욕심이 없도록 하여 충분하게 배에 힘이 생기도록 하고, 밖으로 향하는 마음의 움직임을 약하게 하고 골격이 튼튼하도록 해야 한다. 항상 백성들을 무지무욕(無知無欲)하여 소박하며 건강상태를 가지게 하고, 지자현인이라 불리는 약은 체하는 병 환자에게 들어 닥칠 틈새를 주지 않도록 한다. 이렇게 하여 무위자연의 정치를 해나가면 평화롭지 않게 마무리되지 않는 나라라고는 없을 것이다.

여기서 가르치고 있는 성인(聖人)의 무위자연(無爲自然) 정치가, 도시의 화려한 문명문화와 인간의 지적 능력의 편중, 경박한 향락주의와 건강치 못한 관능의 탐닉을 비판하면서 도회의 사치와 향락 풍조에 오염되어 있지 않은 소박하고 건강한 농촌 생활을 기반으로 하고 구상된 것이라는 것은, 글 안에 현(賢)함을 귀하게 여기지 않고 손에 넣기 힘든 재보(財寶)를 귀하게 여기지 않으며, 배를 채우고 뼈를 튼튼하게 한다 등의 말로써 쉽사리 알게 될 것이 아니지 않겠는가.

노자는 인간의 지적 능력만으로 한쪽 면만 보고 가치를 붙이거나 문명문화의 발달이 무조건으로 인간을 행복하게 한다고 생각하는 것에 대해서 근본적인 비판을 한다. 아니, 그는 이른바 문명문화의 발달 안에서 오히려 인간의 퇴폐와 생명이 쇠약해지는 현상을 보았고, 그것을 인간의 본래의 근본으로부터 타락한 것이라고 보고 부정한 것이다.

도시의 지자현인은 자기 스스로 생산하지 않고 남이 생산한 것에 기식하며, 그들의 발은 확실하게 대지를 밟고 서지 못하고 있다. 그들은 입을 열면 "마음으로 일하는 사람들은 백성을 다스리고, 힘을 쓰는 사람들은 다른 사람의 다스림을 받는다."라고 거짓을 지껄인다.

혹은 "남에게 다스림을 받는 사람은 남을 양육한다. 사람을 다스리는 사람은 남의 양육을 받게 된다." 등과 같이 제멋대로의 분쟁을 일으킨다. 그러나 그들의 대사는 나의 변명이고 남을 기만하는 수치심 없는 강변 이외의 아무것도 아닐 것이다. 그들은 독선을 잣대로 삼고 인간의 가치를 재고 나서 나를 높은 곳에 세우고 사회의 질서가 잡히는 것을 구상한다. 자기들이 자화자찬하는 잔재주는 인간의 욕망을 키우고, 인간의 잔꾀를 흉악하게 만든다.

그리하여 지력은 욕망을 키우고 욕망이 지력을 악화하는 악순환 속에서 사람의 마음은 날로 험악해져서 인간의 사회는 드디어 대립과 투쟁이 격화되어 간다. 그들은 문명문화의 미면과 허영에 자기 도취하여 그것이 인간을 어느새 인간답지 않게 만드는 위험성, 인간의 사회를 괴롭히고 착취하여 피투성이로 만드는 흉악성을 내포하고 있다는 데 대해서 느끼지 못하고 있다.

말하자면, 잔꾀에 넘어가면 백성들은 서로 훔치고, 권세 뒤에는 틀림없이 사람이 사람을 잡아먹을 일이 생기지 않겠는가.

『장자』의 경상초편(庚桑楚篇)의 내용이야말로 문명의 비참한 말로를 예견하는 통렬한 경고가 아닌가?

경상초의 제자가 말했다.

"그렇지 않습니다. 작은 도랑에서는 큰 고기가 몸을 돌릴 수가 없지만, 송사리나 미꾸라지는 몸을 마음대로 움직입니다. 몇 걸음 안 되는 낮은 언덕에서는 큰 짐승들이 몸을 감출 곳이 없지만, 여우는 그곳에서도 신출귀몰합니다. 또한, 현자를 존경하고 능력 있는 사람에게 벼슬을 주고, 선한 사람을 앞세우고, 이로운 사람과 함께 하는 것은 옛날 요순시대부터 그랬습니다. 하물며 외루의 백성들이야 어떻겠습니까? 선생님께서는 그들의 요구를 들어주셔야 합니다."

경상초가 말했다.

"어린 제자야, 이리 오너라. 무릇 수레를 삼킬 만큼 큰 짐승이라 하더라도 홀로 산에서 벗어나게 되면 그물과 올가미의 재난을 면치 못할 것이다. 배를 삼킬 만큼 큰 물고기라 하더라도 잘못 뛰어올라 물 밖으로 나오게 되면 땅강아지까지 그를 괴롭히게 된다. 그러므로 새와 짐승은 높은 산을 싫어하지 않고 물고기와 자라는 깊은 물을 싫어하지 않는 것이다. 무릇 타고난 모습을 온전하게 지키려는 사람들은 몸을 숨길 때 깊고 어두운 곳을 싫어하지 않는 법이다.

또한, 요임금과 순임금이야 칭찬할 만한 점이 어디 있겠는가? 그들은 사람을 까다롭게 구별하여 함부로 담장을 파고 그 위에 쑥을 무성하게 심을 것이며 그들은 머리칼을 한 올 한 올 골라가며 빗질을 하고 쌀알을 세어가며 밥을 짓는 것과 같이 까다롭게 따졌다. 그런 작은 일에 얽매어서야 어찌 세상을 다스릴 수 있겠느냐? 현명한 사람들을 등용하면 백성들이 서로 잘 낫다고 다투게 되고, 지혜 있는 사람에게 벼슬을 주면 백성들은 서로 도둑질을 하게 된다. 이런 몇 가지 일로는 백성들을 돈후하게 해줄 수가 없는 것이다. 그런 방법은 백성들이 심하게 이익을 추구하게 만들어 자식이 부모를 죽이는 자가 생겨나고 신하가 임금을 죽이는 자가 생겨나게 될 것이다. 대낮에 도둑질을 하고 한낮에 담을 뚫는 일이 생기게 될 것이다. 내가 너에게 말해주겠다. 큰 혼란의 근본은 틀림없이 요순시대에 생겨났으니 그것은 폐해가 천 년 후에도 남아있게 될 것이다. 그러니 천 년 후에는 틀림없이 사람과 사람이 서로 잡아먹는 일이 벌어지게 될 것이다."

庚桑楚弟子曰(경상초제자왈)

不然(불연) 夫尋常之溝(부심상지구)

巨魚无所還其體(거어무소환기체)

而鯢鰌爲之制(이예추위지제)

步仞之丘(보인지구)

巨獸无所隱其軀(거수무소은기구)

而孼狐爲之祥(이폐고위지상)

且夫尊賢授能(차부존현수능)

先善與利(선선여리)

自古堯舜以然(자고요순이연)

而況畏壘之民乎(이황외루지민호)

夫子亦聽矣(부자역청의)

庚桑子曰(경상자왈)

小子來(소자래)

夫函車之獸(부함거지수)

介而離山(개이리산)

則不免於罔罟之患(즉불면어망고지환)

吞舟之魚(탄주지어)

碭而失水(탕이실수)

則蟻能苦之(즉루능고지)

故鳥獸不厭高(고조수불염고)

魚鼈不厭深(어별불염심)

夫全其形生之人(부전기형생지인)

藏其身也(장기신야) 不厭深眇而已矣(불염심묘이이의)

且夫二子者(차부이자자) 又何足以稱揚哉(우하족이칭양재)

是其於辯也(시기어변야)

將妄鑿垣牆而殖蓬蒿也(장망착원장이식봉호야)

簡髮而櫛(간발이즐)

數米而炊(수미이취)

竊竊乎又何足以濟世哉(절절호우하족이제세재)

擧賢則民相軋(거현즉민상알)

任知則民相盜(임지즉민상도) 之數物者(지수물자)

不足以厚民(부족이후민)

民之於利甚勤(민지어리심근)

子有殺父(자유살부)

臣有殺君(신유살군)

正晝爲盜(정주위도)

日中穴阫(일중혈배)

吾語女(오어여)

大亂之本(대란지본)

必生於堯舜之間(필생어요순지간)

其末存乎千世之後(기말존호천세지후)

千世之後(천세지후)

其必有人與人相食者也(기필유인여인상식자야)

　　이 장은 사회생활 중에 생기는 스트레스가 어떻게 해서 생기며, 그것이 피어나는 과정을 실감 나게 적어놓았다. 스트레스 교과서의 사회문제해결 부분을 읽은 것 같은 느낌이 든다.

　　노자는 사람들의 지식에 대한 지나친 편중이 인간의 참된 행복을 빠뜨리고 지나간 위험한 망상이라고 비판하면서는 문명문화의 발달보다는 인간들의 편안한 생활을 오히려 참된 행복으로 보고 있다.

다시 말하면, 노자에게 중요한 것은 인간의 편안한 생활이며 반드시 문명문화가 발달하는 것은 아니었다. 인간의 이지적(理智的, 로고스) 존재로서만 가치를 매기는 것이 아니고, 대지(大地)를 밟고 일어서는 다리를 가지고 몸 전체 무게를 받아 세울 수 없는 혼돈적(混沌的 - 천지가 아직 개벽하지 않아 모든 사물의 구별이 확실치 않은 상태) 존재로서 중요시해야 한다는 것이다. 노자가 "무위(無爲)를 성공하게 되면 단적으로 말해서 다스려지지 않은 것이 없다."라고 말할 때 그 주장의 근거에는 그의 행복론과 문명문화에 대한 비판이 전제로 깔려 있는 것이다.

여기서 우리는 노자의 '무지무욕(無知無欲)'의 주장과 관련지어 그의 욕망론을 요약해 보기로 하자.

인간의 욕망이란 것에 대한 사고방식이 중국과 유럽과는 크게 다르다는 점에 대해서는 앞선 사람들에 의하여 이미 적절한 지적이 내려져 있다. 이를테면, 유럽 사람이 인간의 욕망을 기약 없이 긍정하며 또는 힘을 기울여가며 이것을 조장시키고, 그 욕망에 만족을 주는 재화를 인위적으로 생산하려는 경향을 한계 없이 긍정하며, 그 욕망의 만족을 주는 재화를 인위적으로 생산하려는 경향을 현저하게 가지는 데 반하여, 중국 사람들 사이에는 어떻게 하면 욕망을 제한할 것인가라는 문제가 더 중요한 관심사였고, 생산으로 의해서 욕망을 자극하고 자극된 욕망을 채우기 위해서 더욱 생산을 촉구해가는 유럽적 욕망론은 거의 성립되지 않았다고 해도 지나친 말은 아니다. 그리고 노자의 욕망론이야말로 이와 같은 궁극적 욕망에 대한 사고방식을 가장 근원적으로 대표하는 것이었다.

전술한 것처럼 노자는 인간의 욕망을 제한 없이 방치하는 것은 인간에게 참된 행복을 가져오지 않을뿐더러, 오히려 인간을 처참하게 만들고 인간사회에 혼란과 무질서와 파멸을 가져다준다고 생각한다. 따라서 인간이 참된 삶의 방식을 가지고 평화나 사회를 실현하기 위해서는 욕망을 완전히 버릴 수 있을 것, 또는 그와 근사한 상태로 유지되는 게 바람직하다.

말하자면, 무욕(無慾) 또는 과욕(寡慾)으로 남아 있는 것이 인간을 행복하게 하고, 사회의 평화를 실현하는 근본적 원리이기도 하다. 노자는 마음속에 만족을 아는 것을 가장 큰 부자라고 설명하고, 인간의 욕망을 한없이 자극하여 비대화하는 도시의 생활보다 그것을 억제하여 진정시켜주는 전원촌 마을의 생활을 진실한 사는 법이라고 인정하는 것도 이 때문이다.

이와 같은 노자의 무욕(無慾) 혹은 욕심이 없다는 주장은 그분에게 어떤 사상적 근거를 가지는가. 그것이 도(道)를 무욕으로 하고, 이 도와 하나가 된 삶의 방식을 인생의 으뜸가는 복(福)으로 치는 그의 도 철학에 기본을 두고 있다는 것에 대해서 다른 말이 필요치 않다.

도(道)는 이미 말한 것처럼 무형무명(無形無名)인데, 만물(萬物)은 유형유명(有形有名)이다. 만물의 하나인 인간에게 형체라는 것은 육체를 말하는데, 사람이 살아있다는 것이 이 육체를 가지고 있다는 데 불과하다. 육체를 가지고 있는 동안에는 이것을 키워가면서 유지하지 않으면 안 된다. 이래서 욕망은 사람의 삶에 대한 자연적이고 필연적이라고 말할 수 있다. 이 말은 인간의 죽음을 생각해 보면 한층 명백하게 되지 않겠는가? 인간은 죽고 나면 육체를 잃어버리게 되고 욕망도 무(無)로 돌아간다. 죽음이 도(道)로 돌아가는 것이라고 말할 수 있는 것도 죽은 사람의 무욕이 도의 무욕과 완전히 일치하기 때문이다.

그러나 사람은 태어났으므로 끝까지 살아나가야 한다. 태어났다는 것이 자연이라면, 죽는 것 또한 자연인 것처럼 죽음이 찾아올 때까지 살아내는 것도 또한 자연이다. 인간은 살아있는 채 죽은 사람이 된다. 바꾸어 말하면 완전히 무욕(無欲)이 될 수는 없다. 욕망을 무제한으로 그대로 방치하는 것도 위험하다. 그것을 완전하게 없애는 것도 불가능하다.

노자는 이상(理想)으로서 무욕(無欲)을 설하는데, 그것은 어디까지나 이상이며, 실제로는 될 수 있는 한 무욕에 가까운 과욕(寡慾)을 설파하고 있다고 보지 않을 수 없다. 노자가 분수를 알고 만족함을 아는 일, 말하자면 "만족함을 안다."를 설파하는 것도 이 때문이다. 만족함을 안다는 것은 어느 만큼의 욕망 충족을 인정하는 것으로 욕망을 전면적으로 부정하는 것은 아니다.

노자에게는 삶 자체를 부정하는 염세 사상은 없고, 오히려 삶을 완성하는 것이야말로 그의 철학의 근본이 있다. 삶을 완성하기 위해서 무위자연의 도를 따르는 것이고, 무위자연의 도를 따라가기 위해서 무욕이나 과욕 또는 만족함을 안다(知足) 등의 가르침을 설교했던 것이다.
그가 항상 무욕(無慾)이면 묘(妙)를 보게 되고 항상 유욕(有慾) 하면

교(曒)를 본다고 한 것도 이런 의미이며 무욕(無慾)은 도(道)의 묘(妙)함을 보기 위한 수단이다.

유럽식 욕망론이 인간의 사고(思考)의 중심에 버티고 그 교(曒)를 본다. 만물 세계의 논리를 대상적, 과학적으로 관찰 구명하여 '만족할 것'을 밖에서 찾는 데 반하여 노자의 욕망론은 무위자연의 도를 근본에 두고 그 묘(妙)를 본다. 인간을 포함한 일체 만물의 근원에 있는 혼란을 혼란 그대로 응시하여 '만족함'을 내부에서 구한 것이다.

노자의 무욕은 단순한 무욕이 아니고, 무위자연의 도에 근거하여 나의 생(生)을 온전하게 끝맺음하기 위한 것이었다.

노자가 구상하는 사회에서는 누구나 다 각각 제 능력대로 일하고 거기서 생산되는 물건을 누구나 다 필요에 따라 균등하게 사용한다. 물건을 땅바닥에 내버리기는 싫어하지만, 자기가 소유하지도 않는다. 따라서 물건이 길에 굴러다녀도 주워가는 사람이 없고, 밤에 문을 열어놓고 자더라도 도적이 들어오지 않는다.

무엇이든 할 때에도 오로지 자기 능력에 따라서 성심껏 부지런히 일할 뿐이요, 남보다 더 잘해야 한다든가 칭찬을 받겠다든가 자기의 소유로 만들겠다든가, 영웅이 되어 남을 지배하겠다든가 이러한 욕망이 도무지 없다. 이와 같이 일은 하되 아무 욕망이 없으니, 자연히 마음이 안정되며 산란하지 않게 된다.

소유욕이나 지배욕이 없는 철인 정치로 백성을 다스리려고 할 때는 먼저 백성으로 하여금 모든 야심과 야망과 야욕을 빼어버리고 마음을 깨끗하게 가지도록 한다. 본래 사람의 소유욕이니, 지배욕이니, 명예욕이니 하는 것과 같은 욕망은 선천적인 것도 아니요, 본능도 아니다. 거울의 티끌과 같아서 씻어버리면 마음이 깨끗해진다.

육체는 백성들의 배가 굶주리지 않고 헐벗지 않고 풍족하게 하여 든든하게 해주어야 한다. 아무리 마음에 더러운 욕망이 없다 하더라도 배 속에서 꼬르륵 소리가 나면 역시 무엇이든 훔쳐먹을 생각을 하게 된다. 그러므로 우리말 속담에도 사흘 굶어서 도적질하지 않는 사람 없다고 한다. 백성들은 다 각각 제 능력대로 일을 성심껏 부지런히 하는데 먹을 것이 없어서 배 속에서 꼬르륵 소리가 난다는 것은 백성의 잘못이 아니요, 위정자의 잘못이라고 하지 않을 수 없다. 이러한 사회는 다 인위적인 병리학적 사회요 자연적인 생리학적 사회가 아니다.

노자의 시각에서 보면 지금의 돈만 아는 자본주의 사회도 병리학적이요, 빵만 아는 공산주의 사회도 병리학적 사회라고 할 것이다. 백성들로 하여금 마음을 비우게 하고 뱃속을 든든하게 하여야(虛其心 實其腹) 비로소 생리학적 사회를 이룩할 수 있다. 다시 말하면 빵과 자유를 다 얻을 수 있는 사회가 된다.

노자가 말하는 무지(無知)는 처음부터 배운 것이 없는 무지가 아니라, 지식을 한번 경험하고 나온 뒤에 오는 무지이다. 이른바, 지식이라는 것은 대개 사물을 분석하는 데서 온다. 어떤 물건은 어떤 종류의 물건이라든가, 어떤 사람은 백색인종이라든가, 꽃은 꽃받침과 꽃잎과 암술, 수술, 가루 주머니 등으로 이루어졌다든가 또는 어떤 물건을 분석하면 분자로 되고, 분자는 원자로 되고, 원자는 또 전자와 중성자로 되었다는 것과 같다. 그러나 이러한 방법은 일부분의 지식은 될지언정 전체에 대한 지식은 아니다. 다시 말하면, 우리가 아무리 예리하게 분석을 하더라도 최후에 가서는 그 이상 더 분석하지 못할 것이 있다. 예를 들면, 물질에 있어서는 에너지와 같고 생물에 있어서는 생명과 같다.

이 생명과 에너지는 분석적 방법으로써는 이해할 수 없다. 노자는 물질에 대하여 에너지와 생물에 대하여 생명과 같은 것을 도(道)라고 하였다. 또는 모든 물건에 대하여 전체요, 또 '하나'인 것이다. 노자는 이 '하나'가 무엇인지 하는 것은 무지(無知)의 지(知)라고 한다. 노자가 백성들을 지식도 없게 하고 욕망도 없게 한다고 하나, 결코 백성들로 하여금 아동이나 원시인으로 되돌아가야 한다는 말은 아니다. 다만, 세상의 잡지식을 버리고 '하나'가 무엇인지 깨달은 사람은 얼핏 보기에 어리석은 사람과 같고, 또 어린아이나 원시인과 그 모습이 비슷할 뿐이다.
이른바 "참을 지키고 순박한 데로 돌아가라."고 하는 것이다.

이와 같이 사람이 생각해낸 모든 지식과 만물이 내 모든 사회적 제도보다 무위자연의 세계, 즉 무지(無知)의 지식과 지배욕이 없는 정치와 소유욕이 없는 경제를 더 존중히 여기는 사회에서는 식자(識者)가 무엇을 좀 안다고 앞장서서 잘난 체 까불지 않는다. 아무리 부분적 지식과 또는 우수한 기술을 가졌다고 하더라도 '하나'를 깨달은 철인(哲人) 앞에서는 고개를 숙이게 된다. 이러한 철인정치가의 정치를 노자는 "하는 것이 없으면서 하지 않는 것이 없다."라고 하고, 또 "무위(無爲)로 정치를 하면 다스려지지 않는 일이 없다."라고 한다.

第四章 도(道)의 용도

道沖而用之(도충이용지), 或不盈(혹불영). 淵兮似萬物之宗(연혜사만물지종). 挫其銳(좌기예), 解其紛(해기분), 和其光(화기광), 同其塵(동기진), 湛兮似或存(담혜사혹존). 吾不知誰之子(오불지수지자), 象帝之先(상제지선).

도는 일견 텅 비어있는 그릇 같이 보이나, 그것을 아무리 써도 가득 차는 일은 없다. 한량없이 깊은 강물처럼 만물의 근원 같다. 즉, 그것은 무한한 효용성(效用性)과 무진장한 작용을 하는 광대무변하는 형이상학적 실재(實在)이다.

도는 만물의 예리한 것을 갈아서 부드럽게 하고, 지혜로부터 생기는 만물의 엉클어짐을 만물이 풀어헤치고 지혜의 빛을 부드럽게 하고 티끌과도 하나가 된다. 찰랑찰랑한 물처럼 조용함이며 뭔가 있는 것 같이 보인다. 나는 그것이 누구의 아들인지 알 수 없다. 천제(天帝)의 조상처럼 보인다.

깊고 고요하여 만물의 조종(祖宗) 같다. 그것은 깊고 깊어서 일체 만물이 거기로부터 나오는, 즉 생성(生成)하는 큰 뿌리이거나 이 현상세계의 근원의 근원이 되는 궁극적 실재처럼 보인다.

이와 맥락을 같이하여 『장자』 「천도편(天道篇)」에 다음과 같은 글이 있다.

"깊고 조용해서 그 깊이를 알 수 없다."(장자(莊子), 天道篇 만물의
종(宗)이라는 종(宗)은 근본, 근원이란 뜻)

천도(天道)는 운행에 막힘이 없다.

그래서 만물을 생성한다.

제왕의 도는 운행에 막힘이 없어야 한다.

그래야 세상이 돌아간다.

성인의 도 역시 운행에 막힘이 없어야 그래야 세상이 모두 승복한다.

천도에 밝고 성인의 도에 통하고,

제왕의 덕에 정통하여 6방향과 4순서를 모두 아는 사람은 어리숙
하며 고요할 따름이다.

성인이 고요한 것은 고요함이 좋아서 고요한 것이 아니요,

만물 중에 그의 마음을 흔들만한 것이 없기 때문에 고요한 것이다.

물이 고요하면 그 밝음이 수염이나 눈썹까지 밝게 비치고,

그 평평함은 수준기(水準器)와 같아 목수도 그것을 기준으로 한다.

물의 고요함이 이처럼 밝은데 하물며 인간의 정신이나

성인의 마음이 고요하면 어떻겠는가!

그것은 세상을 성찰하는 거울이고 만물을 비추는 거울인 것이다.

天道運而无所積(천도운이무소적)

故萬物成(고만물성)

帝道運而无所積(제도운이무소적)

故天下歸(고천하귀)

聖道運而无所積(성도운이무소적)

故海內服(고해내복)

明於天(명어천) 通於聖(통어성)

六通四辟於帝王之德者(육통사군어제왕지) 其自爲也(기자위야)

昧然无不靜者矣(매연무부정자의)

聖人之靜也(성인지정야) 非日靜也善(비일정야선) 故靜也(고정야)

萬物无足以鐃心者(만물무족이요심자) 故靜也(고정야)

水靜則明燭鬚眉(수정즉명촉수미)

平中準(평중준) 大匠取法焉(대광취법언)

水靜猶明(수정유명) 而況精神(이황정신)

聖人之心靜乎(성인지심청호)

天地之鑑也(천지지감야) 萬物之鏡也(만물지경야)

도(道)는 만물의 예리함을 부수고, 만물의 엉켜있음을 풀어 놓고, 만물의 강한 빛을 부드럽게 하고, 만물의 더러움을 나와 같게 한다.

만물의 세계는 인간사회가 그것을 전형적으로 대표하듯이 차별과 대립의 세계이며, 거기에서 인간들은 칼날 같은 이기주의로 서로 미워하고 싸우는 추악함을 가득 채운다.

그러나 사람들이 무위자연의 근원적 진실에 눈을 뜨게 될 때 차별과 대립의 모습은 벌써 도(道)의 절대성 앞에서 모두가 상대적인 것이 되어버리고, '일면적 가치관'이나 그것을 고집하는 첨예한 자기주장, 이해의 반목이나 재치의 겨루기나 혼자 잘난 체하는 성자(聖者) 의식 등은 인간의 허망한 잘난 체하는 짓으로 무너져 버리고 만다.

상대방의 입장에서 악이나 선을 생각해보는, 넓고 포용적인 마음을 잃지 말아야 한다. 한 사람의 행위를 선과 악으로 구분 지을 것이 아니라, 반드시 선과 불선으로 구분 지을 것이다. 그리고 그 선과 불선은 궁극적으로 아름다움과 추함에 불과하다는 것을 상기해야 한다. 이것이 노자의 지혜이자 가르침이다.

엉킴을 푸는 것(解其紛) 또한 허(虛)의 작용이다. 아무리 엉켜진 실타래도 시간이 지나가면 풀린다. 그것은 자연 속에서 다 썩어버린다. 인간의 모든 문제 또한 침착하게 생각하면 다 해결방법이 있다.

이때 사람들은 처음으로 도(道)의 무명(無名)을 나의 무명으로 하는 '이름 없는 백성', '큰 바보'가 되는 것이다. 나의 지지 않으려는 생각을 버리고 남과의 싸움을 좋지 않게 생각하고, 재치의 빛남을 두껍게 싸서 범속들 사이에서 범속한 한 사람으로 살아가는 강인한 잡초의 정신, 중심(重心)을 대지에 박고, 모나지 않고 두루뭉술하게 인성으로 사는 방법을 내 것으로 만들 수 있는 것이다.

무위자연의 도는 이와 같은 위대한 삶의 방식을 가지는 만물의 종사(宗師)이면서 거기에는 투철하게 깨어난 이와 같은 위대한 교화력을 가지게 된다. '도(道)'를 오히려 '길'로 풀이하는 것보다 의미가 더 직접적으로, 포괄적으로 전달된다.

여기서 좌기예(挫其銳), 해기분(解其紛), 화기광(和其光), 동기진(同其塵)의 4구는 분(粉)과 진(塵)으로 운(韻)을 달았는데, 이는 56장에도 도

(道)를 아는 사람의 인생 태도를 설명하는 말로써 인용되고 있으며, 오래전부터 전해져 내려온 격언(格言)과 같은 문구로 알려져 왔다.

"물이 가득 깊이 괴여있어 언제나 있는 것 같다." 도(道)는 깊이 괴어 있어서 영원히 변하지 않고 있을 것 같다.

"나는 누구의 아들인지 알지 못한다." 말하자면 도(道)가 어떻게 해서 있게 되었는지 그 시작을 알 수 없으나, 그럭저럭하여 제(帝)는 하늘에 계신 우리들의 하느님보다 훨씬 이전부터 있었던 것 같다.

"나는 누구의 아들인지 알지 못한다."는 『장자(壯者)』「외물편(外物篇)」에도 "그 누구의 아들인가 알 수가 없다."라고 되어 있다. 상(象)이라고 한 것은 위의 문구에 종(宗)과 닮았다. 인간의 인식을 넘어섰다는 것을 의미한다.

第五章 도(道)의 무편무당(無偏無黨)

💬 天地不仁(천지불인), 以萬物爲芻狗(이만물위추구), 聖人不仁(성인불인), 以百姓爲芻狗(이백성위추구), 天地之間其猶槖籥乎(천지지간 기유탁약호), 虛而不屈(허이불굴), 動而愈出(동이유출), 多言數窮(다언수궁), 不如守中(불여수중).

천지 대자연은 무자비한 존재다. 그것은 일체 만물을 액막이에 쓰는 벼, 보리의 짚처럼 길가에 굴러다니는 강아지풀처럼 똑같이 사용하며, 용무가 끝나면 정이란 조금도 없이 내다 버린다.

여기서 천지는 불인(不仁)이라는 인(仁)이란, 말한 것 없이 공자학파의 인을 의식한 말이며, 따라서 불인(不仁)이라는 것은 공자학파의 인애(仁愛)의 도덕에 대한 비판과 부정을 표명하는 말인데, 노자의 도가 일체의 인간적 유정(有情)을 지독하게 차단하는 천지 대자연의 무정한 본태, 대자연의 이법을 냉혹한 몰인정성에서 나온 듯이 서술한 이 장은 공자학파에 대한 비판으로 주목받을 뿐 아니라, 노자 철학 그 자체가 품고 있는 근본적 성격의 일단을 본보기로 나타낸 것으로 보고 우리들의 시선을 끈다.

기독교의 하나님과 『노자』의 소위 도(道)는 인격신의 유무를 배제하고 나면 절대적 존재로서 상당히 유사한 성격을 가지고 있다.

기독교의 하나님은 사랑의 신(神)이면서 동시에 성내는 신(神)이며, 사람의 유정을 완전히 차단하지 않는 초월자, 인간의 연장선에 있는 절대자였다. 그 사랑은 인간의 사랑과는 다른 절대 사랑이라고는 하는데, 그것이 요컨대 일종의 사랑이라는 데는 변함이 없고, 그 사랑은 성냄과 표리가 있고, 간음하는 것을 미워하고, 독죄를 받아들여 용서하는, 참으로 정이 많은 성격이 강한 것이었다.

　불교의 절대자도 대단히 정이 두터운 성질을 가지고 있다. 아미타불의 자비도 미륵불의 구제(救濟)를 언제나 중생을 대상으로 하여 의식하였으며, 인간의 유정과 강하게 맺어진 것이었다. 반드시 사람을 닮은 그림을 그렸고, 언제나 사람의 모습을 빌려서 조형되는 갖가지의 불상이 인간과의 친근성을 강하게 느끼게 할 뿐 아니라, 인간을 싸늘하게 떼어 놓는 무정함, 인간의 슬픔과 한탄을 무감동으로 보아넘기는 냉혹하고 무참함은 그 어디에서도 볼 수 없는 것이다.

　그러나 노자의 도는 이것과는 다르다. 노자의 도는 사람을 사랑하지도 않지만, 그렇다고 미워하고 분개하는 일도 없다. 인간만을 대상으로 은총을 베푸는 일을 하지 않으며 조류와 초목을 인간에게 먹이기 위해 땅을 메우고 양생하는 존재로써 수단화 삼는 것도 아니다. 그것은 인간사회에 생긴 어떤 참사에도 도움의 손을 내밀려고 하지 않고, 인간의 어떤 통곡과 오열의 소리에도 모른 체한다.

　노자의 도는 굶어 죽는 시체 위를 찬바람이 윙윙거리며 세차게 불어친다거나 도망쳐 헤매는 전쟁의 장의 백성들의 무리 위를 유유히 흐르는 흰 구름과 같이 그저 무위(無爲)이며, 자연이며, 무감동이며,

무관심할 뿐이다.

노자의 도는 무위이며, 자연이고, 일체의 인간적 정(情)을 엄하게 차단한다. 인간적인 정이 넘치는 세계에서는 사랑은 아무리 영원성을 맹세하더라도 곧바로 미움으로 변하고, 기쁨은 아무리 절대성을 예감하도록 해도 곧바로 슬픔으로 부서져 내린다. 인간이 자랑하는 문명이나 문화의 발달도, 요컨대 그것이 사람의 손으로 만들어진 것이라면 언젠가는 필연적으로 부서져 내릴 것이다.

인간이 만일 아무것도 잃어버리지 않는 삶을 살고자 한다면 처음부터 아무것도 가지지 않는 것에 생활의 근거를 두는 것 외에는 없다. 노자의 도는 부서지거나 잃어버리거나 하지 않는 삶의 방식을 명확하게 본질을 보고 난 뒤 그 안에서 찾은 무위자연이니, 그러므로 무위자연은 일체의 인간적 감정을 냉혹할 정도로까지 엄하게 차단하는 것이다. 하늘, 땅, 성인(聖人), 그리고 도(道)는 만물을 추구(芻狗)[3]로 취급한다. 천지자연의 이법(理法)의 불인(不仁)을 설명할 때 불인이란 일체의 인간적 유정을 부정하는 의미인데, 유정을 부정하는 철저한 비정한 세계에서 노자는 무너져가는 인간을 초월하는 유구한 것을 눈이 빠지도록 보고 있는 것이다.

성인(聖人)이 백성을 추구(芻狗)처럼 생각한다는 것 또한 천지자연의 이법이 "만물을 추구(芻狗)로 한다."는 비정함에 투철하다면 그 도를

---

3. 예전에 중국에서 제사 지낼 때 쓰던 짚으로 만든 개. 제사가 끝나면 내버리므로 소용이 있을 때는 이용하고, 소용이 없을 때 버리는 물건을 비유한다

그냥 그대로 나의 도로 삼는 성인도 역시 자연의 비정함에 투철하여, 인간적인 재량을 정치 속에 가지고 오지 않고. 인(仁)이니 사랑이니 하는 쓸모없는 참견을 보태지 않으며, 지배자로서 백성들을 다스리기는 해도 정치적 목적을 끝내면 곧바로 본래의 무관심으로 돌아가는 것이다.

천지 대자연의 세계와 비교하면 한 개의 큰 풀무와 같은 것일까? 광대한 우주 공간을 가로막는 것은 아무것도 없는데, 무진장 많은 에너지를 그 안에 숨기고 풀무를 움직이면 얼마든지 바람이 나오듯이 움직이면 움직일수록 만상이 무한으로 생겨난다.

말이 많아지면 가끔 말이 궁해진다. 중도를 지키는 것보다 좋을 게 없다. 말이 많으면 막히게 되어 있다. 천지의 허무하고, 적막함을 내 마음속에 계속 간직해 나가는 것이 최상의 처세방법이다. 다언(多言)은 진실을 과장한 말로 해석할 수 있다. 솔로몬의 잠언에 "그 입술을 크게 벌리는 사람에게는 멸망이 온다(성경 잠언편, 정도의 의미로 해석해두면 좋지 않겠는가)."고 했다. 여기서도 우리는 노자의 철학이 로고스(言)보다 카오스(道)를 근원적으로 보고, 로고스를 억지하거나 부정하는 경향을 명확하게 보여주고 있다는 점에 주목해야 하지 않을까? 일반적으로 로고스적인 것을 의논, 논쟁, 자기주장, 자기변명 등을 포함해서, 모두를 부정적으로 억지하는 것이 노자 철학의 근본적 특징의 하나이다. 이 점에서도 그것은 유럽적 사고와 크게 대립한다.

第六章 도(道)의 여성성(女性性)

💬 谷神不死(곡신불사), 是謂玄牝(시위현빈). 玄牝之門(현빈지문), 是謂天地根(시위천지근). 綿綿若存(면면약존), 用之不勤(용지불근)

이 장은 현(玄)의 또 그 위의 현(玄)인 도(道), 즉 천지조화의 움직임이 일체 만물을 영원히 생성해나가는 불가사의한 일들을 여성의 생식기에 비유하며 시적으로 표현하였다.

곡신(谷神)은 산골짜기의 움푹 파인 곳에 사는 신령이란 뜻인데, 여성의 음부를 신비하게 표현한 것이고, 현빈(玄牝)은 심오한 작용을 하는 암컷으로, 제사 때 희생물로 사용되는 검은 암소를 뜻하기도 한다.

천지의 근(天地根)의 근(根)은 남근(男根), 여근(女根)의 근과 동의의 성기를 말한다.

여기서는 도가 천지 만물을 생산하는 생명의 근원이라는 것을 여성의 성기의 생식력에 비교해서 말한 것이다.

산골짜기의 신(神)은 죽지 않는다. 그것을 현묘(玄妙)한 암컷이라고 한다. 현(玄)은 어두컴컴하고 가늠할 수 없을 정도 아득하게 깊은 모습을 말하고, 묘(妙)는 불사가의함을 의미한다.

현묘한 암컷의 음문을 천지의 근원이라 한다. 오랫동안 계속해서 존재하고 있는 것 같은데, 아무리 일해도(써도) 닳아 없어지는 일이 없다.

골짜기의 나무와 풀과 꽃과 새와 벌레들이 다 태어났다가 죽지만,

이 곡신(谷神)만은 불사불멸(不死不滅)이다. 골짜기는 곡신의 집이요, 나무와 꽃과 새와 짐승, 벌레들은 다 곡신의 아들딸들이요, 곡신은 그것들의 어머니다. 이 어머니를 노자는 보통 말하는 어머니가 아니요, 신비(神祕)스럽고 현묘(玄妙)스러운 어머니라고 하여 현빈(玄牝)이라고 이름을 붙였다. 이 현빈(玄牝)은 본래 현모(玄母)라고 할 것을 문구의 운 관계로 현모스러운 암컷이라고 하였다. 노자는 왜 곡신을 수컷이라 하지 않고 암컷이라고 하였는가 하면 암컷은 직접 새끼를 낳기 때문이다. 노자는 암컷이 새끼를 낳아서 키우는 것과 같이 현빈(玄牝)은 천지 만물을 다 생성 발육시킨다고 하였다. 모든 짐승의 새끼는 다 암컷에서 나온 것과 같이 현빈(玄牝)에서 나오지 않는 것은 하나도 없다.

노자는 또 현빈(玄牝)의 생식기는 다 암컷의 생식기를 경유하여 나온 것과 같이 만물은 물론이요, 천지, 즉 우주까지도 현빈(玄牝)의 생식기를 문(門)으로 삼고 생성하기 때문이다. 그러므로 모든 세계의 근본은 현빈(玄牝)의 생식기다. 다시 말하면 천지 만물의 고향은 현빈(玄牝)의 생식기다.

도(道), 곧 기의 별명인 현빈(玄牝)은 처음도 없고 끝도 없어서 천지 만물의 근원이지만, 천지 만물은 도리어 그것이 근원인 줄도 모르고, 어머니인 줄도 모르고, 자기의 집인 줄도 모르고, 또 고향인 줄도 모른다. 마치 어려서 집을 나간 탕자(蕩子)가 타향에서 고생하면서도 자기 고향에 좋은 집도 있고, 자애스러운 어머니가 기다리고 있는 줄을 모르는 것과 같다. 천지 만물이 어째서 자기의 근원자인 현빈(玄牝)을 모르는가? 그것이 눈앞에 나타나지 않고 배후에 은폐되어 있기 때문이다.

왕필의 말에 의하면, 없다고 말하려하면 만물이 그로 말미암아 이루어지고 있고, 있다고 말하려하면 그 형체를 볼 수가 없다. 그래서 모습 없는 모습이요, 물체 없는 형상이라 한 것이다. 그러나 있는 듯도 하고 없는 듯도 한 존재이지만, 도리어 천지 만물이 이것을 근원으로 하여 생성하는 한 영원히 마를 날이 없다.

노자는 여기서 도(道)야말로 만물을 생성하는 근원이며 영원불멸의 생성 능력이라고 보았다.

第七章 자기만을 위해 살지 않는 생

💬 天長地久(천장지구), 天地所以能長且久者(천지소이능장차구자), 以其不自生(이기불자생), 故能長生(고능장생). 是以聖人後其身而身先(시이성인후기신이신선), 外其身而身存(외기신이신존). 非以其無私邪(비이기무사사), 故能成其私(고능성기사)

하늘은 영원(永遠)한 것, 땅은 구원(久遠)한 것이다. 천지가 영원유구(永遠悠久)로 남아 있을 수 있는 것은 자기가 그 생명을 늘리려고 하지 않기 때문이다. 따라서 오래 살 수 있는 것이다.

그러므로 성인은 내 몸을 뒤로 미루면서 오히려 앞서게 되고, 내 몸을 도외시하면서 오히려 몸을 보전하게 된다. 내 몸을 어떻게 해보려고 하는 의식이 없기 때문이 아닐까? 그렇게 해서 자기를 실현할 수 있다.

천지자연이 영원불멸하여 생성자(生成者)일 수 있는 것은 생성자로서 자기를 의식하지 않기 때문이다. 참으로 위대한 지도자는 지도자 의식을 부정하고 참으로 위대한 자아는 무아라는 것, 이것을 일반적으로 말해서 큰 긍정이 큰 부정을 매개로 한다는 노자 철학의 근본적 원리를 제시하고 있다.

일체 만물을 생성하고 화육하는 천지 대자연의 존재는 참으로 유구 영원하다. 그런데 천지자연은 어찌하여 영원하고 유구할 수 있는 것일까? 그것은 내가 생성자라는 의식 따위는 전면 가지지 않은 채 무욕무심이므로 영원한 생성자가 될 수 있는 것이다.

그러므로 천지 대자연의 이법, 말하자면 도(道)를 체득한 성인은 인간의 위대한 참모습이 나의 위대성을 의식하지 않는 데서 위대하게 되고, 나를 완수하기 위해서 오히려 나 자신이 부정되고 버려져야 한다는 역설적 진리를 얻음으로써 무슨 일을 하더라도 나를 뒤로 미루고 남을 앞으로 세우므로, 결국은 남이 뒤에서 떠밀어주어서 내가 우선하게 된다. 나를 무시하고 남을 앞세우면서 결국은 남들이 나를 중하게 여기게 되며 내 몸이 앞서는 모양새가 되는 것이다.

성인이 나의 작은 자아를 부정하고 오로지 무욕무심 하게 되기 때문이 아닐까? 그러므로 성인은 큰 자아를 성취할 수 있는 것이다.

『장자』「추수편(秋水篇)」에 다음과 같은 문구가 있다.

그러므로 많은 작은 것에 짐으로써 큰 것을 이길 수 있소.
큰 것을 이기는 것은 오직 성인만이 할 수 있는 것이오,

故以衆小不勝爲大勝也(고이중소불승위대승야)
爲大勝者(위대승자) 唯聖人能之(유성인능지)

노자의 철학이 더러는 교활한 면이 보인다고는 하지만, 우리들은 교활하다고 비난하기보다는 그 점에 오히려 노자의 대상 세계에 대처하는 방법의 끈끈함이나 가지 관철의 의지가 강인하다는 점에 주목해야 한다.

그것은 단순 명리하게 이비곡직(理非曲直)을 딱 잘라 결론을 내는 입장에서 보면 음흉하고 노회(老獪)하다고 볼 수도 있으나, 무리하지 않는 인생, 허물어지지 않는 자기 확립을 최고로 삼는 입장에서 보면 자연스럽고 순직하기도 하다. 그것은 직선적 자아의 실현이 아니고 곡선적으로 자기 관철을 하는 것이며, 무슨 일을 앞뒤 생각 없이 덮어 놓고 하는 처세가 아니고, 수동적이면서도 능동적인 강인함을 존중하는 탄력성이 풍부한 처세이다.

이제 생각나는 것이 이것저것 알지 못할 가닥에 얽혀서 현대인의 끈적끈적한 스트레스 해소에 거울로 삼을 만하지 않은가? 모범답안지를 보는 것 같은 기분이다.

노자(老子)의 노(老)라 함은 잘 단련되어서 미숙함이 떨어져 없어진, 인생의 비바람을 이겨낸 원숙의 의미인데, 그것은 종종 젊은 사람들의 날카로운 기백과 마음 내키는 대로의 행동에서 보면 우유부단하게 보이고, 비굴하거나 교활하게까지 보인다.

그러나 비굴, 노회하다는 말은 단순하게 그것이 인생의 노성자의 담담하면서, 뛰어나면서 침착하게 일하는 끈질김이 있는 노련한 처세술이다. 거기에는 대상 세계의 움직임에 대상 세계에 허심하게 맞추어 나가면서 절대로 '나'를 잃어버리지 않는 유연한 강인성, 모든 것을 다 버리고서도 아무것에도 쩔쩔매지 않는, 무서운 적이라고는 없는 듯한 혼을 가지고 있다.

그리고 우리는 유위(有爲)의 무불위(無不爲)를 목표로 하는 사람, 로고스의 세계를 지상으로 하는 인간과 로고스의 세계의 근저에 있는 카오스의 세계를 눈여겨보는 인간과의 삶의 방식의 차이를 생각해 볼 수 있지 않겠는가? 로고스의 세계를 최상으로 하는 인간에게는 카오스를 근저에서 뚫어지게 보는 사람의 삶의 방식은 알기 어렵다.

第八章 물같이 사는 삶의 자세

💬 上善若水(상선약수). 水善利萬物而不爭(수선리만물이부쟁), 處衆人之所惡(처중인지소악), 故幾於道(고기어도). 居善地(거선지), 心善淵(심선연), 與善仁(여선인), 言善信(언선신), 正善治(정선치), 事善能(사선능), 動善時(동선시). 夫唯不爭(부유부쟁), 故無尤(고무우).

이 장에서는 무위자연(無爲自然)의 본성을 물에 비유하여 물과 같이 낮은 곳에 있으며 남과 싸우지 않는 최상의 처세법을 설명한다. 전장의 '몸을 뒤로 한다 [무사(無私)의 처세와 더불어 소위 유약겸하(柔弱謙下)- 장자 천하편(天下篇)]', 비약자지(卑弱自持)- 한서 예문지(漢書藝文志)의 노자적 처세를 가장 잘 설명한 문장이다.

스트레스 해소법으로도 이보다 나은 게 있을까? 덧붙여서 말하면 무위자연 본체를 물에 견주어 쓴 문장은 78장에도 "천하에 물보다 유약한 것은 없다…."라고 하는 문구가 보인다.

『장자』「양생주편(養生主篇)」에 "때에 따라 안정을 취하고 순리대로 산다."란 말이 있고, "그저 싸움질하지 말 것, 따라서 오해할 것도 없다."는 제22장에도 "공연한 싸움하지 않으면 따라서 천하가 싸우지 않는다."라고 되어 있다.

최상의 선(善)은 물과 같은 것이다. 물은 만물에 크나큰 은혜를 베풀면서 만물과 싸움질을 하지 않는다. 사람들이 싫어하는 저습지에 거처를 잡는다. 거처로서는 대지의 상부가 좋고, 마음가짐은 못처럼 깊은 것이고, 친구로서는 인자(仁者)가 좋고, 말은 진실한 것이 좋고, 일을 챙기는 데는 유능한 것이 좋고, 행동은 때를 타야 좋다.

물도 이와 같은 선을 모두 갖추어 놓고 있다고 말할 수 있을 것이다. 다시 말하면 지상에서 안정되어 있고, 깊게 물을 담아서 못이 되어 있고, 만물에 은혜를 베풀고 인애(仁愛)를 베풀고 있는 것 같이, 물의 위대함을 만물에 순응하여 싸우지 않는다고 했는데, 싸우지 않으므로 과실도 없고 책망할 일도 없다. 도를 체득한 사람, 성인들의 본체도 이와 마찬가지다.

여기서 노자는 남을 위해 많은 기여를 하면서 남이 천하게 보는 일과 모욕을 당하고도 잘 견뎌내고, 함부로 자기주장을 하지 않고, 변명하지도 않는 성인의 싸우지 않는 처세를 강조하고 있는데, 이 강조의 말은 기독교 성경의 마태복음에도 나오는 "행복하구나. 유화한 사람, 그네들은 대지를 얻게 되리라."라는 문장을 생각나게 한다.

아우구스티누스가 하나님의 본질에 대해서 질문을 받고 대답했다는 유명한 말, "첫째도 겸손, 둘째도 겸손, 셋째도 겸손."이란 말이 떠오른다. 겸손 또는 부쟁(不爭 – 싸우지 않음)의 덕을 설명하는 점에서 볼 때는 노자는 기독교와 유사한 점이 있다. 그러나 그 부쟁이 무엇을 근거로 하며 무슨 의도가 있는가 설명이 되고 있는가에 대해서는 양

자의 입장이 다른 점이 많다.

노자의 이른바 '싸우지 않는 것'이 일체의 인위적인 것을 부정, 말하자면 무위자연의 철학을 근저에 밟고 있다는 것은, 이 장에서 물이 지선(至善)의 비유로써 치켜세워지고 상징적으로 알려졌다. 물은 사람과 같은 작위하려는 마음이 없고, 사랑의 감정도, 지혜의 작용도 가지고 있지 않다. 물은 그저 무심하고 자연스럽다. 무심하고 자연스럽기 때문에 도에 가깝다고 하는 것이다. '가깝다'고 해도 '같다'고는 말하지 않는 것은 양자 사이에 유형과 무형의 차이가 있기 때문이다.

노자가 말하는 인위란 주로 인지인욕(人知人慾− 사람의 지식과 욕심)을 지적한 말인데, 인간사회의 모든 싸움−경쟁과 분쟁이나, 투쟁, 전쟁 등은 요컨대, 인지인욕에서 나온 산물이다. 따라서 사람들이 싸우지 않는 사회를 실현하려면 싸움의 근원인 인지인욕을 억제하여 물 흐르듯 하는 자연의 존재, 무위 무심을 지향하는 도리밖에 없지 않겠는가. 노자의 부쟁(不爭)은 이와 같은 일체의 인위적 꾸밈을 부정하고 무위자연의 철학을 깔고 있는 것이다.

第九章 적당한 정도에서 멈출 수 있는 도

💬 持而盈之(지이영지), 不如其已(불여기이), 揣而銳之(췌이예지), 不可長保(불가장보), 金玉滿堂(금옥만당), 莫之能守(막지능수), 富貴而驕(부귀이교), 自遺其咎(자유기구). 功遂身退(공수신퇴), 天之道(천지도)

흡족한 상태를 놓치지 않으려고 계속 가지고 있는 것은 그만두는 것이 좋다. 칼을 단련해서 예리하게 하는 것은 오랫동안 잘리는 맛을 유지 할 수 없다. 금은재보가 방에 가득 차 있다고 해서 계속 유지할 수는 없다. 출세해서 잘난 체하면 오만해져서 스스로 재난을 불러들인다. 공을 세우면 지체하지 않고 뒤로 물러나는 것이 하늘의 도라고 하는 것이다.

이 장은 노자의 지만(持滿) 또는 지영(持盈)의 교훈으로써 제46장 '족할 줄 모르는' 교훈과 더불어 옛날부터 중국 사람들이 종종 인용하는 말이다. "공을 치르고 나서 몸을 뒤로 물러나는 것은 하늘의 도이다."는 많은 중국인 사이에서 애송되어온 처세훈으로 유명하다. 그러나 사상으로써는 반드시 노자만의 것이라고는 할 수 없으며, 중국 외의 고대민족, 이를테면 솔로몬의 잠언집에도 "부는 오래 가지고 있지 말 것, 어떻게든 조금은 대대로 유지할 것, 온전하게 있으면서 싸우지 않는 것은 영예스러운 일이다." 등도 있다. 다만 노자의 경우, 부와 지위를 전면적으로 부인하기보다 그것을 오히려 오랫동안 유지하는 데 최종적 역점으로 삼고 있는 것이 중국민족 일반에 걸친 강인한 현실주의, 현세주의를 대표하는 것으로 특히 주목을 받고 있다.

기독교적 신(神)을 가지고 있지 않은 중국민족에서는 천도(天道)는 모든 진리의 근원인 동시에 인간의 일체의 행위의 궁극적 준칙이었다. 그런 의미에서 천도는 기독교의 신이 유럽 사람들에 대해서 가지는 것과 같은 역할을 중국 사람에 대해서도 가지고 있었다고 말할 수 있다.

천도(天道)는 기독교의 신과 같이 사람이 그 앞에서 무릎을 꿇고 기도하는 인격적 절대자는 아니지만, 중국 사람이 자신의 행동 원리를 항상 거기서 발견하고 본연의 이상에 눈을 뜨게 하는 비인격적 절대자였다. 인간을 구제하고 인도하는 존재로서 그리스도교적 신을 가지지 않는 중국민족은 그 신을 대신하는 것으로 천도(天道)를 가지고 있었던 것이다. 그들은 인간의 참혹함에 전율을 느끼며, 나의 삶의 방식에 의혹을 가질 때마다 하늘을 쳐다보고, 하늘에 절규하며 천도를 물어댔다.

노자는 "공을 성취하면 몸은 물러서고, 여유 있는 것으로 손해를 감수하여 모자라는 데 보충하고, 만물을 이롭게 하고도 해가 없다."는 겸(謙)의 처세를 천도(天道)에서 배웠는데, 공자는 '덕을 나에게 생기게 하고(논어 술이편, 論語 述而篇)', '나를 아는 사람(논어 헌문편, 論語 憲問篇)'을 천도(天道)로 확신했다.

第十章 소유하지 않고 지배하지 않는 현덕(玄德)

💬 載營魄抱一(재영백포일), 能無離乎(능무리호). 專氣致柔(전기치유), 能嬰兒乎(능영아호). 滌除玄覽(척제현람), 能無庇乎(능무자호). 愛民治國(애민치국), 能無知乎(능무지호). 天門開闔(천문개합), 能爲雌乎(능위자호). 明白四達(명백사달), 能無爲乎(능무위호). 生之(생지), 畜之(축지). 生而不有(생이불유), 爲而不恃(위이불시), 長而不宰(장이부재). 是謂玄德(시위현덕)

마음과 몸을 꽉 잡고 하나가 되어 떨어지지 않은 채 그대로 있을 수 있는가? 떨어져 날아가지 않도록 집중시키고, 유연성을 유지하며, 갓난아이와 같은 상태로 있을 수 있는가? 심오한 마음의 거울을 씻고 깨끗하게 해서 흠이 생기지 않도록 할 수 있겠는가? 백성을 사랑하고 나라를 다스리는데 지혜에 의지하지 않을 수 있는가? 눈과 귀와 같은 감각기관이 활동하고 있을 때 여성처럼 조용하고 편안하게 그대로 있을 수 있을까? 모든 일에 대해서 분명하게 알고 있으면서 지혜를 작동하지 않은 채 있을 수 있는가?

이 장은 무위자연의 도를 체득한 성인이 갓난아이처럼 유연하고, 여성처럼 불사신(不死身)이며, 무위의 위, 무지의 지에 의해서 위대한 교화를 해내는 알 수 없는 인격성 현덕(玄德)을 설명한다. 현덕(玄德)이란 말은 여러 곳에 나타난다.

현덕(玄德)의 현은 앞에도 쓴 바와 같이 『노자』에서는 '오묘할 현(玄)'으로 읽게 되어 있다. 오묘에는 아주 묘하다는 뜻, 현덕은 현묘한 도리, 현덕은 '오묘함에 더욱 오묘한 것', 이를테면 무위자연(無爲自然)의 도를 체득한 불가사의한 본연의 자세, 인격성을 뜻한다. '덕(德)'의 원래 의미는 득(得)이며, 도를 얻는다. 무위자연의 도를 나의 것으로 하여 몸에 익히고 있다. 혹은 몸에 지니고 있는 등의 내용을 이르는 말이다.

생명의 차를 타고, 무위의 도를 꼭 잡고 떨어지는 일은 잠시도 없다. 정기를 외부로 흘리지 말고 마음과 몸의 더할 수 없는 유연함을 가지고, 그것의 생생함은 갓난아이와 같다.

마음의 거울이 더러워진 것을 닦아내고, 인간들 세상의 먼지가 바탕에 흠집 내지 않는다.

백성을 다스리고 인위적인 약은 체하는 모든 것을 없애고, 생사의 허망함에, 생사의 공허함에는 여성(도)에 몸을 맡기고, 밝은 영지는 사방을 비추어도 그 영지를 안으로 감춘다.

천지 만물을 만들고 키워도, 태어나게 해도 내 것으로 하지 않고, 일을 하고 나서도 뻐기는 기색 없고, 키워놓고도 짐짓 지배자처럼 자랑하지 않는다.

그러므로 만물은 기(氣), 즉 '에너지'의 소재를 모른다. 이것은 마치 물고기가 물이 무엇인지 알지 못하고, 또 물의 공덕을 모르는 것과 같다. 이와 같이 물건이 기 속에서 살면서도 기의 덕을 모르는 덕을 불가사의한 현덕이라고 노자는 말한다.

第十一章 쓸모 있는 '무(無)'

💬 三十輻共一轂(삼십폭공일곡), 當其無(당기무), 有車之用(유차지용). 埏埴以爲器(연식이위기), 當其無(당기무), 有其之用(유기지용). 鑿戶牖以爲室(착호유이위실), 當其無(당기무), 有室之用(유실기용). 故有之以爲利(고유지이위리), 無之以爲用(무지이위용)

이 장은 하상공(河上公)본이 '무(無)가 하는 일을 논한 장(무용장, 無用章)'이라고 이름 붙였듯이, 형태 있는 그릇이 형태 있는 기물로써 역할을 충분히 완수하는 데는 형태 없는 것 혹은 형태 없는 곳이 근저가 되어야 한다. 차바퀴 또한 구멍이 있어야 그 가운데 축을 넣을 수 있다.

진흙으로 만든 그릇, 가옥의 거실 등을 소박한 비유로써 설명한다. 말하자면, 유(有)가 유(有)로써 존재하는 데는 유(有)뿐 아니라 무(無)를 부정적으로 매개해야 비로소 있음이 있음으로 제구실을 할 수 있다는 철학적 진리를 밝히는 것이 이 장의 취지이다.

문과 창을 만들어 방을 들이는 데는 텅 빈 방안이 있어야 가구를 넣을 수 있다. 그래야 방이 방 구실을 할 수 있다. 그러므로 유가 유인 까닭은 무가 쓰이게 되기 때문이다.

그러므로 "유가 이롭게 되는 것은 무가 유용하게 쓰이기 때문이다(有利無用)." 이 구절은 앞에 쓴 세 가지 비유를 서로 연결하는 이 장의 결론이다.

　서른 개의 수레 살은 하나의 바퀴 구멍에 모여 있다. 바퀴 구멍의 한가운데 구멍이 난 곳이 차가 움직이는 일을 한다.

　진흙을 짓이겨 도자기를 만든다. 도자기 안의 텅 빈 부분에 무엇이든 넣어두는 쓰임이 있다.

　문과 창을 만들고 그 안에 거실을 만든다. 아무것도 없는 공간에 방을 만드는 데 쓰인다. 그러므로 결론을 말하면 이렇다.

　"모든 형태 있는 것이 쓰이게 되는 것은, 형태 없는 것이 그것을 지탱하는 역할을 하기 때문이다."

第十二章 감각적 욕망을 버린 후 취하는 도

五色令人目盲(오색령인목맹), 五音令人耳聾(오음령인이롱), 五味令人口爽(오미령인구상), 馳騁畋獵令人心發狂(치빙전렵령인심발광), 難得之貨令人行妨(난득지화령인행방). 是以聖人爲腹(시이성인위복), 不爲目(불위목), 故去彼取此(고거피취차)

오색은 사람의 눈을 멀게 한다. 눈은 본래 보기 위하여 자연히 생긴 것인데, 사람들은 너무 지나치게 푸르고, 누르고, 붉고, 희고, 검은빛과 같은 빛을 좋아하다가 그만 눈이 멀게 된다. 귀는 본래 듣기 위하여 자연히 생긴 것인데, 사람들은 너무 지나치게 소리를 좋아하다가 귀가 먹게 된다. 입은 본래 음식의 맛을 보기 위함인데, 사람들은 지나치게 시고, 짜고, 맵고, 달고, 쓴 맛을 좋아하다가 그만 입을 버리게 된다.

몸은 본래 살기 위하여 자연히 생긴 것인데, 사람들은 너무 지나치게 말을 타고 다니고, 산과 들에 가서 새 사냥과 짐승잡이를 좋아하다가 그만 마음을 미치게 한다. 재화는 본래 살림하기 위하여 자연히 생긴 것인데, 사람들은 너무 지나치게 얻기 어려운 재물을 탐내다가 그만 해야 할 일을 못 하게 된다.

이러기 때문에 성인은 배부름을 위하나 눈의 즐거움을 위하지 않으므로 저것(눈)을 버리고 이것(배부름)을 취한다. 이 글에서 성인이 지향하는 배(腹)는 본능적이고, 눈(目)은 목적의식이 있는 인위적인 것이다. 그러므로 욕망을 다 버리고 도(道)를 취한다.

색깔, 소리, 맛, 스포츠, 재물 등 감각적이요 외면적인 가치 때문에 내면적인 세계를 하찮게 여기는 일이 없도록 하라는 이야기다. 이 장은 제3장의 논술을 중복 내지 부연하고 있다.

도시적 사치와 향락 생활을 사람들의 소박하고 강건한 생명력의 쇠퇴현상, 위험으로 미친 관능의 병적 탐미라며 비판하며, 이른바 문명 문화의 겉보기만의 화려함, 머리가 유난히 크고 하반신이 미라가 되어버린 도시 지식인의 새파랗게 질린 반자연(反自然)적 생활로부터의 해방, 배에 저력을 가지고, 다리로 대지를 힘차게 밟고 서서 시골 마을, 자연의 강인하고 안정된 생활로 돌아갈 것을 설득하고 있다.

이 지구상에 언제 생물이 생겼는지 알 수 없지만, 아마 맨 처음에는 눈도 없고, 귀도 없고, 코도 없고, 입도 없는 어떤 하나의 감각 망가진, 둥글둥글한 생명체가 있었을지 모른다. 그러다가 자연계에서 오는 태양광선의 자극을 받아 여기서 광명을 보려고 하는 힘에 따라서 자연히 눈이 생겼을지 모른다. 또 자연계에서 일어나는 냄새의 자극을 받아 이것을 맡아보려고 하는 힘에 따라 자연히 코가 생겼는지도 모르겠다. 또 자기의 생명을 유지하기 위하여 식물을 흡수하려고 하는 힘에 따라 자연히 입이 생겼을지 모른다. 또 이 생명체가 움직여 다가가다 외부에 있는 어떤 물건에 부딪힐 때에 자극을 받아 무엇을 만져보겠다는 힘에 따라 자연히 수족이 생겨났을지 모른다.

이렇게 보면 눈은 본래 빛을 보기 위해, 귀는 소리를 듣기 위해, 입은 식물을 먹기 위해, 코는 냄새를 맡기 위해, 수족은 물건을 만져보기 위해 자연히 생겨난 것이라고 할 것이다.

그러나 사람의 감각작용이 점점 세밀하게 발달하고, 욕망도 점점 커지므로 미(美)와 쾌락과 재화를 탐하게 되었다. 다시 말하면, 눈은 다만 빛을 보는 데 만족하지 않고, 한 걸음 더 나아가 그림으로써 가치를 더해주는, 오색이 영롱한 색채의 미를 탐구하게 되었다. 귀는 소리를 듣는 데 만족하지 않고 한 걸음 더 나아가 음악적 가치가 있는 다섯 가지 소리가 율동 하는 아름다움을 탐닉하게 되었다. 입은 다만 음식 먹는 데 만족하지 않고 다섯 가지 맛이 교체하는 쾌감을 즐기게 되었다. 수족은 만져 보는 데 만족하지 않고 말을 타고 들과 산에 가서 새와 짐승을 사냥하는 쾌락을 탐구하게 되었다. 재화는 다만 생활하는 물건으로 만족하지 않고 한 걸음 더 나아가 얻기 어려운 보물을 가지고자 하게 되었다.

회화와 음악과 음식물, 수렵과 재화(財貨)는 모두 사람들이 살기 위한 욕망에서 생겨난 것들인데, 사람들은 '삶의 근본'을 잃어버리고 도리어 채식의 미를 너무 지나치게 추구하다가 눈이 멀게 되고, 소리의 아름다움을 너무 지나치게 추구하다가 귀가 먹게 되고, 식도락을 추구하다가 입맛을 잃어버리게 되고, 수렵의 쾌락을 너무 지나치게 추구하다가 미치게 되고, 얻기 어려운 보물을 너무 추구하다가 생명까지 빼앗기게 된다.

참된 삶의 철학을 생각해 보기로 하자.

성인(聖人)들은 실속 있게 배를 채우고, 보는 것만 위주하는 눈치레를 하지 않는다. 바꾸어 말하면 노자는 먹기 좋은 열매와 보기 좋은 꽃이 있을 때에 어느 것을 선택하겠느냐 하면 노자는 꽃을 버리고 열매를 취한다. 왜냐하면, 열매는 우리가 먹으면 몸의 영양분이 되고, 꽃은 다만 바라보는 완상품(玩賞品)에 지나지 않기 때문이다. 또 다른 예를 들면 빵도 긴요한 것이요, 자유도 좋은 것이지만, 둘을 다 못 얻을 경우에는 빵을 취할 것이요, 경제도 중요한 것이고 예술도 훌륭한 것이기는 하지만, 둘을 다 얻지 못할 때에는 경제를 취할 것이요, 존재와 가치에 있어서는 존재를 취할 것이다.

따라서 공자와 맹자는 인(仁)을 위하여서는 몸을 죽이고, 의(義)를 위해서는 생을 버리라고 했지만, 노자는 생을 위해서는 인과 의를 버리라고 할 것이다.

그러므로 도에 사는 사람은 실속 있게 내면생활을 충족게 할 것이요, 외계의 자극을 좇아서는 안 된다. 헛된 욕망에 우왕좌왕하지 말고, 오직 도를 따라서만 살아야 할 것이다.

第十三章 내 몸같이 사랑함

💬 寵辱若驚(총욕약경), 貴大患若身(귀대환약신). 何謂寵辱若驚(하위총욕약경), 寵爲下(총위하), 得之若驚(득지약경), 失之若驚(실지약경), 是謂寵辱若驚(시위총욕약경). 何謂貴大患若身(하위귀대환약신), 吾所以有大患者(오소이유대환자), 爲吾有身(위오유신). 及吾無身(급오무신), 吾有何患(오유하환), 故貴以身爲天下(고귀이신위천하), 若可寄天下(약가기천하), 愛以身爲天下(애이신위천하), 若可託天下(약가탁천하)

이 장은 내 몸을 소중하게 여기는 사람이어야 남의 생명을 애석하게 여기는 사람이며, 남의 생명을 소중하게 여기고 남의 삶을 가엽게 여기는 마음을 가진 사람이 되어야 비로소 처음으로 안심하고 천하의 정치를 맡길 수 있다는 것을 밝히고 있다.

사람은 총애도 받고 굴욕도 받을 때가 있다. 그러나 총애를 받는다고 기뻐하지 말고 걱정스러워 놀라는 듯이 하라고 한다. 또 굴욕을 받는다고 부끄러워하지 말고 좋아서 놀라는 듯이 하라고도 한다. 또 큰 환란이 온다고 피하려 하지 말고 자기 몸같이 귀중하게 여기라고까지 한다.

우리가 살아가면서 받는 허다한 스트레스를 받고 나서 어떻게 대처해야 하는가에 대한 생생한 대답이 이 문장 속에 있다. 잘 생각하며 곰곰이 생각하면 우리가 고통스러운 세상을 넘어가는 데 한결 쉬운 길이 탁 트여 있을 것이다.

큰 환란이 온다고 피하려 하지 말고, 자기 몸같이 귀중히 여기라고 하는 것은 내게 큰 환란이 있는 까닭은 내 몸이 있기 때문이다. 만일 내 몸이 없다면 내게 무슨 환란이 있겠나?

스트레스 본체에 대해서 논해 놓은 글 같다.

그러므로 제 몸을 천하같이 귀중히 여기는 사람에게는 천하를 줄 수 있고, 제 몸을 천하같이 사랑하는 사람에게는 천하를 맡길 수 있다.

노자의 도, 즉 기(氣)는 사물의 배후에 숨어서 모든 사물로 하여금 그 자리에 가만히 있지 못하게 하고, 물과 같이 시시각각으로 흘러가서 변화하게 한다. 여기에 a라는 사물이 있으면 a가 a로서 언제든지 존재하는 것이 아니요, a 아닌 것으로 변화한다. a 아닌 것으로 변화한다고 해서 b, c, d…로 무한히 변화하는 것이 아니요, 그 가운데서도 a와 더불어 근원자(根源者)가 같은 물건으로 변화한다. 예를 들면, 알(卵)이 다른 물건이 되지 않고 새(鳥)가 되는 것과 같다. 왜냐하면, 알과 새에 있어서 생명이 동일한 근원자이기 때문이다.

이것은 인간의 감정 작용인 총애(寵愛)와 치욕(恥辱)에 있어서도 마찬가지다. 내가 어떤 사람으로부터 총애를 받는다 하더라도 영원히 받는 게 아니다. 총애를 많이 받으면 받을수록 나를 총애하던 사람의 감정변화에 따라 자연히 총애를 잃을 날이 올 것이다. 꽃은 열흘 붉을 수 없고, 달은 한 달 밝을 수 없다는 말과 같이, 사랑이 아무리 깊다 해도 얼마 안 가서 밑바닥이 보이게 되는 것이다.

같이 죽자사자하던 순수한 연애도 시간의 흐름에 따라 어떤 냉각기가 오면 열병에서 깨어난 것처럼 심장이 싸늘하게 된다. '내가 왜 그

때 그랬어? 내가 미쳤던가? 아 그때 생각을 하면 몸에 소름이 끼쳐! 아 무서워라!'라고 한다. 그러므로 사람의 감정이 어떠한 것이라고 깨달은 사람은 지금 내가 총애를 받는다고 해서 그렇게 기뻐하지 않고, 도리어 조심하고 두려워하고 놀란다. 왜냐하면, 지금 내가 총애를 받는다는 것은 내일이 되면 장차 치욕을 당하게 된다는 것을 알기 때문이다.

또 이와 반대로, 내가 어떤 사람에게 치욕을 당하는 일이 있다고 할지라도 영원히 당하지 않을 것이다. 치욕을 많이 당하면 당할수록 나를 미워하고 싫어하던 사람의 감정변화에 따라 자연히 총애를 얻을 날이 올 것이다. 물론, 잃어버렸던 사랑이 나에게로 되돌아오게

하는 데는 크나큰 노력이 있어야 한다. 먼저 그 사람의 감정이 어떻게 움직이는지를 잘 파악해야 한다. 엊그제까지 나를 열렬히 사랑한 사람이 왜 감정이 식을까? 왜 마음이 돌아섰을까? 나의 정신 면이나 육체 면에 결함이 있지 않았을까 하고 여러 가지로 반성해본다.

이렇게 노력한 나머지 멀리 떠나갔던 사랑이 자연히 되돌아와서 문을 두드릴 때에 이 얼마나 즐겁고 놀랄 일이겠는가. 그러므로 노자는 말하기를 총애를 받을 때에는 자연히 잃어버릴 날이 온다는 것을 생각하며 두려워하고, 치욕을 받을 때에는 자연히 물러갈 일이 온다는 것을 생각하고 기뻐하라고 한 것이다.

채근담(菜根譚) 중에도 다음과 같은 글이 있다.

> 무성한 잎에서 소슬한 낙엽을 보라. 쓸쓸한 모습은 충만함 속에 있고, 신선한 움직임은 스러지는 가운데 있다. 그러므로 군자는 편안할 때에 참으로 뒷일을 염려해야 하고, 백번을 참고 견디어 성공을 도모해야 한다.

그러면 큰 환란이 우리 앞에 닥칠 때 이것을 어떻게 처리할 것인가? 사람은 흔히 즐겁고 재미있는 일은 이것을 반가이 맞아들이고 괴롭고 걱정되는 일은 피하려고 한다. 그러나 알고 보면 즐겁고 재미있는 일은 그 뒤에 괴롭고 걱정되는 일이 꼬리를 물고 온다. 그러므로 우리나라 속담에 "재미있는 골짜기에 호랑이 나온다."라는 말이 있다. 산도 좋고 물도 좋고 푸르른 나무가 우거진 곳이라고 너무 흥겨워하지 말고, 나를 해칠 호랑이가 숨어 있다는 것을 경계하고, 또 이것을 대비하라는 뜻이다. 일례를 들면, 우리가 36년 만에 해방되었다고 3천만이 모두 즐거워하고 흥분하였지만, 그 뒤에 민족이 분열되고 남북이 양단되는 큰 환란이 올 줄을 우리는 몰랐던 것이다.

그러나 이러한 환란이 닥칠 때에 이것을 하나의 운명으로 보고 단념하거나 도피하려 하여서는 안 된다. 이것을 어디까지나 큰 손님과 같이 달갑게 받아들이어 잘 대접함으로써 원수를 나의 친구로 만들고 나면 전화위복(轉禍爲福)으로 변하게 된다. 민족이 분열되고 남북이 두 갈래로 된 것을 민족이 꾸준히 노력하여 화합하도록 모두가 애쓰는 일에 근검하고 견실하게 건설해 나아가는 것과 같다. 한 개인의 생활에서도 어떤 환란이 닥쳤을 때 이것을 천대하지 말고 내 몸같이 귀하게 여기며, 이것을 싫어하지 말고 내 몸 같이 사랑해야 한다. 환란도 내가 어떻게 대하는가에 달려있고, 행복도 내게 달려있다.

다시 말하면, 행복이니 불행이니 하는 것이 다 내 몸 하나가 있기 때문이다. 만일 이 조그만 내 몸 하나를 초월하면 행복과 불행, 심지어는 죽고 사는 문제까지도 초월하여 노자가 말하는 도(道)와 더불어 같이 사는 높고 거룩한 내 몸이 될 것이다. 그러므로 큰 환란 또는 스트레스를 내 몸같이 귀히 여기고, 또 이것을 사랑하는 사람은 온 천하를 가질 수 있다.

第十四章 도(道)의 불가사의한 초월성

💬 視之不見(시지불견), 名曰夷(명왈이). 聽之不聞(청지불문), 名曰希(명왈희). 搏之不得(박지불득), 名曰微(명왈미). 此三者(차삼자), 不可致詰(불가치힐), 故混而爲一(고혼이위일). 其上不曒(기상불교), 其下不昧(기하불매). 繩繩不可名(승승불가명), 復歸於無物(복귀어무물), 是謂無狀之狀(시위무상지상), 無物之象(무물지상). 是謂惚恍(시위홀황). 迎之不見其首(영지불견기수), 隨之不見其後(수지불견기후). 執古之道(집고지도), 以御今之有(이어금지유), 能之古始(능지고시), 是謂道紀(시위도기)

이 장은 노자의 '도(道)'를 철학적으로 설명한 문장으로써 제1장, 제25장과 더불어 예부터 특별히 유명했다. 제1장이 도에는 이름이 없고, 미묘유심(微妙幽深)한 현(玄)의 또 현(玄)한 본질을, 제25장이 천지보다 앞서서 생겨서 적적하고(寂),적막한(寥) 본성을 설명하는 데 대해서 이 장은 도의 무색(無色), 무성(無聲), 무형(無形), 말하자면 인간이 가지고 있는 모든 감각적, 지각적 파악을 초월하여서 거기에 더하여 황홀한 그 무엇이 만상(萬象)의 근원으로 실재한다. 그 불가사의한 형이상학적 성격을 설명한다.

글 속에 나타나는 희(希), 이(夷), 미(微), 무상의 상(無狀의 狀), 무물의 상(無物의 狀) 등의 말이 '도(道)'의 참으로 불가사의한 본성을 설명하는 노자의 독특한 표현이며, 이 표현은 후세에서는 그대로 '도(道)'

와 같은 뜻으로 사용되고 있다.

도(道)는 꼴(形)이 없으므로 보아도 보이지 않는다. 도(道)는 소리가 없으므로 들어도 들리지 않는다. 도(道)는 모습이 없으므로 만져보아도 만져지지 않는다.

그렇다고 해서 보이지 않는 도(道)와 들리지 않는 도(道)와 만져지지 않는 도(道)가 각각 따로 있는 것은 아니다. 이 세 가지를 나누어 말할 수 없으므로, 이를 한데 합해서 '하나의 도(道)'라고 한다.

형이상학적 세계로 올라가면 사물 뒤에 숨어 밝지 않고 형이하학적 세계로 내려오면 어둡지(昧) 않다. 이것이 끝없는 줄과 같이 무한히 잇달아 있으므로 딱 끊어서 무엇이라고 이름을 붙일 수 없다.

있기는 있지만 색이 없고, 소리가 없고, 꼴이 없기 때문에 이것을 물건이 아니라고 한다.

그러므로 이런 것을 형상이 없는 형상, 즉 순수형상(純粹形狀)이라 하고, 동작이 없는 동작, 즉 순수동작(純粹動作)이라 한다. 이런 것을 통틀어 황홀하다고 하니, 앞과 뒤의 구별이 없고 때를 초월하여 만물을 생성한다. 태초부터 있는 도(道)를 파악하고 지금 있는 만물을 지배해 나가면 만물이 맨 처음 어디서부터 시작되었는지, 그 근원이 되는 도(道)가 무엇인지 알 수 있다. 이런 것을 가지고 도가 모든 물건의 기강이 된다고 한다.

모든 것의 규율을 살핌으로 근원이 되는 도를 알 수 있다.

현상계의 모든 사물은 시각이 부족하지 않는 한 볼 수 있다. 청각이 부족하지 않으면 들을 수 있다. 촉각이 부족하지 않으면 만지고 느낄 수 있다. 인식력이 부족하지 않는 한 알 수 있다.

그러나 본체계에서는 보아도 보이지 않고, 들어도 들리지 않고, 만져보아도 만져지지 않고, 인식해도 인식되지 않는 그 무엇이 있다. 이러한 것은 여기에 있다든가 저기에 있다든가 한정되는 것이 아니다. 있지 않은 때가 없고, 있지 않은 데가 없고, 또 없지 않은 때가 없는 무한정자다.

이러한 것을 우리는 흔히 특정된 것이 아니고, 보편성을 가진 것이라 하고, 또 특수한 것이 아니요, 일반성을 가진 것이라 한다.

노자는 도(道)를 가리켜 보아도 보이지 않고, 들어도 들리지 않고, 만져보아도 만져지지 않는다고 했다. 그래서 도(道)는 무물(無物), 즉 물건이 아니라고 했다. 도를 하나의 물건이라고 하면 그것은 시공(時空)의 형태가 있지 않을 수 없다. '도'는 물질도 아니요, 생물도 아니요, 또 관념물도 아니다. 만일 도를 하나의 물질이라고 하면 파괴되지 않을 수 없고, 하나의 생물이라고 하면 인식되지 않을 수 없다. 그러나 도는 파괴되지도 않고, 사멸되지도 않고, 인식되지도 않는다. 도는 형성되거나 파괴되지 않고, 생기거나 없어지지 않고, 늘거나 줄지 않고, 시작도 끝도 없는 신비스러운 존재인 것이다.

만일 도(道)에도 형상이 있고 동작이 있다고 하면 그것은 형상이 없는 형상이요, 동작이 없는 동작 (無狀之狀)이다. 상(狀), 즉 형상(形狀)은 우리말의 "저 사람이 하는 꼴을 보라."고 하는 '꼴'에 해당하고, 상

(象), 즉 동작은 "저 사람이 하는 짓을 보라."고 할 때 '짓'에 해당한다. 그러므로 형상이 없는 형상은 이것을 순수형상(純粹形狀)이라고 말할 수 있고, 동작이 없는 동작은 이것을 순수동작(純粹動作)이라고 말할 수 있다.

그러므로 노자의 도는 순수형상이므로 감각할 수도 없고, 순수동작이므로 감각할 수도 없다. 다만 우리가 느낄 뿐이요, 요해(了解)할 뿐이요, 그저 황홀하다고 할 뿐이다.

황홀이라는 말은 우리 말로 '어렴풋하다'는 뜻이다. 무엇이 여기에 있다, 저기에 있다고 단정할 수 없다는 말이다. 유라고 할 수 없고, 무라 할 수도 없어서 황홀이라 한다고 했다. 쉽게 말하면 있는 것도 아니요, 없는 것도 아니라는 뜻이다. 왜냐하면 없다고 말하려고 하면 만물이 다 거기서 흘러나오고, 있다고 말하려고 하면 감각할 수도 없고 인식할 수도 없기 때문이다. 그러므로 다만 황홀하다고 말할 뿐이다.

노자는 또 도는 이것을 맞아들여도 그 머리를 볼 수 없고, 그 뒤를 쫓아가도 그 뒤를 볼 수 없다고 말했다. 우리가 만일 무한한 선(線)과 같다고 했다. 우리가 만일 무한한 선을 타고 우주여행을 한다면 출발점으로 되돌아오게 된다. 쳇바퀴 위에 개미는 제 딴에는 일직선으로 똑바로 기어간다고 생각할지도 모른다. 그러나 가면 갈수록 쳇바퀴의 곡률에 따라서 제자리로 되돌아오게 되는 것과 같다. 우주는 본래 무한한 평면이 아니요, 둥글게 되어 있으므로 그렇게 되는 것이다.

이것이 이른바 노자가 "극하면 되돌아 온다(極則返)."라는 것이다. 그러므로 노자의 도(道) 또한 일부분으로 보면 무한한 선과 같지만, 전체로 보면 크고 둥근 원(圓)과 같다. 원이므로 시발점도 없고 종착점도 없다. 과거도 없고 현재도 없으며, 머리도 없고 꼬리도 없으며, 앞도 없고 뒤도 없으며, 결국 도는 시발점이 곧 종착점이다. 과거가 곧 현재요, 머리가 곧 꼬리요, 가는 것이 곧 오는 것이요, 앞이 곧 뒤요, 있는 것이 곧 없는 것이다. 즉, 도는 모든 것에 대하여 절대적인 것이다.

도(道)는 과거 몇천만 년 전부터 오늘날까지 일관하여 있기 때문에 이 도를 파악하면 지금 있는 모든 존재자의 출발점을 알 수 있고, 역사를 알 수 있으므로 또 이것을 잘 통제해 나갈 수 있다. 그러므로 도는 만유(萬有)의 기강이라고 한다. 이것은 마치 하나의 긴 끈으로 여러 구슬을 꿰놓은 것과 같다. 만일 이 하나의 끈이 끊어지거나 없거나 하면 모든 구슬은 다 산산이 흩어진다. 이와 같이 이 우주 안에 만일 도가 없다면 만물은 구슬과 같이 다 흩어지고 말 것이다.

노자의 철학은 지금 있는 것(有)은 얼마 안 있어서 없어지고(無), 지금 살고 있는 것은 멀지 않아 죽게 되고, 형태를 가지고 있는 것이 형태 없는 것으로 돌아간다는 무상성의 근저에 있는 유상성(有常性), '항상 존재하는 것'을 꿰뚫어보는 데서부터 성립한다. 그 응시를 지탱하게 하는 것은, 인간은 이미 죽는다는 것을 죽음을 생각 않고서는 삶을 생각할 수 없으며, 없다는 것을 생각하지 않으면 있다는 것을 생각할 수 없다는 것이다.

요컨대, 멸망과 상실이 필연적이라는 냉엄한 진리에 대해서 주의하여 똑똑히 보아야 한다. 그러므로 그는 그 멸망과 상실의 근원에는 그것을 초월한 것, 항상 존재하는 것으로서 도(道)를 뚫어지게 자세히 보았다. 항상 있는 것으로써 도는 물체로써 존재를 넘어선 것, 모든 형체가 있는 물체가 그 형체를 잃어버리고 귀일하는 곳이므로 물체가 없는 곳, 무물이라고 부르고, 색이 없고, 소리 없고, 형체 없는 것, 바꿔 말하면 이(夷), 희(希), 미(微)라고 설명할 수 있다. 색이 없고, 소리 없고, 형체 없는 곳에 이(夷), 희(希), 미(微)로서 도는 뚫어지게 자세히 본 노자는 인간의 생을, 생명이 멸망하여 없어지는 곳, 즉 죽음에서 이해하려고 한다.

"아직 생(生)을 알지 못하고서 어찌하여 죽음을 알려고 하는가(논어 선진편 論語 先進篇)?"라고 말한 것은 공자이기는 하나, 이 말의 진의가 어디에 있든지 간에 공자가 죽음에서 '삶'을 이해하려고 하는 사상가가 아니었다는 것만은 확실하다. 공자와 이런 의미에서도 노자와는 대비되는 입장에 서있다. 그렇다고 해서 공자보다 노자 쪽이 인간을 이해하고 파악하는 데 있어서 일반적이라고 지금 당장 결론지을 수는 없으나, 적어도 노자가 노자와 공자는 방향을 크게 다르게 하는 인간의 삶의 본성, 인생의 가치와 행복에 대해서 계속해서 문제 삼았다는 점은 확언할 수 있다. 그리고 공자의 사상이 수천 년에 걸친 중국 역사 속에서 많은 계승자를 가졌다고 하는 점과 같이, 노자의 철학도 또한 많은 신봉자를 가지고 있었다.

이 사실을 간과하게 되면, 우리들에게 현대 중국인의 행동과 사고는 전면 이해하지 못할 것으로, 21세기의 넌센스가 될 것이다.

응시하여 보아도 아무것도 보이지 않으므로 '이(夷)' 색이 없다고 한다.

이것을 들으려 해도 들리지 않으니, 희미해서 뚜렷하지 못하고 어슴푸레하여 들리지 않는다고 해서, 이를 '희(希)'라고 부른다.

손으로 때려보아도 아무것도 손에 전달되지 않으므로 '미(微)' 형태가 없다고 한다.

그러나 이 세 가지 말로서는 아직 그 정체를 규정지을 수 없다. 그러므로 이 세 가지 말을 합쳐서 하나(一)로 하여 존재한다.

그 상부는 밝지 않고 그 하부는 어둡지 않다. 그저 넓어서 이름 붙이기 힘들고, 물질세계를 지나서 우뚝 서 있다. 이것을 형태 없는 형태, 물질 차원을 넘어서 상(象)이라고 한다. 이것을 홀황(惚恍), 멍하여 분명하지 않은 것이라고 말한다.

앞에서 보아도 그 머리가 보이질 않고 뒤에서 보아도 그 엉덩이가 보이질 않는다.

태고 적부터의 진리를 꽉 쥐고 지금도 만상(萬狀)을 주재하고 있다. 역사와 시간의 시초를 알 수 있는 것, 그것을 도(道)의 본질이라고 부른다.

第十五章 도(道)를 체득한 이의 특색

古之善爲士者(고지선위사자), 微妙玄通(미묘현통), 深不可識(심불가식). 夫唯不可識(부유불가식), 故强爲之容(고강위지용). 豫焉若冬涉川(예언약동섭천), 猶兮若畏四隣(유혜약외사린), 儼兮其若客(엄혜기약객), 渙兮若冰之將釋(환혜약빙지장석), 敦兮其若樸(돈혜기약박), 曠兮其若谷(광혜기약곡), 混兮其若濁(혼혜기약탁). 孰能濁以靜之徐淸(숙능탁이정지서청). 孰能安以久動之徐生(숙능안이구동지서생). 保此道者(보차도자) 不欲盈(불욕영), 夫唯不盈(부유불영), 故能蔽不新成(고능폐불신성)

옛날 도를 잘 닦은 이는 그 모습이 미묘하고 깊고 깊어서 그 깊이를 헤아려 알 수 없어서 형용할 수 없지만, 무리한 줄 알면서 그 본체를 더듬어보면 다음과 같은 의미가 된다.

머뭇거리는 모습이 미묘하고 심원하여 그 깊이를 헤아려 알 수 없다.

먼저 일에 신중을 기한다. 빨리 단안(斷案)을 내리지 않는 태도는 마치 추운 겨울에 살얼음이 된 냇물을 건너갈 수 있을까 망설이는 것과 같다.

마음은 소극적이다. 안전지대인 중앙에 있으면서도 항상 변두리에서 무슨 일이 나지 않을까 조바심을 한다. 그 태도는 마치 사면에서 쳐들어오는 대적을 막으려는 것과 같다. 근엄한 태도를 가진 자가 마치 초대받은 손님과 같다.

사물에 집착하지 않는 태도는 봄날에 얼음이 녹는 모습과 같다. 순박한 태도는 마치 사람이 손대지 않은 원목(原木)과 같다.

겸허한 태도는 텅 비어있는 골짜기와 같다. 그리고 옳고 그르다와 맑고 탁함을 가리지 않는 태도는 마치 더러운 흙 속에 섞인 물과 같다.

누가 군중 속에 들어가서 탁한 것을 탁한 대로 받아들이고 그것을 고요하게 서서히 맑게 할 수 있겠는가? 누가 가만히 이것을 움직여 생생하게 할 수 있겠는가?

이러한 도를 가지고 있는 이는 모든 일에 대하여 욕망을 만족시키려 들지 않는다. 왜냐하면, 만족 뒤에 불만족이 오기 때문이다. 부족한 것을 만족하게 생각하는 사람이 항상 낡은 것을 아끼고 새로워지는 것에 지나친 집착을 삼간다.

인생은 여러 종류의 욕망이 거품처럼 일어났다가 허황하게 사라진다. 이 과정은 우리가 살아가는 데 중요한 부분을 차지한다. 이 과정에서 만족(즐거움)과 실패(실망)가 사람의 마음에 상처를 주기도 하고, 생긴 상처를 맑은 물로 씻은 듯이 가라앉히기도 한다.

그림자처럼 따라다니는 스트레스와 반 스트레스를 잘 다스려 나가는 것은 밤과 낮, 사계절처럼 되풀이된다. 행복과 불행은 인생의 필수조건으로 없어서는 안 되는 현상들이다. 어찌 생각하면 행복은 불행의 씨앗을 먹고 자라는 것이 아닐까? 불행 없는 행복은 순진한 마음이 혼돈된 상태가 아닌가 싶다.

『노자』에는 우리가 사는 방법, 생명 본체들에 대해서 풍부한 내용이 담겨 있지 않은가.

잠깐 탈선을 하여 우리의 삶의 모습을 관조해보겠다.

도학에 능통한 옛날의 철인(哲人)은 그 도량이 바다와 같이 넓고 깊었다. 그래서 그 깊이를 다 헤아릴 수는 없다. 본래 이런 것을 언어나 문자로 표현할 성질이 못되지만, 억지로 형용하여 감히 말하려고 든다.

첫째, 어떤 사물이든 극도에 달하면 반드시 변화가 생긴다는 것을 아는 철인(哲人)은 매사에 근신하며 추운 겨울에 알몸으로 냇물을 건널까 망설이는 태도와 같다.

둘째, 모든 사물에 대하여 많은 의심과 경이를 가지는 철인(哲人)은 마치 아무 방비가 없는 임금이 사면에서 제후(諸侯)가 혁명을 일으키어 쳐들어올 때에 놀라는 태도와 같다.

셋째, 세상 사람들과 같이 옳고 그른 것을 가리지 않고 항상 근원적인 도(道)를 파악하고 있는 철인은 마치 초대를 받고 온 귀빈의 태도와 같다.

넷째, 사물에 애착을 두지 않는 철인은 마치 동결되었던 얼음이 온화한 봄날에 녹는 모양과 같다.

다섯째, 사치와 영화에 마음이 끌리지 않고 항상 검소하게 지내는 철인(哲人)은 마치 조각을 하지 않은 원목의 순수함과 같다.

여섯째, 세상 사람들과 같이 지배욕과 소유욕과 명예욕(모든 것이 주된 현대인의 스트레스 원인이 됨)이 없는 철인의 마음은 겸허함이 마치 텅 비어있는 골짜기의 모습과 같다.

일곱째, 어떤 사람이든지 내치지 않고 어떤 물건이든지 버리지 않는 철인(哲人)은 마치 맑은 샘물이나 더러운 시궁창 물이라도 다 받아 들이는 바다와 같다.

그러므로 이러한 철인(哲人)은 사람을 대할 때에 자기만이 현명하 고 고결한 척하지 않고, 자기 역시 어리석고 바보스럽고 혼탁한 태도 를 취하여 그들을 안정시켜 놓고(스트레스를 해소시켜 놓고) 천천히 맑아 지게 하고, 또 그들을 움직이게 해서 천천히 살아나가게 한다. 이러한 도를 터득하고 있는 철인(哲人)은 남보다 잘하려고 욕심을 내지 않는 다. 잘하려고 욕심을 내지 않으므로 항상 낡은 것을 아끼고 새로워지 는 것을 원하지 않는다. 왜냐하면, 모든 새로운 것은 반드시 낡아지 기 때문이다.

"찢어져서 새롭게 된다."라는 말은 낡아서 해진 옷이 새롭게 기워지 는 것처럼 날마다 새롭게 되살아나는 힘을 가진다는 뜻이다. '옷이 찢 어진다'는 비유는 구약성서(히브리서)에도 "이것들(만물)은 모두 옷처럼 낡을 것이다…. 이것들은 옷처럼 변할 것이다. 그러나 여호와 신은 변 하는 일 없이 너희들의 나이는 끝나지 않는다."로 나타나 있다.

산과 산 사이의 계곡은 조용한데 산 중에 움직임이 있다. 초목이 천천히 자라는 그 무위를 누가 감히 하는가? 이 무위의 도를 몸에 간 직한 사람은 보름달이 꽉 차는 것을 바라지 않는다. 이러하므로 오래 된 의복이 삭아서 떨어지면 새로운 옷이 만들어진다. 이는 노자의 이 상적인 인간상이다. 한편, 유가(儒家)는 치욕에 대하여 결백한 태도를 고집하는 데 반하여 노자와 장자는 진흙을 밟고 더럽히고 욕되게 하며 흙탕물과 같은 삶의 방식을 이상으로 삼는다.

유가(儒家)는 음탕하지 않은 거처를 찾는 데 반하여 노자(老子)와 장자(莊子)는 많은 사람들이 싫어하는 장소를 택하고, 유가에서는 남성적인 강직하여 굴하지 않음을 미덕으로 하는 데 반하여 노자와 장자는 여성적인 유연함을 찬미하고 우러러본다.

인의(仁義)·예의(禮儀)라는 윤리적 규범을 가장 높은 가치로 보고 거기에 더하여 빈틈없이 몸에 갑옷을 입고 나서는 사람이 유가인데, 인의를 소용없는 것으로 하고 인(仁)과는 인연을 끊고 자연의 도를 강조하는 것이 노자와 장자의 가르침이다.

근심과 재난이 당하였을 때 서로 구하여주고, 몸을 죽이고, 인(仁)을 성취하고, 의(義)를 보고도 실행하지 않으면 용기없는 사람이라고 하는 것이 유가이나, 사랑하는 데는 몸으로 하고, 나의 생명을 모든 가치 규범에 앞서게 하는 것은 노자와 장자이다.

노자와 장자가 그리는 인간상은 유(柔)하고 약(弱)한 것인데, 소극적이고 퇴영적(退嬰的)이며 때투성이가 되어 촌스럽기도 하다. 유가의 인간상이 국가 권력이나 지배계급에게는 기대되는 인간상일 수 있어서 그러므로 그들에 의하여 종종 이용도 당하거나 악용도 되어온 것에 반하여 노자와 장자의 그들은 국가 권력에 봉사하지 않고, 지배계급에 이익을 주지 못하며, 소위 문명의 진보에 힘이 되지도 못했다.

　그러나 노장사상가들은 국가나 도덕 규범보다 인간의 생명이 우선인 것을 인지하고, 소위 문명과 문화가 인간의 생명에 가치를 부여하는 것이 아니고, 거꾸로 인간의 생명이 문명과 문화에 가치를 준다는 것을 알고 있었다. 소극적으로 남의 공격을 막는 입장인 유약함이, 지지 않으려고 기를 쓰는 강한 것보다 아득하게 강인하다는 것도 알고 있었다. 거기에서는 사람이 사는 방법, 본연의 자세, 인생의 행복과 가치에 대한 생각하는 방법이 근본적이라 말해도 좋을 만큼 유가와는 다른 것이다. 두 개의 인간상의 차이는 근본적으로는 행복이나 가치에 대한 생각의 차이 때문이라고 말해도 좋을 것이다.

第十六章 뿌리로 복귀함

💬 致虛極(치허극), 守靜篤(수정독), 萬物竝作(만물병작), 吾以觀復(오이관복), 夫物芸芸(부물운운), 各復歸其根(각복귀기근), 歸根日靜(귀근왈정), 是謂復命(시위복명), 復命日常(복명왈상), 知常日明(지상왈명), 不知常(불지상), 妄作凶(망작흉), 知常容(지상용), 容乃公(용내공), 公乃王(공내왕), 王乃天(왕내천), 天乃道(천내도), 道乃久(도내구), 沒身不殆(몰신불태)

눈으로 볼 수 있는 사물 배후에 숨어 가려진 허(虛), 즉 도(道)의 세계에 이르러 고요하게 움직이지 않고 있는 정적상태(靜的狀態)를 파악한다면 천지 만물의 현상(現像)이 동시에 일어나도 결국은 현상 이전의 도의 세계로 되돌아가는 것(復)을 관찰할 수 있다.

눈으로 볼 수 있는 사물의 현상이 아무리 복잡해도, 다 각각 제 근본으로 돌아가는 것을 고요히 움직이지 않는 정적상태라 하고, 정적상태에 가만히 있는 것을 생명의 세계로 되돌아온 영원이 변하지 않는 본체계라 한다.

이 영원히 변치 않는 본체, 즉 도를 모르는 사람은 자기 욕망의 요구대로 경거망동을 하여 좋지 못한 결과를 불러오게 된다.

이 영원히 변하지 않는 상도(常道)가 무엇인지 알면, 모든 것을 다 포용(包容)할 수 있다. 그러면 버릴 물건이 없고 버릴 사람이 없으니 공평무사(公平無私: 모든 일을 바르게 처리하여 사사로운 이득을 없도록 함)하게 된다. 공평무사하면 보편타당성(普遍妥當性)[4]을 지니게 된다.

넓고 큰 지평이 되면 어디든지 통할 수 있고 길, 즉 도(道)가 된다. 도는 영구성(永久性)을 가지니, 도에 따라서 사는 사람은 그를 해칠 물건과 사람이 없으므로 종신토록 위험하지 않다.

마음을 될 수 있는 대로 공허(空虛)하게 하며 극치에 이르고 단단히 고요한 마음을 지켜나가면 만물은 나란히 생겨난다. 나에게는 그것이 도에 복귀하는 모습으로 보인다. 만물은 가지가지로 기세 좋게 성장하여 하나하나 그 뿌리로 돌아간다. 뿌리로 돌아가는 것을 고요함(靜)이라고 하고, 그것을 운명(命), 이를테면 만물을 활동케 하는 근원인 도(道)로 돌아간다고 한다. 근원으로 돌아가 있는 것을 무위의 조용함(靜)이라 이르고, 고요함을 명(命)— 나의 본연의 자세로 돌아왔다고 한다.

명(命)으로 돌아온 것을 상(常)— 영원불멸이라고 부른다.

상(常)이라는 본성에 눈뜨게 되는 것을 명(明)이라 한다.— 절대의 지혜라고 한다.

상(常)이라는 본성에 눈뜨지 않으면 경거망동하여 불길하다. 상(常)이란 본성에 눈을 뜨게 되면 누구든지 관용을 베풀게 되며 관용을 하게 되면 공평무사해진다. 공평무사하면 왕자의 덕을 갖추게 되며, 그리하면 무위의 도와 하나가 되어 영원불멸하다.

몸이 끝날 때까지 편안하게 날 수 있게 된다.

이 장도 무위자연의 도(道)를 체득한 노자적 성인의 편안한 처세를

---

4. 철학용어로, 때와 장소를 초월하여 대상의 모든 것에 예외 없이 유효한 것을 뜻한다.

설명하고 있다. 사람을 포함해서 일체 존재의 근원이 되는 무위자연의 도는 허(虛)이고 정(靜)이다. 도의 근본적 허·정으로 되돌아가서 나도 허의 극치에 이르게 되며, 두텁게 정(靜)을 지키는 것이 나의 본래의 본성에 되돌아가게 되는 것이니, 본래의 본성으로 되돌아갈 때 나도 또한 도의 영원불멸성을 나의 영원불멸성으로 하고, 편안하게 생을 끝맺을 수 있다는 것이 이 장의 논지이다.

허(虛)와 정(靜)은 무위자연의 도의 본성이다.

여기서 우리는 '돌아감을 본다', '뿌리로 간다' 등의 말귀에서 지시하고 있는 노자의 복귀 사상에 대해서 보충 설명을 해보기로 하자.

노자 복귀 사상은 일반적으로 말해서, 현상적(現象的)인 물건의 근원에 본체적(本體的) 도의 영원불멸을 생각할 때에 그의 특색을 가진다. 모든 개체는 그 자체로서는 유한하고 불완전한데, 그 존재의 근원은 무한하며, 완전한 도를 디디고 서서 도와 연속적인 본래의 관계에 놓여있으므로, 사물의 끝에서 뿌리로 복귀함으로써 스스로의 유한성과 불완전성을 벗어날 수 있다고 생각하는 곳에 복귀 사상의 본질이 있다.

이와 같은 복귀 사상은 중국 철학 역사에 있어서는 다시 두 개의 특징적 사고를 만들었다.

하나는, 복귀를 인간의 내면성에 따라 주체적, 실천적으로 생각하는 방향이고, 그것을 전개시키고 있다. 사람의 마음은 본래는 깨끗하고 원만했는데, 후천적으로 가지가지의 욕망과 지식 때문에 갈기갈기 찢어져 있으므로, 인지인욕(人知人慾: 사람의 지식과 욕망)을 버리고 본래의 맑고 원만함으로 돌아가지 않으면 안 된다는 사고방식이다. 중국의 불교나 도교의 수양론은 기본적으로 이러한 입장에 서 있다고 해도 지나친 말은 아니다.

또 하나는, 복귀를 고금이라는 시간의 추이를 따라 역사적으로 생각하는 방향이며, 과거 시대를 도가 완전하게 실현된 지덕(至德)의 세상, 현재의 타락 혹은 뒤떨어진 불완전한 지금으로부터 완전한 옛날로 돌아가려는 생각이다. 이를테면, 복고 또는 상고(尙古- 옛날을 우러러보는)의 사상이 그것이다. 요순우탕(堯舜禹湯)[5] 시대 성인의 실존을 믿고, 그 옛날 성인의 도로 복귀를 주장하는 유가의 사상에 의하여 가장 잘 대표되어 있다.

노자는 "옛날의 도를 취하고 능숙하게 옛것을 파악한다."는 것을 설파하며 옛날을 무위의 도가 온전하게 지켜지고 있던 지덕(至德)의 시대로 보는 반면, 지금은 도가 없어지고 덕은 쇠퇴한 타락의 시대로 보고, 옛날을 그리는 사상이 뚜렷하게 보이고, 지금을 버리고 옛날로 돌아가려는 역사적인 복귀의 사상이 뚜렷하다.

만물이 나의 뿌리, 즉 '도(道)'로 되돌아가는 존재라는 것을 설파하고, 혹은 '갓난아기로 되돌아가기', '무물(無物)이나 명(明)으로 복귀'를 설파할 적에, 거기에는 인간의 내면의 근원에는 도의 영원불멸한다는 점에 마음을 모으고, 그 영원불멸하는 도로 되돌아감으로써 본래의 자기의 본성, 절대적인 인간의 사는 방법을 실현하려고 하는 '실천적, 주체적' 복귀를 의미하는 노자 사상의 소박한 표현이기는 하지만, 분

---

5. 순은 요와 함께 상고시대의 대표적인 성군(聖君)으로 손꼽히고 있다. 그래서 중국 문화권에서는 훌륭한 군주를 가리켜 요순과 같다고 찬양하는 관용표현이 널리 사용되었다. 하나라의 우왕, 은나라의 탕왕을 합쳐 요순우탕(堯舜禹湯)이라 부른다.

명한 사고로써 힘차게 말하고 있다. 노자의 복귀 사상은 이런 의미에서 중국의 실천윤리 내지는 종교사상에 관심을 가지는 사람들이 주목하고 있다.

노자의 복귀 사상은 장자(莊子)에서도 보이기는 하는데, 노자가 '도(道)로 돌아감'을 강조하는 데 반하여 장자는 오히려 '도와 함께 감'을 강조하고 있다. 둘 다 도를 강조하지만, 돌아감과 함께 감의 사고에서 차이를 특징지을 수 있다.

第十七章 지배자의 네 가지 유형

💬 太上不知有之(태상부지유지). 其次親而譽之(기차친이예지). 其次畏之(기차외지). 其次 侮之(기차모지). 信不足焉(신불족언), 有不信焉(유불신언). 悠兮其貴言(유혜기귀언). 功成事遂(공성사수), 百姓皆謂我自然(백성개위아자연)

백성을 다스리는 지배자는 백성들이 그저 그 존재를 알고 있을 뿐이라고 생각하는 것이 최상이고, 백성들이 친밀감을 느끼거나 몹시 칭찬하는 것은 이급 지배자이다. 지배자를 무서워하는 정치는 더욱 저급이며, 백성들이 깔보게 되면 최하이다. 지배자에 말과 행동이 일치하는 성실성이 모자라면 백성들의 신뢰를 얻을 수 없다.

무위(無爲)의 성인(聖人)은 느긋하며 말 없는 가르침을 하고, 백성들은 모두 그를 있는 그대로라고 생각한다.

『노자』책 중에 처음 보이는 '자연(自然)'에 대해서 잠깐 더듬어보기로 하자.

자연이란 있는 그대로라는 것인데, 노자는 우선 그 있는 그대로의 것을 천지조화의 구체적 차림에서 볼 수 있다. 천지조화의 차림은 사람처럼 잔꾀를 부린다든지, 자기를 의식하여 쓸데없이 있는 힘을 다하는 일도 없다. 사람과 같이 나의 행동을 인애나 정의의 명목으로 규범을 세운다든가 형벌이나 권력으로 강제하거나 위협하는 일도 없다. 자연 안에서는 인간이 하는 짓거리는 아무것도 없으면서, 그런데도 사람의 힘으로써는 어찌할 줄도 모르는 위대한 일들을 해치우고 있다. 천지는 그저 있는 그대로 존재하고 말을 하거나 소리치는 일 없이, 봄이 되면 초목의 싹이 트고, 여름이 되면 나뭇가지의 잎사귀가 무성해지고, 가을이 되면 풍성하게 열매를 맺는다. 노자는 만물의 이와 같은 생성화육(生成化育) 하는 모습을 천지조화에 의하여 준비된 것으로 파악하고, 준비는 스스로 그렇게 된 것, 이를테면 자연(自然)이라고 이해하고 있다. 그리고 그는 생성화육의 가장 순수한 모습을 인간의 인위인지(人爲人知)— 도시의 문화에 의하여 오염되지 않은 전원과 산과 들의 모습 속에서 확인한다.

사람들도 잔꾀를 버리고, 이와 같은 천지조화의 자연을 나의 본성으로 할 때 얄팍한 지식과 잔꾀들의 추악한 모습에서 해방되어 자기의 본래 본성을 실현할 수 있다.

第十八章 도덕적 규범의 부자연성

💬 大道廢(대도폐), 有仁義(유인의). 慧智出(혜지출), 有大偽(유대위). 六親不和(육친불화), 有孝慈(유효자). 國家昏亂(국가혼란), 有忠臣(유충신).

『노자』가 그의 시대에 인간의 본성과 가치체계에 대하여 엄한 경고를 했으며, 그것을 신랄하게 야유하고 풍자한 중국 최초의 문명비판의 책이라는 것은 이미 쓴 바 있다.

이 장은 노자의 이와 같은 문명비판의 입장, 풍자와 역설의 논리를 가장 명쾌하게 제시한 것으로서, 옛날부터 각별하게 유명하다. 특별히 "큰 도가 스러져야 인의(仁義)가 남아 있다."와 마지막으로 "국가가 혼란해져야 충신이 나타나게 되어 있다."는 구절은 현대까지 넓게 입에 오르내리고 있다.

큰 도를 잃게 되면 어짊과 옳음의 도덕이 강조되고, 영리한 지혜가 발달하게 되면 인위적인 규정이 만들어진다.

집 안에서 옥신각신하게 되면 부모·자식 간의 효도와 자애가 있게 되며, 나라의 질서가 혼란해지면 충신의 존재가 있게 된다.

노자의 당시의 역사적 현실에 입각해서 그의 비판적 의도를 단적으로 표현한다고 하면 다음과 같이 해석할 수도 있다.

인의(仁義)의 도덕이 강조되는 것은 크게 도를 상실했기 때문인데, 인위의 규칙이 적극적으로 만들어지는 것은 약은 체하는 지혜가 발달했기 때문이다. 부모·자식 간의 효도와 자애가 강조되는 것은 집안에 분쟁이 일어나기 때문이며, 충신의 존재가 강조되는 것은 나라의 질서가 흐트러졌기 때문이다.

좋은 말과 현실 사이에는 종종 괴리감이 있어서, 그 관계는 완전히 뒤집힐 때도 적지 않다. 다시 말하면 현실에 결여된 것일수록 말로 하는 강조가 지나치게 된다. 일찍이 사람의 본성을 '악(惡)'이었다는 것을 논증하려 한 순자(荀子)는 그 이유의 하나로서 "인간은 자기에 결여되어 있는 것을 외부로 지향한다. 따라서 선을 지향하는 본성은 악이다."라고 설명했는데, 이 말도 이 장의 논술과 더불어 인간의 있는 그대로의 모습, 인간의 말이라는 것이 가지는 허구성을 예리하게 꿰뚫어본 점에 있어서 주목을 끈다.

중국 사람은 일반적으로 규범을 만드는 것을 좋아하는 민족인데, 그들은 규범의 허구성을 알아차리는 데도 예리하다.

이러한 논술들은 모두 유교의 도덕적 규범이 무리하게 이루어지는 부자연성을 비판하는 것이며, 대도(大道)가 흐트러짐이 없는 무위자연의 사회에 '지덕(至德)'의 세계를 이상화하는 노자의 사상을 조술(祖述)한 것으로 볼 수 있다.

第十九章 소박함의 힘

💬 絶聖棄智(절성기지), 民利百倍(민리백배). 絶仁棄義(절
인기의), 民復孝慈(민복효자). 絶巧棄利(절교기리), 盜賊無有(도적무유). 此三者
以爲文不足(차삼자이위문부족), 故令有所屬(고령유소속). 見素抱樸(견소포박),
少私寡欲(소사과욕)

위정자가 총명함이나 지혜를 쓸데없는 것으로 생각하고 버리고 나면 인민의 복리는 백 배가 된다. 위정자가 인의나 정의를 버리고 나면 인민은 효심과 자애로 가득 찬 모습으로 되돌아간다. 위정자가 기교(技巧)와 공리(功利)를 버리고 나면 세상에는 도적 따위는 없어진다.

이 세 문장에서는 무위가 아직 주체적으로 나오지 않고 있고 설명이 충분하지 않다고 생각한다.

그래서 다음 글에서 연결하자.

외면은 본래 그대로의 모습을 하고 내면은 있는 그대로의 나를 지키고 사심을 줄이고 욕망을 적게 한다.

여기서 『노자』에서 처음 보는 '소박(素樸)'이란 말을 생각해보기로 하자.

소(素)라는 것은 원래 아직 물들이지 않은, 섬세하고 빈틈없는 흰 비단을 말하는데, 거기에서 전하여 천 그대로의 것, 본래적인 것, 순수한 것을 말한다. 『장자』(莊子) 외편(外篇), 각의편(刻意篇)에 소(素)라는 것은 그대로의 것, 본래적인 것, 순수하고 잡것이 섞이지 않은 것을 말한다고 정의하고 있는 것도 이 의미이며, 거기로부터 소(素)는 자연(自然) 또는 전(全)과 같은 의미의 글자로 사용된다.

박(樸)은 산에서 잘라낸 통나무 그대로의 통일되고 완전한 것을 말하고, 거기로부터 사물 일반의 본래적 전일성을 말한다.『장자』(莊子) 외편(外篇)에서는 원목을 손질해서 가지가지의 기물을 만든다로 되어 있는데, 이것은 본래의 순일성이 없어지고 인위, 왜곡을 비판한 것이다.

노자는 인간의 소박함을 무엇보다도 중시한다. 노자에게 소박(素樸)은 문명문화의 허식을 없애버리는 것을 말하며, 사람들의 본래의 자연상을 인위적으로 속박하여 후천적으로 왜곡하고 있는 일체의 어지러운 관념, 가치적 허구부터 해방된 인간의 본성을 말하고 있다. 인간은 현명하거나 어리숙하거나 아름답거나 추하거나 귀하거나 천한 것, 빈부 등의 여러 가지의 인위적으로 가치를 달고 있는 것 속에 자신을 칭칭 동여매고 성(聖)이라든가, 범(凡)하다든가, 우아하거나 속되다, 더하여 문명이라든가, 야만하다 등과 진보나 퇴보라든가, 마음대로의 관념을 날조하여 있는 그대로 보며, 주어진 인생을 주어진 대로 받아서 얽매이지 않는 소박함을 상실하고 있다.

'나' 중심의 생각을 적게 하고 욕심을 줄여서 물들이지 않은 명주의 순박함과 다듬지 않은 통나무의 질박함을 품는 것, 이것이 현대인들이 겪고 있는 스트레스의 그 치료방법이 아닐까?

第二十章 도와 함께 사는 이의 고독함

💬 絶學無憂(절학무우). 唯之與阿(유지여가), 相去幾何(상거기하). 善之與惡(선지여악), 相去若何(상거약하). 人之所畏(인지소외), 不可不畏(불가불외). 荒兮其未央哉(황혜기미앙재). 衆人熙熙(중인희희), 如享太牢(여향태뢰), 如春登臺(여춘등대). 我獨泊兮其未兆(아독박혜기미조), 如嬰兒之未孩(여영아지미해). 儽儽兮若無所歸(래래혜약무소귀). 衆人皆有餘(중인개유여), 而我獨若遺(이아독약유). 我愚人之心也哉(아우인지심야재). 沌沌兮(돈돈혜). 俗人昭昭(속인소소), 我獨昏昏(아독혼혼). 俗人察察(속인찰찰), 我獨悶悶(아독민민). 澹兮其若海(담혜기약해), 飂兮若無止(료혜약무지). 衆人皆有以(중인개유이), 而我獨頑似鄙(이아독완사비). 我獨異於人(아독이어인), 而貴食母(이귀식모)

『도덕경』은 고유명사가 어디에도 보이지 않는 불가사의한 책이다. 여기에서 '나'라는 1인칭 대명사를 사용한 노자의 표현은 '영원 보편'의 진리 앞에 혼자 서 있는 하나의 인간' 또는 '도를 상대방에게 혼자 말하는 눈이 뜨인 사람'의 우수와 환희를 상상하는 것으로 말할 수 있을 것이다.

그러나 또 그 '나'는 고유명사를 가지고 있지 않은 '나'이며, '도'가 이름을 가지고 있지 않은 것처럼 '나'도 이름이 없다. 이름이란 것이 다른 것과 구별하는 것에 그 본질을 갖고 있다면 그 '나'는 세속 안에 섞여서 세속 사람들과 구별할 필요가 있는 '나'가 아니고, '도'와 단 한 사람이 쳐다보고 있는 것을 자각하는 '나'이다. 여기서는 이름이 없는 '도'와 이름 없는 '나'가 호칭을 초월한 세계에서 대화하는 것이다.

이름을 가지고 있지 않기 때문에 오히려 '나'를 가지는 일의 서먹서먹함이 벗겨지고, 노자라는 철인의 벌거벗은 피부와 체온이 직접 느껴지는 것 같은 '나'이다. 노자는 그런 '나'를 주어로 하여 중국 역사의 골짜기에서 좌정한 사람의 걱정과 환희를 혼잣말로 한다. 그 혼잣말은 산골짜기의 송풍(松風)의 울림과 닮아서 격조가 높고 컴컴한 밤바다의 흔들리는 소리와 닮아서 시적(詩的)이다. 옛날부터 이 장이 많은 문인, 사상가에 의해서 애송되어 온 것은 문학작품으로 보아도 더할 나위 없이 훌륭하기 때문일 것이다.

학문을 그만두면 인생에 걱정도 없어진다. '예'와 '응'이라는 대답은 얼마나 차이가 있단 말인가. 사람들이 거리끼는 것은 거리끼지 않을 수 없다. 얼마나 허황하기 그지없는 이야기인가. 사람들은 신바람이 나서 들떠 있고 진수성찬을 받은 손님 같기도 하고 봄날에 누대에 오른 구경꾼 같기도 하다. 그러나 나만은 철이 나지 아니하여 아직 웃을 줄 모르는 갓난아이와 같다. 지친 모습은 돌아갈 곳이 없는 사람인 듯하다. 나는 어리석은 사람의 마음인 양 흐리멍텅하여 분별할 줄 모르는 것 같다. 세간 사람들은 똑똑하지만 나 혼자 혼매하고, 세인들은 팔팔한데 나 홀로 버려진 것 같고, 세상 사람은 딱 잘라 말하고 가는데 나만이 우물쭈물하며 결단을 내리지 못한다. 흔들흔들하여 바다처럼 흔들린다. 후~ 하고 불고 지나가는 바람과 같이 정처 없이 흘러간다. 사람들은 모두 유능한데 나만은 어리석고 촌스럽다. 나만이 괴짜이고 유모라고도 하는 도를 홀로 귀하게 여긴다.

"인생에서 글자를 아는 것은 우환의 시작이다."라고 하고 읊은 사람
은 소동파(蘇東坡)인데, 이 장에 있는 학문을 접으면 걱정이 없어진다
는 말귀에서 따온 것이다.

(사족으로 소동파의 동생 소철(蘇轍)도 노자주(老子注) 네 권을 저술한 노자
학파임)

소동파 또한 지혜의 과실을 따 먹음으로써 생기는 비극을 경고하
는 것이다.

지식을 앎으로써 생긴 슬픔을 탄식한 소동파는 고난으로 차있는
그의 생애를 집을 떠나 떠돌아다니다가 끝냈는데, 학문에서 떠나서
편안함을 설파한 노자도 틀림없이 지식인으로서 비애를 뼈와 살에 스
며들 때까지 고난을 마저한 것이 틀림없겠다.

노자와 연관되어 금방 생각나는 것은 공자가 노자에게 예(禮)를 물
었다는 전설이다(예기 증자문편, 禮記 曾子問篇).

이 이야기의 진위는 잠시 덮어두고, 노자라는 인물을 생각으로 그
려내는 데 그냥 지나갈 수 없는 중요한 요소가 포함되어 있다. 공자가
예를 물었다는 것은, 공자는 예를 가르칠만한 풍부한 고전적 교양을
가지고 있다는 사실이고, 이는 틀림없는 최고의 지식인이었다는 것
이다.

　노자가 가르치고 있는 '무위(無爲)'가 길에 엎드려 아무것도 하지 않는 게으른 무위(無爲)가 아니었듯이 혼혼(昏昏)한 우(愚)도 단지 미친 사람의 어리석음이 아니다. 그 어리석음이란, 갓난아이의 마음으로 돌아가는 길을 아는 그것이며 유모를 귀하게 여길 줄 아는 마음이다.

　대성(大聖)은 바보(愚)와 같다. 공자도 영무자(甯武子)를 평하여 "그의 슬기(知)는 따를 수 있지만, 그의 우직함(愚)에는 따라갈 수 없다(論語 公治長篇)."라고 말하였으며, 지자가 우자가 되는 것은 우자가 지자되는 것보다 엄청나게 어렵다.

노자의 풍자가 예리함에도, 역설의 신랄함도, 그가 지혜의 과실은 먹은 '우인(愚人)'이라는 데서 나오는 것이다.

세상 사람들은 참과 거짓을 잘 가려내지만(대부분의 경우 일시의 망상에 지나지 않지만), 오늘의 참은 내일에는 거짓이요, 오늘의 잘못이 내일은 옳은 것이 된다. 이 와중에 시비가 생기고 모험, 질주와 같은 망상에 온 세상이 편하지 않다.

스트레스는 "나는 옳고 너는 그르다."고 생각하는 순간부터 생겨서 스스로의 몸을 옭아매어 옴짝달싹할 수 없다. 이 세상에 누가 그르다고 했는가? 옳고 그르다는 것은 애써 판결 지우려 하고 또 그 방법에 응한다. 걱정(스트레스)의 씨앗은 그때부터 싹트기 시작한다.

나는 어쩐지 홀로 아무것도 몰라 답답하여 보이고, 내 마음은 담백하여 마치 맑은 물과 흐린 물을 다 받아들여서 광활한 바다와 같고, 내 몸은 마치 광야에서 바람이 어디서 불어와서 어디로 돌아가는지 모르는 것 같다. 걱정거리는 여기서는 생길 수 없으니 스트레스란 단어는 완전히 남의 말로 되돌아가고 만다.

第二十一章 오로지 도를 따름

💬 孔德之容(공덕지용), 惟道是從(유도시종), 道之爲物(도지위물), 惟恍惟惚(유황유홀), 惚兮恍兮(홀혜황혜), 其中有象(기중유상), 恍兮惚兮(황혜홀혜), 其中有物(기중유물), 窈兮冥兮(요혜명혜), 其中有精(기중유정), 其精甚眞(기정심진), 其中有信(기중유신). 自古及今(자고급금), 其名不去(기명불거), 以閱衆甫(이열중보). 吾何以知衆甫之狀哉(오하이지중보지상재), 以此(이차)

노자가 말하는 '도(道)'를 설명한 장으로는 제1장, 제4장, 제14장 등을 들 수 있는데, 이 장에서 다시 공덕(孔德)의 모습, 말하자면 위대한 덕을 가지는 노자적 성인(聖人)의 풍모를 그리는 것을 주제로 하여, 그 성인(聖人)이 순순하게 체득하고 있는 근원적 진리, 도가 어떻게 실재하는가를 원리적으로 설명한다.

제1장의 도가 현(玄)하고 현(玄)한 중묘(衆妙)한 문, 제4장의 도는 "제(帝)보다 먼저 있는 만물의 종(宗), 제14장의 도가 이(夷), 희(希), 미(微)를 혼합해서 하나로 된다고 설명되고 있는데

이 장의 도는 "황홀(恍惚)하고 요명(窈冥)[6]한 실재로서 설명되고 있다는 점에 특징이 있다.

특히 황홀이라는 말은 '도(道)'의 형용사어로, 이미 14장에서 보았는데, 여기서는 요명(窈冥)이라는 형용어도 합해서 설명되어 한층 더 구

---

6. 그윽하고 어둡다. 이치가 심원한 모양

체적이고, 남녀의 교합작용에 발상의 기반을 가지고 있다고 생각되는 정(精)의 개념도 새로이 더해져서 지극히 특징 있는 '도(道)'의 설명으로 보인다.

오직 도(道)는 텅 빈 것을 덕(德)으로 삼는 만물의 동작에만 따른다. 어디에나 있는 도는 다만 어렴풋할 뿐이다. 있으면서도 꼴이 없는 가운데 동작이 있고, 없으면서도 꼴이 있는 가운데 형상이 있다. 깊숙하고 아득한 가운데 에너지가 있고 아득하고 깊숙한 가운데 진리가 있다. 예로부터 지금까지 도(道)라는 이름은 언제나 있었고, 만물의 근원이 되고 언제 만물이 생겼는지 그 내력을 알 수 있다. 큰 덕을 가진 사람의 모습은 도(道)에 따르고 있는 것이다.

지금부터 옛날로 올라가 보아도 도(道)는 사뭇 계속해 있었으며 (도의 활동 중에) 모든 것의 시작을 볼 수 있다. 왜 그런가 하면 도가 쭉 존재하고 있었으며, 현묘한 생성활동을 하고 있었기 때문이다. 큰 덕을 지니고 있는 모습은 그저 도를 따를 뿐이다.

대저 도라는 실체는 어두컴컴하여 뚜렷하지 않고 깊숙하고 희미한 곳에 영묘한 정기로 가득하다. 그 정기는 더할 나위 없이 건실하고 그 안에는 창조자라는 증명이 있다. 말하자면, 무수한 족장(族長)들을 다스리는 본가의 총령이라고 말할 수 있다.

공덕(큰 덕)을 가지고 있는 성인은 오로지 도를 따름으로써 이 세계의 있는 그대로의 모습을 체시(諦視)할 수 있다는 것이 이 장의 끝맺는 말이다.

第二十二章 자연에서 배우는 겸손의 위력

💬 曲則全(곡즉전), 枉則直(왕즉직), 窪則盈(와즉영), 敝則新(폐즉신), 少則得(소즉득), 多則惑(다즉혹). 是以聖人抱一爲天下式(시이성인포일위천하식). 不自見故明(부자견고명), 不自是故彰(부자시고창), 不自伐故有功(부자벌고유공), 不自矜故長(부자긍고장). 不唯不爭(부유부쟁), 故天下莫能與之爭(고천하막능여지쟁). 古之所謂曲則全者(고지소위곡즉전자), 豈虛言哉(개허언재). 誠全而歸之(성전이귀지)

구부러진 나무는 수명을 다하고 웅크리고 있으니 똑바로 되고, 물은 패여 있는 곳에 채워진다. 의복은 찢어졌으므로 새롭게 될 수 있고, 욕심이 적으면 만족감을 얻을 수 있으며, 아는 게 많으면 오히려 어지러워진다. 그러므로 성인은 즉, 도를 품고 있어서 세상 사람들이 우러러보는 모범이 된다. 자기 스스로 아는 것이 많다고 말하지 않으므로 모든 일이 잘 보이게 된다.

스스로 옳다고 하지 않으므로 시비가 분명해진다. 자기 스스로 공(功)을 자랑하지 않으므로 공을 지킬 수 있다. 스스로 재주와 지능을 자랑하지 않으므로 오래 간다. 아무와도 싸우지 않으니 세상 사람들은 그와 싸울 수가 없다. 휘어지면 완전해지고, 구부려야 곧게 펴진다는 의미는 어폐로 들릴 수도 있으나, 진실로 온전함을 보존하여 돌아가라.

노자와 관련된 일화로, 한 제자가 노자에게 인생에 있어 무엇이 중요한지 가르침을 받고자 하니, 강경한 '이빨'이 되는 것보다 유연한 '혀'가 되라고 했다는 이야기가 있다.

그는 직선적인 사람의 방도보다는 곡선적인 인생의 모습을 사랑한다. 그리고 나를 항상 사람 앞에 밀어내고 서로 다투면서 앞서려는 처세보다는 남의 뒤에서 천천히 걷는 무리 없는 처세를 즐긴다. 만사에 무리를 하지 않기 위해서 길을 돌아서 가고, 오탁(汚濁- 더럽고 흐림)에 몸을 던지고, 굴욕을 달게 받는다. 노자가 덕(德)이란 것이 '싸움질하지 않는 것'으로 주장하는 것도 이 때문이다. 지고서도 이기는 인생을 강조하는 것도 같은 맥락이다.

여기서 잠깐 생각할 문제를 짚고 넘어가자.

인생사란, 특히 요즘과 같이 경쟁이 심한 사회에서는 날이 갈수록 더해지는데, 크고 작은 싸움, 갖가지의 싸움 방도, 어떤 사람은 투쟁이란 이름으로 미화하지만, 내용에 있어서 발생 동기, 발생과정, 해결 수단 등은 시간이 갈수록 교묘해지고 악랄해져서 수단과 방법의 실타래를 찾기 어렵게까지 한다. 사회가 이리저리 뒤엉켜서 서로의 몸과 정신을 동아줄로 꽁꽁 묶고 있는 거나 다름없다. 고통의 비명도 가지각색이다. 여러 가지 비명도 목적달성의 수단일 때가 많다. 이러한 사회에서 살면 스트레스의 도가니 속에서 여러 가지 싸움이 벌어지게 되어 있다. 현대는 많이 발전=후퇴를 하고 이의 심각성을, 으뜸가는 해결방법, 즉 여기서 제시하는 '부쟁(不爭)의 덕'을 설명하는 것도 엄청나게 증가하는 스트레스를 해소하기 위해서이다.

"지고서도 이긴다."라는 말은 단면만 보면 확실히 무기력한 패배주의자이며 소극적 수단이기는 하나, 다른 면에서 보면 이만큼 넉살 좋고 대담한 우유부단은 없다고 말할 수 있다. 보는 방향을 바꾸면 이만큼 집요한 자기주장은 없고 이만큼 끈질기고 강한 승리의 집념은 없다고 말할 수 있다.

밟아 뭉개지는 것을 겁내지 않는 잡초의 정신이야말로 사람을 종종 궁극적으로는 승리로 이끌어가기 때문이다. '밟아 뭉개지는 것을 겁내지 않는' 일상 일들을 생각해보자. 잡초들의 놀라운 스트레스 대처 방법이다.

역경을 기회로 삼고 이것을 뚫고 나가서 승리의 기쁨을 만끽하게 된다.

第二十三章 무언(無言)의 가르침

💬 希言自然(희언자연), 故飄風不終朝(고표풍부종조), 驟雨不終日(취우부종일). 孰爲此者(숙위차자), 天地(천지). 天地尚不能久(천지상불능구), 而況於人乎(이황어인호). 故從事於道者(고종사어도자), 道者同於道(도자동어도), 德者同於德(덕자동어덕), 失者同於失(실자동어실). 同於道者(동어도자). 道亦樂得之(도역락득지). 同於德者(동어덕자), 德亦樂得之(덕역락득지). 同於失者(동어실자), 失亦樂得之(실역락득지). 信不足焉有不信焉(신불족언유불신언)

『장자』 지북유편(莊子 知北遊篇)에 "도를 아는 사람은 말을 하지 않고, 말을 하는 사람은 도를 알지 못한다(夫知者不言 言者不知)."라고 했듯이, 노자는 또 궁극적으로 진실한 말은 말하지 않는 말, 즉 '희언(希言)'이라고 설명한다.

말하지 않는 말로 자연이고, 도를 체득한 무위의 성인의 말이다. 도는 아무 말 하지 않고 모든 진리를 스스로 말한다.

인간은 여러 가지 왈가왈부하여 이것저것 핑계를 대고 짐짓 위엄부리는 변명을 한다든지 하는데, 도는 묵묵히 그저 조용히 위대한 조화의 일을 전개해 나간다. 그러면서도 이것이 내가 한 일이라고 소리치지도 않는다.

도(道)의 세계에서 말 없는 말을 '희언(希言)'이라고 파악하고 그 소리 없는 소리를 '자연(自然)'이라고 설명할 수 있다. 들어도 들리지 않는 도(道)의 말은 유구하고 무위자연이다. 따라서 시끄러운 회오리바람은 아침 동안 지속되지 않으며 무서운 소나기도 하루종일 계속되지 않는다. 바람을 불게하고, 비가 오게 하는 것은 누구인가? 그것은 천지가 한 일이다. 그러므로 무위자연을 따르면 '도(道)'라고 하면 그 도와 하나가 되며 '덕(德)'이라면 그 덕과 하나가 된다. 도와 하나가 되면 도 또한 그를 맞아 즐기며, 덕과 하나 되면 덕 또한 그를 믿어서 즐거워하며 실덕(失德)이 하나 되면 실덕도 그를 맞이하여 즐거워한다. 무위자연의 명확한 증거를 잃은 말은 아무에게도 신뢰를 얻지 못한다.

"희언(希言)은 자연(自然)이다." 이 한마디는 제17장에 있는 "유(悠)하며 그 말을 잊어버린다." 여기서 유(悠)는 망언(忘言)의 경지에서 느긋하게 자적하고 있는 모습을 뜻하며 이 문장과 같은 의미의 글이다.

14장에는 "이것을 들어도 들리지 않고 이름하여 희(希)라고 한다."라는 말도 있다. 따라서 희언(希言)이란 들어도 들리지 않는 말, 인간의 청각으로는 그것을 잡을 수 없으니 묵묵히 위대한 조화의 공을 해치우고, 말없이 일체의 진리를 말하고 있는 소리 없는 소리를 말하며, '자연'이란 그것이 인위를 넘어서 도의 본래의 본성 그대로이다. 인위의 유한성을 넘어서 유구 영원하다고 말한다. 더욱이 이 한 구(句)를 "희(希)를 자연이라 한다."라고 읽기도 하는데 이것은 택하지 않겠다. 『장자』(莊子)의 지언(至言)과 같은 식의 표현방법이라고 해석되어 이 장은 도(道)와 언(言)과 신(信) 관계를 주제로 하고 있다고 해석되기 때문이다.

천지가 하는 일도 부자연스러워 오래 가지 못하거늘, 하물며 보잘것 없는 인간이 하는 일, 즉 인위적인 일로 예를 들면 공자가 말하는 인설(仁說)과 맹자가 말하는 인의설(仁義說), 묵자(墨者)의 겸애설(兼愛說) 및 양주(楊朱)가 말하는 귀아설(歸我說), 공손룡(公孫龍)의 백마비마론(白馬非馬論)과 또 그 밖의 상앙(商鞅)과 같은 사람이 말하는 부국강병설(富國强兵說) 등은 모두 인위적이요 비자연적이기 때문에 얼마 안 가서 자취를 감추게 된 것이다.

그러므로 무위자연의 도에 종사하는 사람은 자연히 도와 같이 있게 되어 무위(無爲)로 일을 삼고 무언(無言)을 가르침으로 삼는다.

第二十四章 부자연스러운 행동은 버린다

💬 企者不立(기자불립), 跨者不行(과자불행), 自見者不明
(자견자불명), 自是者不彰(자시자불창), 自伐者無功(자벌자무공), 自矜者不長(자
긍자부장), 其在道也(기재도야), 曰餘食贅行(왈여식췌행), 物惑惡之(물혹악지),
故有道者不處(고유도자불처)

　『노자』에서 무위(無爲)라는 것은 인위인지(人爲人知)의 영리한 체함을
버리고 있는 그대로의 모습으로 행동하는 것이다. 있는 그대로 행동
하면 무리하지 않을 것이다.

　나의 본래의 본성이 어떠한지 투철히 자각하여 그 본성에 쓸데없는
것을 덧붙이지 말 것, 버릴 수 있는 것을 버릴 일이다. 그것은 물질을
필요 이상으로 가지지 않는다는 뜻이고 거기에 더하여 자기 자랑하
는 기분, 우쭐함이나 지지 않으려고 기를 쓰는 일 등의 일체의 허영
과 허식을 잘라 없애버린다는 것을 의미한다. 거기서 명성이나 공로
등도 그 자체는 부정되지는 않으나 명성도 스스로 나타난다. 무작위
한 그대로의 것이어야 긍정적인 평가를 받고, 업적도 그것을 자기의
업적으로 이해하고 있는 동안에는 벌써 자기 업적으로서의 가치를 잃
게 된다고 한다.

　중요한 것은 그것이 있는 그대로의 것, 스스로 그렇게 된 것이라야
한다는 것이다. 무리하게 노력하여 인위적인 잔꾀에 의해서 이루어졌
다면 그것을 버려야 할 먹다 남은 밥, 없으니만 못한 행동이라고 보는

것이 노자의 입장이다. 있는 그대로에 맡기고 무리를 하지 않고 사는 방법, 무리하지 않으므로 벅차지 않은, 일부러 만들어서 하지 않는 인생 태도를 설명한다.

발돋움하고 있는 사람은 걸을 수 없다. 나를 자랑하면 그 존재는 분명해지지 않는다. 내가 옳다 하면 선도 나타나지 않게 된다. 나의 공을 자만하면, 그 공은 허공을 날게 된다. 내가 우쭐해하면 멀지 않아 앞길이 막힌다. 이 같은 부자연스러운 행위야말로 무위의 태도에서는 먹다 남은 밥, 또는 필요 없는 행위라고 부른다. 누구든 항상 싫어하며 들떠보지 않으므로

'도(道)' 안에서 사는 사람은 그런 곳에 몸을 두지 않는다.

第二十五章 근원으로서의 도(道)

💬 有物混成(유물혼성), 先天地生(선천지생). 寂兮寥兮(적혜요혜), 獨立而不改(독립이불개), 周行而不殆(주행이불태), 可以謂天下母(가이위천하모). 吾不知其名(오부지기명), 字之曰道(자지왈도), 强爲之名曰大(강위지명왈대). 大曰逝(대왈서), 逝曰遠(서왈원), 遠曰反(원왈반). 故道大(고도대), 天大(천대), 地大(지대), 王亦大(왕역대). 域中有四大(역중유사대), 而王居其一焉(이왕거기일언). 人法地(인법지), 地法天(지법천), 天法道(천법도), 道法自然(도법자연)

이 장에서는 노자 철학의 근본 개념, 도(道)에 대하여 원리적으로 설명한다.

일반적으로 노자 안에는 즉물적(卽物的) 서술 또는 구상적(具象的) 비유가 많은데, 현빈(玄牝)의 문, 빈빈(牝牝)의 합 등의 아주 소박한 표현이 눈에 띄는 한편, 『장자』에서 보이는 이(理), 성(性) 등과 같은 철학적 개념은 아직 보이지 않고 있는데, 도(道)에 관한 논술은 그것과는 대조적으로 고도의 형이상학적 사색과 이론적 반성을 나타내고 있다. 그것이 노자 본래의 것인지 후차적으로 부가되고 심화된 것인가에 대한 문제는 가볍게 논할 수 없는데, 그것은 어쨌든 『노자』에 있어서 도에 관한 논술이 『장자』의 그것과 많은 공통, 유사성을 가진다는 사실은, 노장의 도의 철학을 기본적으로 성격을 생각하는 데 중요한 의미가 있는 것이 아닐까?

혼돈하게 하나가 된 그 무엇이 천지개벽 이전부터 존재하고 있었다. 그것은 죽은 듯이 쓸쓸하고 조용하며, 소리도 없고 어렴풋하여 모양도 없고 아무것에도 의존하지 않으며, 아무것에도 변하지 않고 만상(萬象)에 넓게 나타나서 그치는 곳이 없다.

그것은 세계를 생성하는 큰 어머니라고도 말할 수 있겠는데, 나는 그 여자의 이름도 모른다. 잠정적으로 부르는 이름을 도(道)라고 해놓고 보자. 무리하게 이름을 붙인다면 큰 대(大)라고나 할까? 이 큰 것은 크기 때문에 흘러 움직이면 멀리 저 멀리 아득한 넓이를 가지고, 멀고 아득한 넓이를 가지게 되면 다시 원래의 근원으로 돌아보게 된다. 그래서 도는 큰 것이다 불리는데, 큰 것이다 하면, 하늘도 크고, 땅도 크고 제왕도 크다. 이를테면, 세계는 네 개의 큰 것이 존재하는데 제왕이 그중의 하나를 차지하고 있다. 그 제왕 인류의 지배자로서 대지(大地)의 본성을 따라서 가고 대지는 더욱더 하늘의 본성에 따르고 도는 근본적인 본성 자연이기 때문에 도는 그저 자연을 본받아 자유자재한다.

『노자』에 "멀면 이리로 돌아온다."라고 했으며 『주역』에는 "멀지 않아서 돌아온다." 라고 말할 때 그 발상의 기반에는 고향을 중심으로 하는 옛날 사람의 행동양식을 생각한 것 같다. 다시 말하면, 고향을 떠나 원행(遠行)을 하는 사람은 언젠가는 반드시 고향으로 돌아온다는 것을 전제로 하는 것으로 그 행동 범위가 아무리 넓더라도, 아니 넓으면 넓을수록 돌아온다는 것이 절실한 관심사가 되는 것이다. 노자도 만물의 근원으로서의 도를 언젠가는 돌아와야 하는 나의 고향이라고 생각한다. 만물은 인간을 포함해서 도의 작용으로 해서 생성전개(生成展開)된 것인데, 도(道)와의 거리는 멀고 먼데 언젠가는 도에 복귀할 존재이며, 이것을 도의 입장에서 생각하면 도(道)는 머나먼 삼라만상 속에 나타나 있는 것인데, 그 간다는 동시에 돌아간다는 것을 포함하고 있다. 말하자면 도(道)는 그 조화작용에 의하여 시시각각으로 삼라만상을 생성 전개한다.

생성 전개하는 만상의 움직임에 따라서 도를 생각하면 도는 가는 것인데, 도는 또한 그들의 움직임의 일체를 포함해서 광대무변하며, 그 자체로서는 침착하고 당황하지 않으므로 변하지도 않고 없어지지도 않는다.

도의 작용은 하늘과 땅과 인간을 통해 드러나고 상호 조명되게 되어 있다는 것이 노자의 통찰이었다.

도(道)가 만상에 나를 나타내어 얼마 안 있어 나에게 돌아오는 무한순환을 논리적으로 말하는 것이다.

일반적으로 중국 사람의 사고방식에는 가는 것보다 돌아오는 것을 중요시하여 간다는 것을 중요하게 생각할 때도 반드시 돌아온다는 것을 어디서인가 생각하는데, 그것은 도(道)를 중요시 생각하기 때문인데 도(道)에서 나와 도(道)로 돌아가는 순환운동이 일체 현상을 생각하는 근원에 자리 잡았기 때문이다.

도는 인간이나 천지를 그것 자체로서 있게 하는 궁극적인 진리이므로 하늘뿐 아니라 땅과 사람도 물론 도를 기점으로 삼고 따른다. 사람에서 땅으로, 땅에서 하늘로, 하늘에서 도로 단계적 서술은 가까운 곳에서 먼 곳으로 파급해가는 문장표현의 수사학으로 노자의 깊은 사유가 돋보인다. 그리고 도(道)는 자연을 기준으로 삼고 따른다고 말한 것도, 도(道)의 본질적 본성이 자연(인간과 같은 잔꾀를 부리지 않는), 있는 그대로의 유구 영원한 본성이라는 것을 표현하는 데 기준으로 삼고 따른다고 말한 것이다.

산의 푸르름도, 물의 푸르름, 푸르름 일색의 봄의 천지인데, 그 푸르름에는 무한한 변화가 있다. 그 푸르름의 무한한 변화를 그대로 품고, 녹색과 천지를 일색으로 물들여 놓았다. 거기에는 어떤 초목도 나만이 진짜 푸르름이라고 주장하며 다른 푸르름을 배척하는 일이 있을 수 없다. 각자가 자기의 녹색을 가지고 있으면서 다른 푸르름과 하나 되어, 봄의 산과 들을 끝이 보이지 않는 곳까지 충실하게 하고 있다.

하나의 인간이 곧 무한한 우주를 드나들며, 무한대가 그냥 그대로 무한 속에 쌓여 사라지고 있다. 영(零)이 아니면 무한(無限)이다.

노자는 천지에 앞서서 태어난 도를 고요하다, 공허하다, 독립해서 고치질 않는다고 근원적 실제의 세계로 설명한다.

노자의 도를 춘산추수(春山秋水)로써 눈앞에 바라보며 적막한 천지 사이에서 우두커니 서 있는 것이다.

노자의 도는 후세의 선사 생애를 통해서도 끊임없이 살아 있다. 우리는 노자와 참선과의 밀접한 관계에 대한 실마리를 이 속에서 볼 수 있지 않을까?

第二十六章 묵직하고 조용하게 사는 삶

重爲輕根(중위경근), 靜爲躁君(정위조군), 是以聖人終
日行(시이성인종일행), 不離輜重(불리치중), 雖有榮觀(수유영관), 燕處超然(연처
초연), 奈何萬乘之主(내하만승지주), 而以身輕天下(이이신경천하), 輕則失本(경
즉실본), 躁則失君(조즉실군)

　　노자가 끝이 뾰족한 것보다 둔하고 무거운 것을, 격하게 움직이는
것보다 조용하게 안정적인 것을 중요시한다는 것은 앞에서 밝힌 바
있다. 이 장도 가벼운 것, 시끄러운 것을 피하고 무겁고 조용한 것을
지킨다. 중심(重心)을 밑으로 내린 무위의 성인은 조용한 처세술을 펴
고 있다.

　　무거운 것은 가벼운 것의 뿌리가 되고 조용한 것은 시끄러운 것의
주인이 된다. 따라서 무위의 성인은 종일 행군을 해도 짐수레에서 손
을 놓지 않고 아름다운 경치가 있어도 초연하게 거실에서 유유자적한
다. 어찌하여 제왕이나 되는 사람이, 천하에 대하여 내 몸을 가볍게
행동하는가? 가볍게 행동하면 근본이 되는 나를 잊어버리게 되고 시
끄러우면 지배자로서 지위를 잃어버리게 된다. 무거운 것이 가벼운 것
의 근본이 되고, 가만히 조용한 사람이, 시끄럽게 움직이는 사람을
지배하게 된다. 이를테면, 경솔하게 망동하는 사람은 묵직하고 신중
한 사람에게 최후에는 눌리고, 성급하고 침착하지 못하고 움직여대는

사람은 침착하게 자리 잡고 있는 사람에게 결국은 지배당한다.

묵직하고 조용한 것은 말할 나위 없이 도(道) 또는 도(道)를 체득한 사람이며, 경솔함은 만상(萬象) 또는 도(道)를 근원으로 알지 못하는 사람의 자태인데, 묵직하고 조용한 것을 여성적이라고 보고, 경솔하고 시끄러운 사람을 남성적이라고 생각할 수도 있다.

가볍고 움직이는 사물의 배후에는 무거워 움직이지 않고 고요히 있는 물 자체 즉 도(道)가 있다.

도(道)를 어찌하여 무겁고 고요한 것이라고 하는가. 모든 물건을 가벼우면 움직이고 무거우면 가만히 있다. 도(道)는 움직이는 사물 가운데 움직이지 않고 가만히 있는 존재다. 그러므로 무겁고 고요한 것이라 한다. 무거움으로 모든 가벼운 사물을 실을 수 있고 고요하므로 모든 시끄러운 사물을 지배할 수 있다.

이러하므로 도(道)를 체득한 성인은 사물이 천태만상(千態萬象)으로 변화하는 현상계에서도 항상 고요하고 무거운 도를 파악하고서 모든 사물을 지도하고 제재하고 처리하여 나간다. 비록 세상 사람의 눈으로 보면 아주 훌륭하고 위대하고 영화스러운 일이라고 할지라도 성인은 유유자적한 태도로 그런 것을 대수롭지 않게 여기고, 취하지도 않으며 높이 추월하여 도(道)의 세계에 처하여 있다.

하물며 이 세상에서 하늘을 대신하여 천하의 온 백성을 다스리는 철인정치가(哲人政治家)의 몸으로서는 어찌 천하를 하나의 자기 물건같이 가볍게 취급할 수 있겠는가? 만일 이러한 위치에 있는 지배자가 언어나 행동이 경솔하고 천하를 물건같이 가볍게 여기면 반드시 나라의 근본인 백성을 잃게 된다. 또 백성들이 경거망동하면 현명한 임금을 잃게 된다. 그러므로 사람은 항상 사물의 배후에 숨어 있는 도(道)에 근거하여 정중하게 행동을 해야 한다.

第二十七章 선(善)은 도 안에 몸을 두는 것

💬 善行無轍迹(선행무철적), 善言無瑕讁(선언무하적), 善
數不用籌策(선수불용주책), 善閉無關楗而不可開(선폐무관건이불가개), 善結無繩
約而不可解(선결무승약이불가해), 是以聖人常善救人(시이성인상선구인), 故無棄
人(고무기인), 常善救物(상선구물), 故無棄物(고무기물), 是謂襲明(시위습명), 故
善人者(고선인자), 不善人之師(불선인지사), 不善人者(불선인자), 善人之資(선인
지자), 不貴其師(불귀기사), 不愛其資(불애기자), 雖智大迷(수지대미), 是謂要妙
(시위요묘)

이 장은 노자가 말하는 '선(善)'에 대하여 설명한다. 노자에 있어서는
선이란 물과 같이 어떠한 틀에 얽매이지 않는다는 것이고, 과실(果實)
이 익어가는 것처럼 스스로 매사를 해치우는 것인데, 세속의 선(善)과
불선(不善)한 것을 알고 무위(無爲)의 행위에 안심하고, 선악 상대의 입
장을 넘어서 있는 그대로의 도(道)의 세계에 몸을 두는 것이다.

말하자면 무위자연으로 있는 것이 선이고, 인간의 잔꾀를 버리므로
일체의 존재를 있는 그대로 받아들이는 것이 무위자연이므로 소위
말하는 선인(善人)을 긍정함과 동시에 불선인(不善人)마저 돌보지 않는
일이 없다.

『노자』의 선(善)은 악(惡)과 근저에 있어서는 하나이며, 악마저 용서
하여 포용하는 선이다. 선과 악을 엄하게 구별하여 선이 아니면 악
이 아니면 선이라고 말하듯이 명쾌하게 자르는 이자택일적인 것이 아

니다. 그의 사고방식에는 선도 없고 악도 없는 곳에서, 선을 보고, 또 악을 보려고 한다. 그러므로 선이 구제받음과 동시에 악도 구제받게 되어 선이 그것을 선으로 자랑한다면 벌써 선이 되지 못한다.

세상 사람들은 선(善)과 악(惡)으로 구별 짓기를 좋아하고 그것 때문에 서로 아웅다웅 사정없이 싸우는 일이 얼마나 많은가? 우리 사회에 선과 악을 흑백 가르듯이 하여 가정, 나아가서 사회 전반에 걸쳐 사람들은 무수히 고민, 고통, 불행으로 몸살을 앓지 않는가? 여기서 우리는 스트레스의 큰 요인을 발견한다. 선과 악은 항상 변하는 것, 모두 받아들이는 마음가짐은 마음을 평화롭게 하는 데 큰 도움이 되지 않을까? 이 점 유념해서 노자의 가르침을 되풀이 읽어 보고 흑백 가르듯이 판단하는 것을 없애는 것이 스트레스 해소에 가장 좋은 방법임을 확인할 수 있을 것이다.

노자의 악은 선과 상대적인 것으로써, 그것은 선의 모습을 놓쳐버린 상태, 또는 선에 대해서 눈뜨지 못한 무자각(無自覺) 상태를 부르는 말에 지나지 않는다. 노자는 선과 악을 근원적으로 일체라고 보고, 악은 선과 연속적 존재로 파악하는 것이다. 노자는 악은 본질적으로는 '갈피를 잡지 못해 헤매는 일'이라고 보고, 그 자체로써 존재하는 것은 아니었다.

무위하며 잘 가는 사람은 차 바퀴의 흔적을 남기지 않고, 무위하며 말을 잘하는 사람은 말에 흠이 없고, 무위하며 셈을 잘하는 사람은 셈할 때 쓰는 산자기 같은 것을 쓰지 않는다.

최선의 문단속은 빗장을 걸지 않아도 열 수 없는 것이며, 가장 좋은 짐싸기는 새끼줄로 동여매어도 풀리지 않는 것이다.

그러므로 무위의 성인은 항상 사람을 잘 살린다. 따라서 어떤 사람이든 돌보지 않는 일이 없다. 항상 재물을 소생시켜서 사용하고, 따라서 어떠한 재물이든 내버려 둔 채 돌보지 않는 일이 없다.

이것을 명확한 지혜를 몸에 지니고 있다고 하는 것이다. 그리하여 착한 사람은 나쁜 사람이 배워야 할 선생이 되고, 나쁜 사람은 착한 사람이 반성하는 데 도움이 된다. 나의 스승을 존경하지 않고 나의 자질을 소중하게 여기지 않으면 지자(知者)이면서도 어찌할 바를 모르게 된다. 이것을 현묘한 진리라고 한다.

이러므로 자연의 도를 본받는 성인은 자연의 관점에서 인간을 볼 때 선악의 가치를 그렇게 대단한 것이 아니라고 본다. 절대적으로 선한 사람도 절대적으로 악한 사람도 없다. 선인과 악인의 자격은 종이 한 장 차이다. 그러므로 도덕적으로 악한 사람이라도 버리지 않고 모두 구원할 수 있다. 이때 이곳에서는 사용가치가 풍부하지만 저 때 저곳에서는 가치가 없게 된다.

이와 같이 사람을 잘 구원하고 물건을 잘 구제하면 버릴 물건이 없다. 이처럼 사람을 잘 구원하고 물건을 잘 구제하는 방법을 노자는 예로부터 전하여 내려오는 지혜로운 일이라 했다.

第二十八章 남성성과 여성성의 조화

💬 知其雄(지기웅), 守其雌(수기자), 爲天下谿(위천하계). 爲天下谿(위천하계), 常德不離(상덕불리), 復歸於嬰兒(복귀어영아). 知其白(지기백), 守其黑(수기흑), 爲天下式(위천하식). 爲天下式(위천하식), 常德不忒(상덕불특), 復歸於無極(복귀어무극). 知其榮(지기영), 守其辱(수기욕), 爲天下谷(위천하곡). 爲天下谷(위천하곡), 常德乃足(상덕내족), 復歸於樸(복귀어박). 樸散則爲器(박산즉위기). 聖人用之(성인용지), 則爲官長(즉위관장), 故大制不割(고대제불할)

여기에는 인간의 이상적인 자세에 대하여 한 가지 근본적인 법칙이 있다.

남자의 강함을 알아차리고 나서 여자의 약함을 유지한다면 온 천하의 저변에 있는 계곡이 된다. 온 천하의 계곡이 되면 언제까지나 변하지 않는 덕(德, 道의 작용)이 몸에 갖추어져 있어 갓난아기의 왕성한 생명력으로 되돌아갈 수 있다. 드러나서 화려한 영달의 지위를 맛본 뒤에 부끄러운 곤궁한 몸을 편안하게 느끼게 되면, 온 천하의 밑바닥에 위치하는 협곡이 된다. '만천하의 협곡'이 되면 '가득 차서 항상 변하지 않는 ' 덕이 차고 넘치며 원목(樸)의 자연스러운 소박함에 되돌아갈 수 있지 않겠는가.

세상에서 외치는 '정의'를 인정하고 나서, 부정한 입장에 달게 서서 몸을 두게 된다면, 온 천하의 사람이 모범으로서 우러러보는 모델이 된다. 온 천하의 모델이 되면 항상 변치 않는 덕에 일그러짐이 없고, '항상 변치 않는' 덕에 일그러짐이 생기지 않으면, 끝이 보이지 않는 넓은 도의 세계에 들어서게 된다.

이 장에서는 노자의 철학을 요약해서 해설하는 『장자』의 「천하편(天下篇)」에도 "수놈을 알고 그 암놈을 지키면 천하의 계곡이 된다. 깨끗한 것을 알면서도 더러운 것을 지키면 천하의 골짜기가 된다."라고 하였다.

자(雌, 牝, 母) 또한 도의 본성을 설명하는 말로, 여기서는 남성적 본질을 충분히 이해한 여성, 남성을 꿰뚫어 아는 여성적인 본성을 설명하고 있는 데에 하나의 사상적 특색이 보인다.

남성적인 강인성은 무엇인가 분별하고 나서, 여성적인 유연성을 사뭇 가지고 나면 온 세상이 친근하게 따라오는 계곡이 되고, 세계 전체가 그리워 찾는 큰 계곡이 되면 항상 불변의 무위(無爲)의 덕(德)이 몸에 머물러 갓난아기의 마음인 무지무욕으로 돌아간다.

갓난아기(嬰兒)는 앞에서도 여러 번 나왔다. 어른들의 음란한 욕망으로 어지럽고 더러워지는 일이 없는 깨끗한 몸과 마음을 지니고 있는 존재로, 노자는 종종 아는 게 없고 욕심이 없는 도를 닦은 사람의 본성을 그것에 비유한다. 그리고 소박하고 자연스러운 것의 상징으로도 사용된다.

로고스의 명석함이 무엇인가 분별한 뒤에 온 세계가 그에게 본받아 큰 사표(師表)가 되어 항상 불변의 무위의 덕에 틀리지 않고 끝없는 도(道)의 세계의 근원으로 돌아선다. 인간 세상의 영달이란 무엇인가를 알고 난 뒤에 오욕의 생활에 꼼짝 않고 즐거이 지낸다면 세계 모두가 복으로 돌아오는 큰 계곡이 되고, 세계 전체가 기복하는 큰 계곡 사이가 되면 항상 불변의 무위의 덕으로 꽉 메우고 원목의 소박함에 그대로 돌아간다. 자연의 소박함에서 원목(樸)은 뿔뿔이 잘려 나누어져 사람이 사용하는 기물이 되는데, 성인은 그와 같은 기물은 아니고, 원목 그대로를 활용한다. 이 원목(樸)의 최상은 원목 그대로 잘라서 나누는 일이 없는 것이다. 정말로 훌륭한 지도자는 자르는 일은 하지 않는다.

따라서 결론을 말하면 이렇다. 큰 절단은 인위의 절단을 사용함이 없고 원목(樸)의 소박성을 그냥 그대로 완수하는 것이다.

第二十九章 극단적인 위(爲)를 삼간다

將欲取天下而爲之(장욕취천하이위지), 吾見其不得已
(오견기불득이). 天下神器(천하신기), 不可爲也(불가위야). 爲者敗之(위자패지),
執者失之(집자실지). 故物或行或隨(고물혹행혹수), 或歔或吹(혹허혹취), 或强或
贏(혹강혹리), 或載或隳(혹좌혹휴). 是以聖人去甚去奢去泰(시이성인거심거사거
태)

현대 사회에는 천하를 뺏으려고 마음먹고 그것을 위해서 인위적으
로 뛰어다니는 사람이 있으나, 그런 방법으로는 도저히 될 일이 아니
다. 천하라는 것은 영묘한 그릇이어서 인위적으로 뛰어다녀서 어떻게
되는 것이 아니다. 천하라는 그릇에 대하여 인위적으로 무엇인가를
하려고 하면 그것을 부수고 말며, 잡으려고 하면 빠뜨리고 만다.

천하를 향해서 사람들이 하는 행동은 여러 가지로 다양하다. 예를
들면, 자기 혼자서 선두를 달리는 사람이 있는가 하면 꼴찌로 달리는
사람이 있다. 강한 태도를 보이는 사람이 있는가 하면 약한 태도를
하는 사람도 있다. 사정이 이러하므로 이상적 통치자인 성인은 극단
적인 인위로 치닫는 일이 없고 도는 지나친 행위를 그만두고 과장된
행동을 삼간다. 『장자』에서 말하듯이 짧은 오리 다리를 길게 늘이려
하거나 긴 황새 다리를 짧게 하려는 것은 고통만 가져다줄 뿐이다.

혼돈(混沌)은 『장자』에 실린 고사에서 온 말이다. 혼돈이라는 생물

이 있었는데, 눈도, 코도 입도, 귀도 항문도 음문도 없었다. 이를 보고 불편하겠다고 여겨 여섯 구멍을 뚫어주었더니 그 생물은 그만 죽어버렸다. 재주와 지모가 지나쳐서 본성에 어긋나는 일을 하면 몸을 망치기 쉽다는 교훈을 주는 우화이다. 여기에서의 이 비유를 따서 타고난 본연의 성품을 이르는 말로 쓰이고 있다.

천하를 감쪽같이 가로채서 잘하려고 하는데 나는 그것이 잘못이라고 알고 있다. 천하라는 것은 이상한 보잘것없는 물품인데 사람의 힘으로는 어떻게 할 수 없다. 잘해보려고 하면 그것을 망가뜨리고 손으로 잡으려고 하면 그것은 손에서 빠져나가게 된다. 세상에 존재하는 것은 가지가지인데 혼자서 걷는 사람이 있는가 하면, 사람의 궁둥이에 따라다니는 사람도 있다. 숨을 들어 쉬는 것도 있고 내쉬는 것도 있다. 어느 사람은 완강한가 하면, 어떤 사람은 비약하다 한다. 어떤 이는 좌절하고 어떤 이는 타락한다. 도는 지나치지 말아야 하고, 사치를 버리고 우쭐거리지 말며 대상의 자연에 그대로 따라가는 것이다.

현재 우리에게 가장 요구되는 것은 자연이나 국가를 대할 때 함부로 설치는 대신 차분한 마음으로 거기에 내재한 흐름을 파악하고 거기에 순응하겠다는 더욱 겸허한 마음가짐이 아닐까?

第三十章 전쟁은 최대의 반자연(反自然)

💬 以道佐人主者(이도좌인주자), 不以兵强天下(불이병강천하). 其事好還(기사호환). 師之所處(사지소처), 荊棘生焉(형극생언), 大軍之後(대군지후), 必有凶年(필유흉년). 善者果而己(선자과이이), 不敢以取强(불감이취강). 果而勿矜(과이물긍), 果而勿伐(과이물벌), 果而勿驕(과이물교), 果而不得己(과이부득이), 果而勿强(과이물강). 物壯則老(물장즉로), 是謂不道(시위불도). 不道早己(불도조이)

이 장은 인위적으로 '천하를 빼앗는' 일이 불가하다고 논하고 있는 전 장과 관련하여 군대를 가지고 천하를 강하게 하는 일, 말하자면 무력으로 세계를 제패하려는 부도덕하다고 부정하며, 그 당시 통치자들의 최대의 관심사인 부국강병의 군국주의를, 국민들의 생활을 밟아 뭉개는 권력의 오만함을 매우 엄하게 비판한다.

노자는 반드시 전쟁을 절대적으로 부정하는 것은 아니고 '할 수 없이 이것을 사용하는' 경우가 있다는 것을 인정하는데, 노자가 전쟁을 비판하고 부정하는 중요한 이유는, 그것이 무위자연(無爲自然)의 진리에 어긋나는 권력자들의 부도덕한 행위이며, 그것으로 해서 사람이 살기 위한 근본적 조건인 식량을 확보하는 농촌이 파괴되고 황폐해지기 때문이다. 노자에게는 전쟁은 인간의 생존을 위협하고 인위적으로 무리한 행위를 강행하는 최대의 '반자연(反自然)'이었던 것이다.

이 장은 최초의 논술이면서 『노자』 중에서 군사(兵)에 대해서 쓴 최초의 문장이다.

무위자연(無爲自然)의 도(道)로써 군주를 보좌하려는 사람은 무력으로 천하를 강대하게 하려 하지 않고, 무력으로 천하를 강대하게 하려 하지 않고, 그 정치는 근본의 '도'에서 이루고자 한다. 그렇게 하더라도 군대의 주둔지에는 가시덤불이 자라고 논밭이 황폐하여 큰 전쟁이 생긴 뒤에는 반드시 굶주리게 된다. 좋은 정치라는 것은 과실이 익는 것처럼 전면 무위로써 생기는 것. 무리해서 강대한 나라가 되려고 하지 말 것이며, 무위로 하여 자랑하지 말 것이며, 무위로 하여 공적을 세운 척하지 말 것이며, 무위로 하여 우쭐해서 지나치게 자부하지 말 것이며, 무위로 일을 하고 부득이한 필연의 도리에 따라가며, 무위로 일을 하고 강대해지기를 바라지 않는다. 세상만사 모든 것이 위세가 너무 좋으면 멀지 않아 쇠퇴할 것이다. 도가 아닌 이유이다. 도가 아닌 것은 얼마 가지 않아 끝장이 난다.

상호부정(相互不定)이 이율배반(二律背反)이 아니요, 상호긍정(相互肯定)의 이율대치(二律代置)의 자연법칙인 도(道)의 원리로 임금을 보좌하는 정치가는 부국강병의 술책으로 남의 나라와 민족을 무력으로 침략하지 않는다. 왜냐하면, 이쪽에서 치려 하면 저쪽에서도 치러 오기 때문이다. 이리하여 세계는 마침내 소란하게 된다. 그러므로 내가 살기 위해서는 남을 죽이지 말고 남을 살리게 함으로써 나도 살아야 한다. 본래 나라는 것이 남이 없으면 존재하지 않는다.

第三十一章 무기를 버리고 평화를 찾다

💬 夫佳兵者不祥之器(부가병자불상지기), 物或惡之(물혹악지), 故有道者不處(고유도자불처), 君子居則貴左(군자거즉귀좌), 用兵則貴右(용병즉귀우). 兵者不祥之器(병자불상지기), 非君子之器(비군자지기), 不得己而用之(부득이이용지), 恬淡爲上(념담위상). 勝而不美(승이불미), 而美之者(이미지자), 是樂殺人(시락살인). 夫樂殺人者(부락살인자), 則不可得志於天下矣(즉불가득지어천하의). 吉事尚左(길사상좌), 凶事尚右(흉사상우). 偏將軍居左(편장군거좌), 上將軍居右(상장군거우). 言以喪禮處之(언이상례처지). 殺人之衆(살인지중), 以哀悲泣之(이애비읍지), 勝以喪禮處之(전승이상례처지)

이 장 또한 전장의 논술과 관련해서 전쟁을 비판하고 무기(兵)를 써서 피로 사람의 손을 더럽히는 불길한 흉기로 경계하고 있다. 고래(古來)로 본문 중에는 여러 가지 주석(注釋) 문장이 들어있다고 하는 설, 전후 문장에 착간(錯簡)이 들어있다는 설 등 가지가지의 본문 비판의 소리가 많다. 그러나 원문 그대로 해석을 해보기로 한다.

무기라는 것은 불길한 보잘것없는 물건인데, 사람 모두가 싫어하는 것이다. 따라서 도를 따르는 사람은 거기에 몸을 두지 않는다. 평상 생활에서는 좌측을 귀하게 여기는 군자들도 무기를 쓰게 되면 오른쪽을 귀하게 여기는 것도 이 때문이다. 무기는 군자의 손에 들 것이 못 된다.

어떻게든 써야 할 때는 욕심 없이 담박한 것이 최상이고 승리를 하더라도 그것을 찬미하지 않는다. 만약 승리를 찬미한다면 그것이야말로 사람 죽이는 것을 즐기는 것이다. 대체로 사람 죽이기를 즐긴다면 뜻을 천하에서 얻을 수 없다.

대체로 축하할 때는 왼쪽을 귀하게 여기는데, 그렇지 않은 자리에서는 오른쪽을 귀하게 여긴다. 군대에서는 부장군이 왼쪽에 앉고 상장군이 오른쪽에 자리 잡는다. 전쟁을 장의처럼 취급한다는 의미다. 많은 사람을 살육하니까 슬픔을 담고 전장에 향한다. 승리를 해도 장례식과 같이 대처해나간다.

다시 말하면 승전하였다고 축하연을 베풀지 말고, 장례식에 임한 태도로 패전국의 전몰한 장병의 유가족을 위하여 몸소 애통하는 마음으로 장례식을 거행하여 주고 도리어 그 충의를 칭찬해준다. 이렇게 하면 적국의 민심이 이쪽으로 돌아오게 되어 어제까지 적국이었던 나라가 오늘 도리어 우호국이 된다. 왜냐하면, 전쟁 철학은 싸우지 않고 이기고, 또 부득이 싸우더라도 적국을 우호국으로 만드는 데 있기 때문이다. 한마디로 말해서 '적을 사랑하라'는 말과 같다.

사람들은 일상생활 속에서 숱한 갈등이 생기게 마련이다. 적을 사랑까지는 못하더라도 미워하는 마음이라도 지워버리면 서로의 나쁜 관계도 풀려서 평온을 찾지 않는가. 스트레스가 생기고 없어지는 지름길이 아닌가 싶다. 그렇게 되려면 『노자』에서 누누이 말하고 있는 것을 하나하나 빠뜨리지 말고 곱씹어 볼 필요가 있지 않겠는가?

第三十二章 도의 소박성으로 통치함

💬 道常無名(도상무명), 樸雖小(박수소), 天下莫能臣也(천하막능신야), 侯王若能守之(후왕약능수지), 萬物將自賓(만물장자빈), 天地相合以降甘露(천지상합이강감로), 民莫之令而自均(민막지령이자균), 始制有名(시제유명), 名亦旣有(명역기유), 夫亦將知止(부역장지지), 知止可以不殆(지지가이불태), 譬道之在天下(비도지재천하), 猶川谷之於江海(유천곡지어강해)

도가 이름 없이 이름을 부정하고 그 근원에 있는 이름 붙이기 힘든 혼돈이라는 것, 그 근원적 전일성(全一性)이 아직 손을 대지 않은 원목(樸)의 소지 그대로의 순수함과 비교된다는 점, 그리고 그 원목을 손질하여 가지가지의 이름을 가지는 그릇이 되듯이, 근원적인 도(道)의 혼돈이 인간의 로고스의 칼날에 의해서 갈라지면, 거기에는 이름의 세계ー 지적 인식세계가 성립하여, 이름을 물질세계 ー현실에 차별과 대립이 성립되는 것에 대해서는 이미 앞에서 논술한 바이다.

이러한 논술을 디딤돌로 하고 로고스의 세계의 근원에 있는 혼돈의 세계, 이름(이것은 곧 차별과 대립)의 세계의 근원에 있는 도의 세계를 꿰뚫어보면서, '이름 세계'의 상대성과 한계성(스트레스를 만드는 원흉들)을 뚜렷하게 드러나도록 눈여겨보고서, 상대적이면서 한계성을 가지는 일체의 물건을 하나하나 있는 곳을 정해주는 것이야말로 위대한 지배자(왕후, 王侯), 무위의 성인이며, 그와 같은 무위의 성인의 지배하에서만 참된 평화가 있다는 것을 설명한다.

　도의 변하지 않은 본성은 무명(無名)이며 이름을 초월하고 있다. 원목(樸)은 작으면서 무명의 자연을 완수하고 아무도 그것을 도구로 삼을 수 없다. 후왕(侯王)이 만일 이것을 지킬 수 있으면 만물이 장차 저 스스로 빈객(賓客) 노릇할 것이다. 하늘과 땅은 화합하여 감로(甘露)를 내리게 하고 백성들은 명령에 따름 없이 스스로 평화로워진다. 원목이 한번 잘리고 나면 거기에 이름을 가지는 가지가지 기물(器物)이 생기는데, 이름을 가지는 세계가 이미 생기고 나면 이름을 가진 것들의 한계를 분별할 수 있다. 그 한계를 알게 되면 무엇이든 위험하지 않다. 도가 있는 사람이 천하를 다스리는 것은 비교하건대, 냇물이나 계곡의 물이 스스로 큰 강이나 큰 바다에 흘러드는 것과 같은 것으로 천하의 만물이 스스로 그에게 귀복(歸復)한다.

근원적인 도는 절대로 이름을 붙여서 부를 수 있는 것이 아니다. 그래서 비유를 들어서 말한다면, 그것은 자연 그대로의 소박한 원목(樸)과 닮았다고나 할까? 원목(樸)은 작은 것이지만, 천하의 유일한 사람으로 하고 그것을 신하로 써볼까 하는 호기 충만한 통치자, 말하자면 후왕은 없다. 혹시나 왕이 이 원목을 가슴에 품을 수 있다면 일체의 만물이 자기 스스로 그의 밑으로 뛰어들지 않겠는가. 하늘과 땅은 화합하여 그것을 축복하고 경사스럽게 감로(甘露)를 이 세상에 내리게 하지 않을까? 백성들은 명령을 내리기도 전에, 자기 스스로 깨끗하게 되고, 여기에 천하통일이 실현되지 않을까?

그러면 그 원목이 한번 잘려서 나누어지면 거기에 각양각색의 이름을 가지는 만물이 생기는데, 이름을 가진 만물이 생긴 후에도 일체 그 원목을 계속해서 껴안는 왕은 그 만물을 소유하고 싶은 욕망추구를 억제할 수 있지 않겠는가. 그리고 그 욕망추구를 억제하는 것을 잊어버리지 않는 일이야말로 인간사회에 있어서 위험할 때가 없이 살 수 있는 비결이다. 근원적인 도 중에서 천하의 만물이 생겨나는 모습은 비유하자면 작은 산골짝 물줄기의 물이 흘러 얼마 안 가서 큰 강, 큰 바다가 되는 것과 같다.

도는 손을 대지 않은 원목과 같다.

第三十三章 나의 본성을 알아차림

💬 知人者智(지인자지), 自知者明(자지자명). 勝人者有力(승인자유력), 自勝者强(자승자강). 知足者富(지족자부), 强行者有志(강행자유지), 不失其所者久(부실기소자구), 死而不亡者壽(사이불망자수)

남을 아는 사람은 지자(智者)인데, 나를 아는 사람은 현명하다고 한다. 남을 이기는 사람은 힘을 가지는데, 나를 이기는 사람은 참으로 강한 사람이다. 생활에 만족감을 느끼는 사람은 부자이고, 도를 부지런히 힘쓰는 사람은 항상심을 가진다. 나의 본성을 알고 잊어버리지 않는 사람은 오래오래 가고 죽어서 썩어 없어지지 않는 사람은 영원하게 산다고 말한다.

"너 자신의 무지를 알라."는 교훈은 희랍의 철인(哲人) 소크라테스의 말이며, "너희들은 나를 위해서 재보를 하늘에 쌓아두어라."고 가르치는 예수그리스도(마태복음)의 말씀이 있는데 노자 또한 인간의 참된 지혜, 참된 부(富)와 인간의 참된 용기, 영원한 생명에 대해서 말하고 있다.

다만 소크라테스의 교훈에는 인간의 지혜에 대한 신뢰가 근저에 깔려있고, 예수그리스도의 가르침에는 하나님과 천국이 전제되어 있는데 대해서, 노자는 어디까지나 무위자연의 도를 근원에 두고 그것으로의 복귀를 궁극적인 관심으로 삼고 있다.

세상 일반 사람의 눈은 항상 밖으로 향하고 있다. 그들은 끊임없이 눈에 보이는 세계를 문제 삼고, 외계의 사물에 눈이 뺏긴다. 그녀들은 남의 시비, 선악에 왈가왈부하며, 똑똑하고 바보 같다는 가치를 붙이고, 다인의 품정이 뛰어난 눈을 가지는 사람을 지자라고 하거나 현자라고 한다. 또는 남을 재력으로 지배할 수 있는 자를 강자로 부르고 유력한 사람이라 한다. (이상의 글은 우리가 사는 곳의 인간관계에서 어찌하여 스트레스가 일반화되어 가는가를 생생하게 그려져 있다. 구구절절이 스트레스의 큰 의미를 담고 있음을 알아차릴 필요가 있다. 앞에 쓴 글은 어찌하여 인간을 생지옥으로 빠뜨리는가를 적나라하게 써놓았다. 이를 데 없이 많은 교훈을 남기고 있다.)

그러나 노자는 그들의 눈이 밖으로 향하고 있는 눈을 안으로 들여서, 나 자신을 꿰뚫어보는 깊은 눈을 가지라고 가르치는 것이다. 나 자신을 꿰뚫어보는 깊은 눈빛이란, 나의 존재의 근원이 되는 도를 응시하는 눈빛이며, 도에 눈뜸으로 자기와 세계 일체를 이해하는 눈빛이다. 사람은 도에 대해 눈뜸으로써 자기와 세계의 일체를 알아차릴 때, 참된 지자(智者)란 어떤 것이며, 참된 강자란 어떤 것인가를 깨닫게 되지 않겠는가, 또는 참된 부자는 어떤 것이며 영원한 생명이란 어떤 것일까를 깨닫게 되리라. 그때 그는 비로소 세간에서 말하는 지자, 강자가 반드시 참된 의미의 지자, 강자가 아니고, 세간에서 말하는 소위 부자, 장수자가 참된 의미의 그것이 아니라는 것도 함께 깨닫게 된다. 사람의 눈이 밖에서부터 안으로 향할 때 그 사람의 마음도 밖에서 안으로 방향을 바꾸어서, 세속적 가치관이 새로운 가치 세계로 뒤바뀌는 것이다. 그때 사람은 처음으로 나의 인생에서 무엇이 참된 노력의 가치가 있는가라는 확실한 지향(志向)을 가지고 내가 있어야 하는 본래의 장소를 찾게 된다. 이 장은 도에 눈을 뜬 개인이, 이와 같은 희심과 가치의 전도까지 간결한 말로서 힘차게 가르치고 있다.

노자의 사상은 모든 개인을 근원적인 진리 앞에 세우려고 하는데, 그리고 그 근원적 진리 앞에서 세속적 가치관을 전도하려는 의도에 있어서, 개인적, 내성적인 성격을 강하게 가지고, 구도적, 종교적 심정을 풍부하게 가지고 있다. 사실 서력 3세기 이후, 중국 민족종교-도교로써 교리적으로 전재를 꾀함과 동시에, 종교에 관심을 가지는 광범한 중국 지식인의 생활을 지탱하게 된다.

도교는 개인의 자기 자신에 의한 구제하는 문제를 확실하게 제시하는 장점을 가지고, "개인의 종교를 만들어 내려고 하는 중국적 시도였다."라는 말은 프랑스의 동양사학자 앙리 마스페로(Henri Maspero)의 견해인데, 노자 또한 그와 같은 개인의 구제를 문제로 하는 종교적 심정이 기우는 것을 현저하게 가르치고 있다. 노자의 철학은 개인을 그냥 그대로 보편성과 연결하여 개인을 곧바로 도 앞에 세우려는 특색을 가진다. 노자는 중국에서 개인으로서의 인간을 도 앞에 세우려는 특색이 있다. 그리고 개인을 곧바로 도 앞에 세우려는 그의 철학의 반속성(反俗性)이 있고, 그 종교적 성격이 키워지는 것이다. 노자는 중국에 있어서 개인으로서의 인간을 깊이 꿰뚫어 본 최초의 철인이었다고 말할 수 있겠다.

돌이켜 생각해보면 남의 능력을 아는 사람은 지(智)의 작용이 활발

한데, 자기의 내면을 아는 사람은 참된 명지(明智)를 갖추고 있다. 그리고 남과 싸워서 이기는 사람은 강한 힘을 가지고 있는데, 자기 자신에게 이기는 사람에게는 참된 강함이 있다. 이상과 같이 지(智)와 힘을 살려서 일정한 욕망 충족으로 만족할 줄 아는 사람은 물심양면으로 풍족하게 되는데, 자기를 억지로 근원의 도를 행하려고 하는 사람에는 의지의 강함이 있다. 그리고 자기의 지키던 장소를 잃어버리지 않는 사람은 장수할 수 있는데 죽어도 썩지 않는 공적을 세우는 정신을 영원히 계속 살아있도록 할 수 있다. 우리 모두가 최후에는 오래 살고 영원했으면 하는 바람이다.

第三十四章 도(道)의 대(大)와 소(小)

💬 大道氾兮(대도범혜), 其可左右(기가좌우). 萬物恃之而
生而不辭(만물시지이생이불사). 功成不名有(공성불명유), 衣養
萬物而不爲主(의양만물이불위주). 常無欲(상무욕), 可名於小(가명어소), 萬物歸焉而不爲主(만물귀
언이불위주), 可名爲大(가명위대). 以其終不自爲大(이기종불자위대), 故能成其大
(고능성기대)

도(道)는 한없이 크므로 상하좌우에 충만하여 있다. 만물은 도의
구현자로써 생성한다. 그러나 도는 만물을 생성하면서도 자기의 소유
로 지배하려 하지 않는다. 도는 만물로 하여금 자기를 왕성하게 하고
서도 자기의 공이라고 자랑하지 않는다. 도는 만물로 하여금 자기를
완성케 하고서도 자기의 공이 있다고 자랑하지 않는다. 이처럼 사물
을 지배하려는 욕망이 없지만, 티끌이나 털끝같이 작은 물건 속에라
도 내재하여 있으니, 극히 작다고 말할 수 있다. 만물은 도에서 나서
다시 도로 되돌아가지만, 도는 싫다고 거절하는 일이 없이 무엇이든
지 받아들이니, 크다고도 말할 수 있다.

그러나 도는 예로부터 지금까지 만물에 대하여 의식적으로 자기가
이 세계에서 제일 크다고 자랑한 적이 없고 또 말한 적도 없다. 이와
같이 저 스스로 크다고 하지 않으므로 도는 도리어 크게 될 수 있다.
도라는 근원자는 마치 큰물이 넘쳐 흐르는 것처럼, 왼쪽이든 오른

쪽이든 어디까지나 퍼진다.

그와 동시에, 도는 귀복해 오더라도 그 위에 군림하는 통치자가 되지 않으므로 위대한 실재(實在)라고 이름 붙여 주장할 수도 있겠다.

이런 이유로, 도를 모범으로 우러러보는 성인이 큰 사업을 추진할 수 있는 것은 그가 큰 사업을 하려고 하지 않으므로, 오히려 큰 사업을 해치우게 된다.

마지막 구절은 63장에도 거의 일치하는 표현이 보이고 있어, 도가(道家)에서 자주 쓰이는 성어라고 볼 수 있다.

이와 같이 만물을 지배하려는 의욕은 없지만 아무리 작은 물건이라 하더라도 들어가지 못할 데가 없다. 예를 들면 물질은 구성한 양자나 전자 속에도 들어갈 수 있으니, 극히 미소한 물건이라 할 수 있

다. 만물은 도로 말미암아 발생하고 도로 말미암아 성장하고, 소멸하지만 결국은 다 고향인 도의 세계로 되돌아간다. 그러나 도는 싫다고 거절하지 않고 다 맞아들인다. 비유하면 온 냇물이 모여 넓고 넓은 바다로 들어가는 것과 같다. 그러나 도는 주재자 노릇을 하려고 하지 않으니, 가장 크고 넓다고 말하지 않을 수 없다.

이러한 도를 체득한 성인은 어떤 물건이든 버릴 물건이 없고, 어떠한 사람이건 버릴 사람이 없다. 그러나 성인은 만백성에 대하여 자기가 이 세계에서 가장 위대한 인물이라 자처하지 않고, 또 임금이라 칭해지기도 원하지 않는다. 이렇게 언제나 자기 몸을 낮은 곳에 둠으로 도리어 영원히 높아지고 커지게 된다.

위의 문장은 노자에서 자주 나오는 글이기는 한데, 스트레스로 가득 찬 험한 인생을 살아가는 데 한구절 모두 거울이 될 수 있는 글이 아닌가. 어쩌면 스트레스 없이 성공하는 지름길 아니겠는가.

第三十五章 도(道)의 끊임없는 활용작용

💬 執大象(집대상), 天下往(천하왕), 往而不害(왕이불해), 安平太(안평태). 樂與餌(락어이), 過客止(과객지), 道之出口(도지출구), 淡乎其無味(담호기무미), 視之不足見(시지부족견), 聽之不足聞(청이부족문), 用之不足旣(용지부족기)

전 장에서는 도(道)의 무변(無變)을 설명했으므로 이번 장에서는 그 것을 받아서는 도의 체득자, 무위의 성인의 있는 그대로의 편안한 존재와 끊임없는 위대한 활용작용을 설명한다.

성인의 위대한 형태, 말하자면 근원의 도를 꼭 잡고 놓치지 않으면 천하의 모든 만물은 스스로 움직이기 시작하게 된다. 모든 만물이 일제히 움직이기 시작하여 아무런 장해도 생기지 않으면서, 드디어 천하는 평화, 풍태(豊泰)가 따라올 것이다.

비유해서 말하자면, 여행 도중에 우연히 만나게 되는 음악의 소리나 맛있는 음식에는 즐겁게 발을 멈추게 된다. 그러나 사람의 입으로 말이 되어 토해내는 근원의 도는 "산뜻해서 맛이 무엇인지 알 수 없다."라고 말한다. 도(道)라는 실재는 "눈을 부릅뜨고 보려고 해도 볼 수 없고 귀를 맑게 하여 들려 하도 들을 수가 없는데, 그것을 사용하면 그의 능력은 어디까지나 끝이 없어서 다할 수 있는 게 아니다."

『노자』에서 도(道)는 본래 언어나 문자로 표현할 수 없지만, 억지로 이름을 붙인다면 대(大)라 하였다(제25장 참조). 그러므로 대상은 도의 모습(象)을 말하는 것이다. 다시 말하면 모습이 없는 모습(無象之象)이다(제14장 참조).

모습이 없는 모습을 현대적 언어로 바꾼다면 순수동작이라 부를 수 있다. 순수 동작이므로 생각할 수도 없고, 감각할 수도 없지만, 다만 느낄 수는 있다. 그러나 크다고 말하면 천지라도 포괄할 수 있고, 작다고 하면 티끌 속이라고 들어갈 수 있다.

그러므로 세계 어느 곳에 가든 막힐 데가 없고, 또 흥치 못할 데가 없다. 가는 곳마다 안정치 못한 물건을 안정케 하고 화평치 못할 데가 없다.

모든 사물이 다 도를 즐겁게 맞아들인다. 비유하면 좋은 음악의 멜로디는 지나가든 여행자의 마음을 붙잡아 놓고, 향기로운 음식의 냄새는 발걸음을 멈추게 하는 것과 같다.

도의 모습은 순수동작이므로 시각으로 보려고 하나 볼 수 없고 청각으로 들으려고 하나 들을 수 없다. 언어로 표현하여 입에서 나오는 도의 진리는 얼핏 들으면 아주 평범하여 아무 의미가 없는 것 같다. 그러나 온갖 사물이 이것을 다 얻어 받아 체(體)로 삼아도 오히려 남음이 있다. 비유하면 온갖 물질이 에너지를 다 받아들여도 에너지가 다하는 일이 없는 것과 같다.

第三十六章 부드러움이 강함을 이긴다

💬 將欲歙之(장욕흡지), 必固張之(필고장지), 將欲弱之(장욕약지), 必固强之(필고강지), 將欲廢之(장욕폐지), 必固興之(필고흥지), 將欲奪之(장욕탈지), 必固與之(필고여지), 是謂微明(시위미명), 柔弱勝剛强(유약승강강), 魚不可脫於淵(어불가탈어연), 國之利器不可以示人(국지리기불가이시인)

천지자연에서 큰 비바람이 있기 전에 바람이 멎고 물결이 잔잔하며 폭풍이 불기 전에는 한동안 조용한 것과 같이 전진하기 전에는 후퇴가 있고, 비약하기 전에는 정체가 있으며, 긴장하기 전에는 이완이 있다. 비약과 정체는 서로 뒤얽힘이 있고, 긴장은 이완으로 없어지고, 이완은 새로운 긴장을 위해 준비한다. 후퇴나 정체가 없는 전진과 비약은 없고, 긴장만이 긴장으로 무한정 지속될 수 없는 일이다. 자벌레는 나아가기 위해서는 우선 구부려야 한다. 활줄을 긴장시키려면 잠시 동안 느슨하게 두지 않으면 안 된다.

스트레스가 생기고 사라지는 원칙도 이와 같다.

천지자연의 본성을 나의 궁극적인 본성으로 삼는 무위의 성인 또한 서로 바꿔가며 순환하는 원칙에 투철하게 깨인 상태이다. 그들도 구심적 움직임과 원심적 움직임이 서로 교차하여 순환하여, 축소와 확장이, 약화와 강화가, 빼앗는 것이 주는 것과 서로 돕고 기대는 관계에 있는 자연 세계의 이법(理法)을 꿰뚫어보고, 그 달관(達觀)을 나의 현실적인 작업 안에서 활용하는 것이다.

이 장은 무위의 성인이 이와 같은 자연의 이법을 활용하여 군웅이 파벌을 만들고 약육강식(弱肉强食) 하는 춘추전국시대의 가열한 현실을 밟고서 구체적으로 정치외교의 시책으로 하고 설명한다. 그러나 그 설명은 무위의 성인에 관하여 설명하고 있는데, 그것이 너무나 인위적이어서 노자 철학의 일반적 논술과 내용이 크게 다를 뿐 아니라, 법가(法家)의 권모술수 주장과 일치하므로, 옛날부터 법가(法家)에 의해서 붙인 후천적 문장으로 보는 견해도 있다.

오그리려고 할 때는 잠깐 날개를 펴고 있는 것이 으뜸이다. 약하게 하려고 마음먹을 때는 잠시 강하게 해주어라. 병들게 마음먹으면 잠시 힘을 쓰도록 하는 것이 으뜸 방법이다. 이것을 바닥을 알 수 없는 영지라고 한다. 물건을 빼앗고 싶으면 먼저 주어라. 물고기가 물에서

자연에서 스트레스 없이 거닐며 노는 **도교철학**

나오면 안 되듯이 나라를 다스리는 데 쓰는 예리하게 자르는 맛이 좋은 무기 또한 국민에게 보여서는 안 된다.

사물의 현상은 항상 클라이맥스에 도달하면 반드시 되돌아오나, 이 원리를 파악하여 어떤 물건의 힘을 수축시키고 싶으면 그것을 극도로 신장시켜준다. 예를 들면, 우산을 펴들면 반드시 접어들게 될 때가 오는 것과 같다. 어떤 물건의 세력을 약소하게 하려면 반드시 그것을 극도로 강대하게 한다. 그러면 그것은 다시 약소하게 된다. 물을 뜨겁게 데우면 100도에 이르러 수증기로 변하는 것과 같다. 어떤 물건을 쇠퇴하게 하려면 반드시 그것을 크게 성장시켜 주나, 그러면 그것은 다시 쇠퇴하고 만다. 제국주의의 세력이 극도로 팽창하고 난 후 쇠퇴한 것과 같다. 어떤 물건을 빼앗고 싶으면 먼저 다른 물건을 그에게 준다. 그러면 본래 가지고 있는 물건을 내어준다. 어린아이가 위험한 칼자루를 들고 있을 때 아이에게 맛있는 과자를 주면 그 칼자루를 내놓는 것과 같다.

사물은 극에 달하면 되돌아온다는 법칙은 미묘한 도의 섭리라 한다.

모든 부드럽고 약한 물건은 반드시 굳세고 강한 물건을 이기게 된다. 이것은 약자의 생존원리이다. 사람은 항상 유연하고 약해야 생존할 수 있다. 그러므로 한 국가에서 강력한 무기로써 세계를 어지럽게 하고 이것을 과시하게 되면 반드시 멸망한다.

第三十七章 무위(無爲), 천지 대자연 속 조화의 작용

💬 道常無爲而無不爲(도상무위이무불위), 侯王若能守之(후왕약능수지), 萬物將自化(만물장자화). 化而欲作(화이욕작), 吾將鎭之以無名之樸(오장진지이무명지박). 無名之樸(무명지박), 夫亦將無欲(부역장무욕), 不欲以靜(불욕이정), 天下將自定(천하장자정)

이 장은 제32장과 같이 원목(樸), 즉 이름 없는 자연 그대로의 도를 지키며 천하를 통치하는 위대한 공적을 찬미한다.

논지와 용어도 32장과 공통되는 것이 많고, 사상으로서 특히 새로운 주장은 보이지 않는다. 다만, 후세에 노자 철학은 독자들에게 강한 인상을 주는 짧고 효과적인 문구처럼 사용되는 "무위이면서 하지 않는 일이 없다."라는 말이 이 장에서 처음으로 보이는 것을 눈여겨볼 만하다.

도(道)의 본래의 본성은 인간이 하는 일처럼 손으로 만드는 게 없고, 무위이면서도 하지 않는 일이 없다. 만일 지배자가 이 무위의 도를 지켜나갈 수 있다면 만물은 저절로 그 덕에 감화할 것이다. 혹시 만물이 그 덕에 감화하면서 아직 욕정을 일으킨다면 나는 그것을 무명의 원목처럼 이름을 가지지 않는 무위의 도로써 진정시킨다. 원목과 같이 이름이 없는 무위의 도라면 만물이 무욕으로 돌아갈 것이다. 만물이 무욕으로 돌아가 마음이 조용하다면 천하는 저절로 바르게 되리라.

『노자』에서 무위이면서 하지 않는 일이 없다는 것은, 우선 천지 대자연의 조화의 일을 설명하는 말이었다. 천지 대자연의 조화라는 일은, 사람과 같이 측정한 목적의식과 타산적인 의도를 품고, 무엇인가는 하려고 힘쓴다든지, 시끄럽게 구는 것이 아니다. 구름은 큰 하늘을 무심코 떠돌고, 바람은 그저 살랑거리며 밭 언저리를 무심코 산들거리며, 물은 그저 흐르는 것으로 지상을 무심코 흘러간다.

이러한 현상은 사람을 즐겁게 하기 위해서 있는 것도 아니고, 인간들은 그저 나의 감정을 이입하여 마음대로 즐거워하고 슬퍼하는 데 지나지 않는다. 이것은 들짐승이나 벌레를 생각하면 한층 분명해질 것이다. 짐승은 사람에게 잡아먹히기 위해서 이 세상에 태어난 것도 아니고 벌레는 이 세상에 가치를 두며 살고 있는 것도 아니다. 그들은 그저 태어났으므로 살고 있을 뿐이다.
죽음이 닥치면 그저 죽어버린다. 천지 대자연의 조화의 작업은 그저 있는 그대로이며 스스로 그런 것이다. 그뿐 아니라 거기서는 만상이 한순간에 지나지 않아도 멈추지 않고, 시시각각 새로운 모습이 나타난다. 끊임없이 창조적 신비가 되풀이되어, 노자는 이러한 천지 대자연의 조화의 작용을 '무위이면서 하지 않는 일이 없다'로 이해하였다.

노자의 하는 일 없는 무위(無爲)는, 우선 천지 대자연의 조화의 작업을 설명하는 말이었다. 그런데 노자는 그 무위의 도- 천지자연의 조화작업의 밑바닥에 있는 것 -에 눈뜬 사람의 본성을 설명하였다. 사람은 여러 가지 지혜를 작동하여, 가지가지의 구실을 붙여 인류의 의지를 이상화하고, 사회의 본질을 규범 짓는다. 어려운 언어개념을 날조해서, 복잡화한 기술을 생각해내어 빛나는 문명을 구축하여 화려한 문화를 만들어낸다. 그러나 그로 인해 사람이 과연 얼마만큼 행복해졌는가? 또는 인간의 삶이 그로 인해서 얼마나 편안함으로 채웠는가? 거기에 보이는 것은 허무한 관념의 홍수와 천박한 문화의 범람, 얄팍한 문명의 나태뿐 아닐까? 또는 인간의 정신을 백지화하는 도를 넘치는 다망함과 시끄러운 걸음걸이, 인간의 육체를 미라처럼 창백하게 만드는 박식과 불모한 말재간뿐 아니겠는가? 노자는 이것을 통틀어 생명의 쇠약 현상으로 이해하며, 그것을 도에 눈뜨지 못했기 때문에 '지(知)를 자랑하는 무지'로 비판한다.

현대 문명인에 이런 잘못을 저지르는 사람이 얼마나 많은가? 오만, 잘난 체하는 것, 남을 업신여기는 것 등 작은 것에서 큰 것까지 서로의 갈등의 씨앗이 된다. 스트레스를 스스로 만들지 않도록 하기 위한 각별한 교훈이다.

따라서 노자는 인간에게 도에 눈뜨고, 자신의 본래의 본성으로 돌아가라고 경고를 보낸다. 본래의 본성으로 돌아가기 위해서는 인간이 작위적으로 하는 행동은 한번 부정되어야 한다. 인위적인 일을 모두 한번 부정하고 나서 도, 즉 천지조화의 작업의 근원에 있는 것에 나의 본래의 본성을 되찾을 때 인간은 있는 그대로의 세계를 있는 그대로 보는, 어디에 얽매임이 없는 안목을 가질 수 있게 되며, 아무것도 하지 않는 일이 없는 천지조화의 작용에 나를 없애고 따라갈 수 있다고 가르치고 있다. 그때 인간은 도(道)와 하나가 되어 도의 무위가 그대로 나의 무위가 되는 것과 함께, 도의 하지 않는 것이 없는 자유로움이 또한 그냥 그대로 나의 하지 않는 것이 없는 자유로움으로 된다. 말하자면, 도와 하나 된 인간－무위의 성인은 인간적 작위를 부정하는 무위에 의하여 도의 무위와 하나 되어 도의 무불위(無不爲)를 나의 무불위(無不爲)로 체험하는 것이다.

"무위이면서 하지 않는 일이 없다."라는 귀중한 가르침이다. 무위를 먹고 놀라는 말로 받아들일 수 있는데, 일을 하되 마음 편안하게 할 방법을 가르치고 있는 것이다. 우리 생활 속에는 질투심, 경계심 따위의 자위적 갈등으로 얼마나 어렵게 일을 하는가. 이렇게 세운 공적은 능률적이지 못하다.

일을 하든 공부를 하든 스트레스 없이 편안한 마음으로 할 방법을 말하고 있는 것이다.

우리는 노자 사상의 유연한 현실성과 강인한 적극성에 눈을 크게 떠야 하지 않을까? 노자의 무위는 논리적으로는 위(爲)→무위(無爲)→무불위(無不爲)로 전개되어 무불위는 위의 부정으로써 무위에서 도입되었다. 그러나 실제적으로는 그의 사상을 뒤쫓아보면 그 무위는 천지조화의 작업에서 안 하는 것이 없는 위대함을 동경함에서 출발하여, 그 안 하는 일이 없는 위대함을 도의 본성의 무위를 본떠서 그 무위를 다시 성인적 무위와 일체화하고, 거기로부터 성인의 무불위가 귀결되고 있다.

第三十八章 최상의 덕(德)

💬 上德不德(상덕불덕), 是以有德(시이유덕), 下德不失德(하덕부실덕), 是以無德(시이무덕). 上德無爲而無以爲(상덕무위이무이위), 下德爲之而有以爲(하덕위지이유이위). 上仁爲之而無以爲(상인위지이무이위), 上義爲之而有以爲(상의위지이유이위), 上禮爲之而莫之應(상례위지이막지응), 則攘臂而扔之(즉양비이잉지). 故失道而後德(고실도이후덕), 失德而後仁(실덕이후인), 失仁而後義(실인이후의), 失義而後禮(실의이후례). 夫禮者忠信之薄(부례자충인지박), 而亂之首(이란지수), 前識者(전식자), 道之華(도지화), 而愚之始(이우지시). 是以大丈夫處其厚(시이대장부처기후), 不居其薄(불거기박), 處其實(처기실), 不居其華(불거기화), 故去彼取此(고거피취차)

도(道)는 축적되는 것이며, 축적되면 효과가 있게 된다. 덕(德)은 도의 효과이다. 효과에는 충실함이 있으며, 충실하면 빛을 발하게 된다. 의(義)란 인이 드러낸 할 일을 말한다. 일이 있으면 예가 있게 되고, 예에는 꾸밈이 있게 된다. 예란 의의 꾸밈이다. 그래서 말하였다.

도를 잃은 뒤에 덕을 잃고 덕을 잃은 뒤에 인을 잃으며, 인을 잃은 뒤에 의를 잃고, 의를 잃은 뒤에 예를 잃게 된다.

지극히 높은 덕은 인위적이 아니므로, 덕이 덕 같지 않다. 덕 같지 않은 덕이야말로 참다운 덕이다. 아주 낮은 덕은 인위적이기 때문에 덕이 덕 같다. 덕 같은 덕이야말로 참다운 덕이 아니다.

지극히 높은 덕은 인위적이 아니면서 하지 못 하는 것이 없고 아주 낮은 덕은 인위적이면서 하지 못하는 것이 있다. 높은 인은 하여서 하지 못 하는 것이 없다. 높은 의를 하여서 하지 못 하는 것이 없다. 높은 예는 하여서 거기에 응하지 않으면 강제로 예로 잡아끈다. 그러므로 무위자연의 도가 타락된 뒤에 덕이 나타나고, 덕이 타락한 뒤에 인이 나타나고, 인이 타락한 뒤에 의가 나타나고, 의가 타락한 뒤에 예가 나타난다. 예라는 것은 사람의 성실성이 박약한 데서 일어나는 것이고, 또 자연의 질서를 어지럽게 하는 첫걸음이 된다.

　이른바 선각자라는 것은 무위자연의 도를 인위적으로 허식하는 자요, 어리석은 사람이 되는 첫 출발점이다. 이 때문에 대장부는 자연적인 질박(質樸)한 생활을 하고, 인위적인 허식에 찬 생활을 하지 않는다. 그러므로 도를 체득한 사람은 화려한 생활을 버리고 질박한 생활을 취한다.

　요컨대, 이 장의 작자는 도에 서지로 하강하는 가치관이 있고, 그것을 도가의 무위에서 유가의 유위로, 또는 무위의 도에서, 무위의 덕으로, 무위의 덕에서 유위의 인의예지로 단계적으로 격을 부치고 있다. 장자에도 무위자연의 '지덕(至德)의 세상'으로부터 지(인위적인 세상)를 즐기는 난세(亂世)로 떨어지는 것을 설명하고 있고, 천도편(天道篇)에는 무위의 도덕에서 유위의 인의로 서열이 매겨졌고, 『장자』지북유편(知北遊篇)에는 무위의 도덕을 찬미하고 있다.

　최상의 덕은 나의 덕을 의식하지 않는다. 따라서 덕이 있다. 저급한 덕은 나의 덕을 붙잡고 늘어진다. 따라서 덕이 없다. 최상의 덕은 무위이며, 꾸밈이 없다. 저급한 덕은 유위하며 고의로 한 것 같다. 최상의 인은 유위이면서 고의로 한 것 같지 않다. 최상의 의는 유위인데 꾸밈이 있다. 최상의 예는 유위하고 그 예에 답하지 않으면 말을 거두고 대든다. 따라서 이런 말이 있다. 무위자연의 덕이 쇠퇴하면 인위적인 도덕이 설교 되고 인위적인 인의 도덕이 쇠퇴하면 인의적인 의의 도덕이 설파되고 인위적인 예의 도덕을 가르치게 된다. 이 말들로도 알 수 있듯이 예의 도덕이라는 것은 인간의 충신(忠信)이 엷어진 것으로 세상이 혼란해지는 시작이다. 만사를 예견하는 약은 체하는 지식이라는 것은 도의 결실하지 않은 꽃과 같은 것으로 인간을 바보스럽게 하는 시작이다. 따라서 대장부는 두터운 곳에 있지, 옅은 데는 있지 않는다. 열매 있는 곳에 있고, 열매 맺지 않는 곳에는 가지 않는다. 따라서 여러 가지 예와 지를 버리고 이쪽의 도를 찾는다.

여기서 노자가 말하는 덕(德)에 대해서 생각해보기로 한다.

덕(德)의 원 의미는 득(得)인데, 덕이란 인간이 도를 얻는 것(得) 또는 인간에 의해서 얻어진(得) 도를 일컫는 말이다. 도(道)라는 말이 유가와 도가에서는 그 내용을 달리하는 이상, 덕이라는 말도 도가와 유가에서는 그 내용이 다르다. 유가에서 말하는 도가 구체적으로 군자의 도, 인륜의 도, 인의예악(仁義禮樂)의 도인데, 요컨대 인간의 도, 인간이 세운 규범인데 반하여, 도가의 도는 인간을 넘어선 곳, 인간이 만든 규범을 위(爲)라고 하여 비판하는 곳에서 '도라고 할 수 없는 도'와 유구 불변의 무위자연의 근원적 진리로서의 도로 구분 지어진다.

덕(德)이란 내면적인 것이며, 득(得)이란 외면적인 것이다. '최상의 덕'
은 덕이라 하지 않는다. 노자가 말하는 상덕(上德)은 가장 훌륭한 덕
이면서 도가(道家)의 구체적인 모습이다.

상덕부덕(上德不德)이라는 것은 그 정신이 외부 사물에 의해 어지럽
혀지지 않는 것을 말한다. 정신이 외부 사물에 의해 어지럽혀지지 않
으면 그 몸은 완전하게 되는데, 이것을 덕이라고 한다. 덕이란 자신에
게 있는 것이다.

무릇 덕이란 하지 않음(無爲)으로써 모이고, 욕심이 없음(無慾)으로
써 만들어지며, 사고하지 않음(不思)으로써 평온해지고, 수단을 사용
하지 않음(不用)으로써 견고해진다. (잔꾀를 부려서 그르치지 마라)

그것을 하고자 하고 욕망한다면 덕은 머물 곳이 없고, 덕이 머물
곳이 없으면 완전하지 못하다. 기능을 하고 사료를 하면 덕이 확고해
지지 않는데, 확고하지 않으면 공이 없게 된다. 공이 없는 것은 (인위적
으로) 덕을 취하는 데서 생겨난다. 인위적으로 덕을 구하면 덕이 없게
되고, 덕을 구하지 않으면 덕이 있게 된다.

따라서 유가의 덕이 인륜의 도 또는 인의예악의 도를 얻어서(得) 군
자가 된다는 것, 군자가 된 인간의 본성을 덕(德)이라고 부르는 데 대
해서 도가의 덕은 인간을 포함한 일체 만물의 근원에 있는 진리─심
원하고 밝지 아니한 무위자연의 도에 눈이 떠서, 그 도에 그냥 따름
으로써 나도 무위자연이 된다는 것, 무위자연이 된 원목(樸)을 껴안
은 인간의 본성을 덕이라고 한다.

이를테면, 유가에서 말하는 덕과 도가에서 말하는 덕의 상이점은 인간에 알맞게 인간이 사는 방법을 생각하려고 하는가와 인간을 넘어선 곳에서 인간이 사는 방법을 생각하려고 하는가의 차이이며, 조작을 믿고 유위의 입장이 되는가와 인공적인 조작을 버리고 무위의 입장이 되는가의 차이라고 바꾸어 말할 수 있다.

"인간의 덕이란 그것으로 해서 사람이 좋은 사람이 되는, 말하자면 그것으로 해서 사람이 자기의 기능을 좋게 전개할 수 있는 상태가 아니면 안 된다."라고 말한 것은 희랍의 철학자 아리스토텔레스인데, 이 덕에 대한 정의는 노자의 덕에도 그냥 그대로 알맞지 않겠는가. 단지 아리스토텔레스의 '덕'이 과부족(過不足)의 중(中)을 설명하고, 용감·절제·정의 등의 윤리적 덕에 대해서 설명한 점에 있어서, 오히려 유가의 덕과 공통점을 많이 가지고 윤리적 제덕(諸德)과 어깨를 같이 하여 학문, 기술, 이성 등의 이지적(理智的)인 덕들을 가르치고, 명석한 로고스에 의해서 덕의 본질을 추구해 나가는 점에서 유럽적 생각을 대표하는 데 대해서, 노자의 '덕'은 어디까지나 혼돈한 속의 도에 대해서 덕(德)을 생각하고 혼돈 안에서 '도'로 복귀하는 것을 상덕으로 생각하는 점이 근본적으로 다르다. 따라서 아리스토텔레스가 생각하는 덕 또한 노자에게 말하라면 유위의 하덕(下德)이 될 것이다. 인공, 인지가 많이 들어간 듯한 주장과는 얼핏 보아도 격조 낮은 덕으로 생각된다. 무불위(無不爲)와는 거리가 있다.

第三十九章 '하나'의 위력

💬 昔之得一者(석지득일자), 天得一以淸(천득일이청), 地得一以寧(지득일이녕), 神得一以靈(신득일이령), 谷得一以盈(곡득일이영), 萬物得一以生(만물득일이생), 侯王得一以爲天下貞(후왕득일이위천하정). 其致之(기치지), 天無以淸(천무이청), 將恐裂(장공렬), 地無以寧(지무이녕), 將恐廢(장공발), 神無以靈(신무이령), 將恐歇(장공헐), 谷無以盈(곡무이영), 將恐竭(장공갈), 萬物無以生(만물무이생), 將恐滅(장공멸), 侯王無以貴高(후왕무이귀고), 將恐蹶(장공궐). 故貴以賤爲本(고귀이천위본), 高以下爲基(고이하위기). 是以侯王自謂孤(시이후왕자위고), 寡不穀(과불곡), 此非以賤爲本邪非乎(차비이천위본사비호). 故致數輿無輿(고치수여무여). 不欲琭琭如玉(불욕록록여옥), 珞珞如石(락락여석)

고래(古來)로 근원의 도인 '하나'를 쥔 사람의 모습은 다음과 같다. 하늘은 '하나'를 잡음으로써 깨끗하게 푸르고, 땅은 '하나'를 잡음으로 해서 침착하고, 신(神)은 '하나'를 잡음으로써 영험이 현저하다. 계곡은 '하나'를 잡음으로써 물로 가득 차고, 왕은 '하나'를 잡으므로 통치자가 되었다. 여기서 추측건대, 다음과 같이 말할 수 있지 않을까.

하늘은 청명하고 맑음의 근원을 잃어버리면 얼마 안 가서 찢어지고 만다. 땅은 침착해지기 위한 근원을 잃어버리면 곧 움직이기 시작한다. 신(神)은 영험이 신묘하여 근원을 잊어버리면 얼마 안 가서 무력해지고 말 것이다. 계곡은 물을 담는 근원을 잃어버리면 얼마 안 가서 말라버리고 만다.

왕은 신분이 귀하고 거기에 더하여 지위가 높아지는 근원을 잊어버리면 얼마 후에 넘어지고 말 것이다. 그러므로 높은 신분을 손에 넣고 싶으면, 천한 신분을 근본으로 해야 한다. 높은 지위를 손에 넣고 싶으면, 낮은 지위를 기초로 하지 않으면 안 된다. 그렇게 함으로써 왕은 자기를 고아(孤), 과인(寡人, 덕이 모자라는 사람), 불곡(不穀— 좋지 않은 사람)이라고 부르며 자기를 낮춘다. 이거야말로 천(賤)한 신분을 근본으로 하는 게 아닐까?

따라서 명예를 구하면 명예는 없어진다. 그러므로 아름다운 옥과 같은 것이 되고 싶지는 않고, 쓸모없는 굴러다니는 돌과 같았으면 좋겠다.

第四十章 도의 작용인 '되돌아감'

💬 反者道之動(반자도지동), 弱者道之用(약자도지용), 天下萬物生於有(천하만물생어유), 有生於無(유생어무)

근원으로 되돌아간다는 것이 도의 작용이며, 유약하다는 것이 도의 일이다. 이 세계의 만상은 유(有), 말하자면 천지 음양의 기로부터 생기고 그 유(有)는 또 무(無), 즉 형태 없는 도에 생긴다. 만물의 현상은 극도에 도달하면 반드시 되돌아온다. 예를 들면 도에서 나온 만물이 다시 도로 되돌아가고, 무에서 나온 유가 다시 무로 되돌아가는 것과 같다. 그러나 유와 무 사이에는 넘지 못할 깊은 도랑이 있는 것이 아니요, 도가 유와 무 사이의 교량을 놓아준다.

그러나 유와 무의 대립관계는 모순 동일성이 아니요 모순 화합성이며, 투쟁이 아니요 평화이며, 견강(堅强)이 아니요 유약(柔弱)이다. 이것이 바로 도의 작용이다. 우리가 유개념을 의식했다고 하자. 그것은 바로 의식의 흐름을 하고서 무개념으로 되는 것과 같다.

이러한 모순화합률은 의식 현상에서만 한정되는 것이 아니요, 사물 현상에서도 적용된다. 예를 들면, 알이 생명의 흐름을 타고서 새가 되는 것과 같다. 그러므로 천하의 만물은 유에서 나오고, 유는 무에서 나온다고 한다.

第四十一章 참다운 진리의 역설

💬 上士聞道(상사문도), 勤而行之(근이행지), 中士聞道(중사문도), 若存若亡(약존약망), 下士聞道(하사문도), 大笑之(대소지), 不笑不足以爲道(불소부족이위도). 故建言有之(고건언유지), 明道若昧(명도약매), 進道若退(진도약퇴), 夷道若纇(이도약뢰), 上德若谷(상덕약곡), 大白若辱(대백약욕), 廣德若不足(광덕약부족), 建德若偷(건덕약투), 質眞若渝(질진약투), 大方無隅(대방무우), 大器晚成(대기만성), 大音希聲(대음희성), 大象無形(대상무형). 道隱無名(도은무명), 夫唯道善貸且成(부유도선대차성)

훌륭한 사람은 도를 들으면 노력해서 그것을 실천에 옮기는데, 중 등쯤의 사람은 도를 들으면 반신반의하는 태도를 취한다. 하등 인간은 도를 들으면 아예 우습게 여기고 웃어넘긴다. 그네들의 웃음거리가 되지 않으면 정도가 아니며, 참된 진리라고 할 수 없다. 따라서 이러한 격언이 있다.

참으로 명백한 도는 얼핏 보면 어둡게 보이지만, 앞으로 전진하는 도는 얼핏 보아서 뒷걸음질하는 것처럼 보이고 평탄한 길은 얼핏 보아서 평탄하지 않은 것처럼 보인다. 최상의 덕은 산골짜기처럼 덧없이 보이고 참으로 결백한 것은 얼핏 보아서 가볍거나 더럽게 보인다.

참으로 광대한 덕은 얼핏 보아서 모자라는 것처럼 보인다. 확보 불발의 덕은 얼핏 보기에 그때뿐인 것처럼 보이고 참으로 진실한 덕은 얼핏 보기에 절조가 없어 보인다. 더할 나위 없이 큰 사각은 모서리가 없다.

참으로 위대한 인물은 다른 사람보다 대성하는 것이 늦고 더할 나위 없이 큰 소리는 귀에 희미하다. 지대한 모양을 가진 것은 오히려 그 모양이 눈에 비치지 않는다.

그리고 이런 말들로 알 수 있듯이 도는 숨어서 모양이 보이지 않고, 사람의 말로써 이름 붙일 수 없는 것이다.

참으로 도(道)만이 만물에 아낌없이 은혜를 베풀고, 베풀면서 그 존재를 완수한다.

"도(道)가 무엇이냐?" 하는 문제는 중국 옛날 철인들 사이에서 많이 논의가 되어왔다. 유가에서는 주로 사람이 마땅히 걸어가야 할 길, 즉 도덕 법칙을 도라 하였고, 도가에서는 그렇게 되지 않을 수 없는 자연법칙을 도라 하였다. 그러므로 공자는 "아침에 도를 들으면 저녁에 죽어도 좋다."라고 까지 말하였다. 어떤 도이든지 최고 지식층에 속하는 도가 어떠하다는 것을 듣고 깨달으면 곧 이것을 믿고 실천하려는 노력을 한다. 이런 사람은 형이상학적 도학(道學)을 하는 사람이다.

그 다음 일반적 학문을 하는 사람 예를 들면 군자의 학문, 즉 도덕적 학문 또는 정치적 학문을 하는 사람이 보아도 보이지 않고 들어도 들리지 않으며, 붙잡으려 해도 붙잡을 수 없는 도를 이야기할 때에 참말 그런 도가 있을까 하고 반신반의한다.

또 실업계의 학문을 하는 사람, 예를 들면 농사짓는 법을 가르치는 농학과 장사하는 법을 가르치는 상학과 연장 만드는 법을 가르치는 공학을 배우는 사람들은 초형상적 도를 이야기할 때에 세상에 그런 물건이 있느냐 하고 하하 웃어버린다.

그러나 이러한 실업계의 학문을 하는 사람들에게 웃음감이 되지 않는 철학은 참다운 철학이라 할 수 없다. 왜냐하면, 도에 대한 이야기를 듣고 웃는다는 것은 벌써 도의 일면을 이해한 사람이기 때문이다. 사실 진리(眞理)라는 것도 발견하기 이전의 진리요, 알고 보면 평범하고 그렇게 싱거운 것은 없다.

그러므로 옛글에도 이러한 말이 있다.

"퍽 밝은 도는 어둡게 보인다. 앞으로 빨리 전진하는 도는 뒤로 물러오는 것 같다. 가장 평탄한 도는 굽은 것 같다. 가장 높은 덕은 낮은 것 같다. 몹시 흰 빛은 검은 것 같다. 매우 넓은 덕은 한쪽이 어그러진 것 같다. 아주 건실한 도는 비약한 것 같다. 매우 질박한 도는 어리석은 것 같다."

넌센스 같지만, 그 가운데 참다운 진리가 있는 것이다.

도는 항상 사물의 배후에 은폐되어 있으므로 무엇이라고 긍정할 수도 없고 또 부정할 수도 없다. 도는 자기의 것을 온갖 사물에 잘 주고 또 잘 키워준다. 그러나 준다는 것은 받음 없이 아주 주는 것은 아니다. 되찾을 때가 있다. 왜냐하면, 온갖 사물이 다 도를 자기 개체 속에 대여받아 그것을 가지고 생성 발전하다가 도로 되돌아가기 때문이다.

이 도만이 훌륭하게 사물을 시작하게 하고 나서 다시 훌륭하게 완성시키는 것이다.

第四十二章 도가적 우주론(cosmology)

💬 道生一(도생일), 一生二(일생이), 二生三(이생삼), 三生
萬物(삼생만물). 萬物負陰而抱陽(만물부음이포양), 沖氣以爲和(충기이위화). 人
之所惡(인지소악), 唯孤寡不穀(유고과불곡), 而王公以爲稱(이왕공이위칭). 故物
或損之而益(고물혹손지이익), 或益之而損(혹익지이손). 人之所敎(인지소교), 我
亦敎之(아역교지). 强梁者不得其死(강량자부득기사). 吾將以爲敎父(오장이위교
부)

　이 장 또한 만물의 생성자로써 '도(道)'를 설명하고 그 생성하는 작
업을 겸허하게 그리고 유연함에 따라서 낮고 약(弱)한 처세를 설명하
고 있다.

　요컨대 도에서 만물까지 만들어지는 과정과 만들어진 만물이 도와
는 뿌리가 한가지라는 것을 설명하는 것이 그 취지이다. 여기서 말하
는 '도(道)'는 제1장에 보이는 천지의 시작, 『장자』에서 말하는(天地篇)
'태초의 무(太初의 無)'에 해당하며 '一'은 소위 '一'이 있되 아직 형태가
없는 것에 해당한다.

　그리고 여기서 '二'라고 하는 것은 제1장에서 '만물의 어머니', 『회남
자(淮南子)』에서 말하는 소위 '一'이 나누어져서 음(陰)과 양(陽)에 해당
하며, 三이라는 것은 회남자에 나오는 '음양이 화합한 것'에 해당한다
고 해석할 수 있다. 도가 '一기(氣)'를 생성하고, '一기'가 나누어져서 '음
양의 二기'를 만들고, '음양의 二기'가 교합해서 다시 '충화(沖和)의 기'

가 생겨나고 그 '충화의 기'가 생성의 핵이 되어 만물이 생성된다는 해석이 성립한다.

충기를 '三'이라고 한 것은 충기가 '음양의 二기'를 성분으로 포함하고 이으니, 그것을 합쳐서 '三'이라고 한 것이다.

이런 사실을 이미 생겨난 만물 쪽에서 말하면, 만물은 각자에게 충화의 기와 충화의 기의 성분으로써 음기와 양기를 나의 내부에 간직하고 있는 셈이 되니, 충화의 기에 의하여 개개의 유기적 전체로서 조화가 실현됨과 동시에 개개 물건의 도에 대한 조화가 확보되는 것이다.

여기서 "만물은 음(陰)을 등에 업고(負) 양(陽)을 껴안고(抱) 충기(沖氣 – 천지 간 조화된 기)로 해서 화합하게 된다."라고 말한 것이 노자에서는 만물과 도는 같은 뿌리이며, 만물이 도로 복귀한다는 것도 이 때문이다.

부(負)와 포(抱)는 어머니가 아이를 등에 업고 무릎에 껴안는 동작인데, 여기서는 만물이 음과 양을 아이처럼 품고 껴안은 상태는 비유적으로 표현한 것이다. 충기의 충(沖)은 혼연일체가 되어 녹아버린 상태를 말한다. 화(和)라는 것은 화합 또는 조화라는 뜻이다. 물질은 항상 손해를 봄으로써 도리어 이익이 있고 항상 이익을 보려 하면 오히려 손해를 보게 된다. 공자가 주역을 읽고 손(損), 익(益)의 괘(卦)를 보았을 때 "스스로 손해를 보는 사람은 이익이 되고, 스스로 이익이 있는 사람은 잃게 된다."라고 만물은 모조리 줄이면 오히려 이익이 있고 이익을 보려고 애쓰면 오히려 줄어든다는 뜻이다.

솔로몬이 경계하는 말에 "은혜를 베풀고 나면 오히려 느는 게 있고, 주는 것에 인색하면 오히려 빈곤해질 수 있다."의 문장도 이와 같은 종류의 진리를 표현하는 말이다.

도가 '一' 단적으로 말하면 '一'기(氣)를 생성하고, '一'기가 분리되어 '二' 말하자면 음양의 '二'기가 되고, 음양의 '二'기와 더불어 '三'이라고 불리는 충화(沖和)의 기에 의해서 조화를 유지한다.

고아가 되는 것, 독신자가 되는 것, 남의 하인이 되는 것은 보통 사람들은 싫어한다. 그런데 존귀한 지위에 있는 왕은 오히려 이러한 말을 자칭(自稱)으로 사용하고 있다.

이러한 말과 같은 흐름으로 강조하고 싶은 것은, 힘으로 밀어붙이는 강한 사람은 제대로 죽을 수 없다. 사람들이 싫어하는 유약한 무(無)보다 좋은 게 없다는 것이다.

第四十三章 무위(無爲)의 유익함

● 天下之至柔(천하지지유), 馳騁天下之至堅(치빙천하지지견), 無有入無間(무유입무간). 吾是以知無爲之有益(오시이지무위지유익). 不言之敎(불언지교), 無爲之益(무위지익), 天下希及之(천하희급지)

이 장에서는 유약의 처세술을 거듭 설명하고 불언(不言), 무위(無爲)의 삶의 방식에 대한 위대한 공적을 찬미한다.

이 세상에서 더 이상 가는 것 없는 부드러운 것, 즉 물은 세상에서 가장 딱딱한 것, 즉 금석을 내 마음대로 움직이며 아무리 틈새가 없는 곳이라도 자유롭게 스며들어간다. 따라서 나는 부드럽고 모양에 얽매임이 없는 삶, 무위의 처세가 유익함을 알게 되었다. 말하지 않는 교육과 꾸밈없는 본연의 자세의 유익함은 세상에서 물에 비길 만한 것이 없다. 따라서 가장 부드러운 것으로써 무위만이 유익하다고 생각한다.

무언(無言)으로 해서 주어지는 교화, 무위(無爲)를 통해서 얻는 이익은 천하에서 이것에 필적할 만한 것은 없을 것이다.

第四十四章 명성보다는 내 몸

💬 名與身孰親(명여신숙친), 身與貨孰多(신여화숙다), 得
與亡孰病(득여망숙병), 是故甚愛必大費(시고심애필대비), 多藏必厚亡(다장필후
망), 知足不辱(지족불욕), 知止不殆(지지불태), 可以長久(가이장구)

유교적 전통이 강한 우리나라에서
는 공자님의 말씀에 따라 세상에 이
름을 떨치는 것(명성)을 가장 중요한
일로 생각했다. 그러나 이 장에서는
우리 몸이 명성이나 재산보다 더욱 귀
하고 중하니, 몸을 해치면서까지 그것
들을 위해 애태우고 달려가는 부질없
는 짓을 하지 말라고 권고하고 있다.

『장자』에도 어떤 사람이 귀중한 물
건을 도둑맞지 않으려고 꽁꽁 싸고 묶
고 하였는데, 사실 그렇게 한 것은 오
히려 도둑이 들고 가기에 더 좋도록
도와준 것에 지나지 않는 행동이었다
는 이야기가 나온다.

명성과 생명은 어느 쪽이 절실할까? 생명과 재화는 어느 쪽이 중요한가? 얻음과 잃음, 어느 것이 더 큰 관심거리인가? 그러므로 지나치게 좋아하면 그만큼 낭비가 크고, 너무 많이 쌓아두면 그만큼 크게 잃게 된다. 만족할 줄 아는 사람은 부끄러움을 당하지 않고, 그칠 줄 아는 사람은 위태로움을 당하지 않는다. 그리하여 영원한 삶을 살게 되는 것이다. 노자가 보는 지족(知足)은 바로 '마음의 절제'를 의미하며, 인간의 만족할 줄 모르는 욕망에 대해 비판하고 있다.

第四十五章 모자란 듯 보이는 완전함

💬 大成若缺(대성약결), 其用不弊(기용불폐). 大盈若沖(대영약충), 其用不窮(기용불궁). 大直若屈(대직약굴), 大巧若拙(대교약졸), 大辯若訥(대변약눌). 躁勝寒(조승한), 靜勝熱(정승열). 淸靜爲天下正(청정위천하정)

완전히 이루어진 것은 모자란 듯하다. 그러나 그 쓰임에는 다함이 없다. 완전히 가득 찬 것은 빈 듯하다. 그러나 그 쓰임에는 끝이 없다. 완전히 곧은 것은 굽은 것 같다. 완전한 솜씨는 서툴게 보이고 완전한 언변은 어눌하게 들린다. 조급함을 추위를 이기고, 고요함은 더움을 이긴다. 맑고 고요함이 천하의 표준이다.

이 장에서 완전히 이루어진 것, 완전히 가득 찬 것, 완전히 곧은 것, 완전한 솜씨, 완전한 언변 등은 도(道) 또는 도(道)를 체득한 사람을 의미한다. 이 도는, 그리고 도의 사람은 완전히 자연스럽기 때문에 인위적인 것이나 가공적인 모든 것과 거리가 멀어서 보통 사람의 상식으로 보면 뭔가 시원치 않은 것 같이 보이는 것이다.

第四十六章 만족함을 아는 것

💬 天下有道(천하유도), 却走馬以糞(각주마이분). 天下無道(천하무도), 戎馬生於郊(융마생어교). 禍莫大於不知足(화막대어부지족), 咎莫大於欲得(구막대어욕득). 故知足之足(고지족지족), 常足矣(상족의)

천하에 도가 있으면, 달리는 말이 그 거름으로 땅을 비옥하게 한다. 천하에 도가 없으면 전쟁에 끌려간 말이 성 밖에서 새끼를 낳게 된다. 화로 말하며 족할 줄 모르는 것보다 더 큰 것이 없고, 허물로 치면 갖고자 하는 욕심보다 더 큰 것은 없다. 그러므로 족할 줄 아는 데서 얻는 만족감이 영원한 만족감이다.

이렇게 비참한 전쟁의 근본원인이 무엇일까? 이 장에서는 그것이 우리 안에 있는 '만족할 줄 모르는 마음'이라고 보고 있다. 위정자가 현재에 만족하지 않고 계속 자기 세력을 강화하거나 영토를 확장하려고 하면 이로 인해 전쟁이 터지는 것이다. 이렇게 뭔가를 더 가지겠다는 욕심보다 더 큰 허물이 어디 있겠느냐는 뜻이다.

이 장은 제32장, 제44장과 함께 '족할 줄 아는 마음'이 중요함을 강조하고 있다. 특히, 이 장에서는 족할 줄 아는 마음이 개인적인 안녕의 차원을 넘어서 전쟁과 평화라는 사회적, 국가적 문제와도 직결되는 것으로 본다.

다른 여러 종교에서와 마찬가지로 노자도 욕망을 타기할 것으로 여기고 있지만, 그렇다고 욕망 자체를 완전히 부정하지는 않는 것 같다. 욕심을 경계하고 어느 정도에서 그만둘 줄 아는 지족(知足)의 마음을 갖는 것이 중요하다고 가르치고 있다. 사실 욕망이란 만족하지 않는 데서 생기는 하나의 증상이므로 증상만을 붙들고 늘어질 것이 아니라, 이런 증상을 제거하는 근본적인 처방으로서 만족할 줄 아는 마음을 품으라는 것이다. 그러면 이러한 마음은 어떻게 생길 수 있을까?

욕심이 심하면 근심이 된다고 했다. 근심하게 되면 몸에는 병이 생기게 되고, 머리는 둔해져서 소견머리가 좁아진다. 분별력을 잃게 되면 경거망동하게 되어 그로 인한 화해(禍害)는 그 몸을 상하게 한다.

고통이 장(腸)과 위(胃)를 침범하여 못 견딜 만큼 고통이 심해지면, 비로소 자신의 잘못을 후회하게 된다. 그제서야 자책을 해도 소용이 없는데, 뒤늦게 내가 왜 욕심만을 탐냈던가 그 원인을 생각하게 된다.

노자는 도(道)를 따를 때 족할 줄 아는 마음이 가능하다고 보고 있다. 현실에서 더 높은 가치에 눈을 두고 그것을 따를 때 이루어지는 것이다.

第四十七章 내면의 집중으로 보이는 도

💬 不出戶(불출호), 知天下(지천하). 不闚牖(불규유), 見天
道(견천도). 其出彌遠(기출미원), 其知彌少(기지미소). 是以聖人不行而知(시이성
인불행이지), 不見而名(불견이명), 無爲而成(무위이성)

방에서 나오지 않아도 세상 일을 알 수 있고, 창으로 엿보지 않아
도 하늘의 이법(理法)을 앉아서 알 수 있다. 멀리 가면 갈수록 참된 것
은 모르게 된다. 따라서 무위의 성인은 나가 돌아다니지 않더라도 참
된 것을 알게 되고, 눈으로 보지 않고서도 이름을 알고 조작을 하지
않아도 성과가 있게 마련이다. 정신을 전일(專一)하게 지키고 있으면,
본래의 영지(英知) 작용으로 앉아서 세계 전체를 알 수 있다. 지식을
외적 세계로만 탐구하면 멀리 갈수록 그 지식이 점점 적어져 결국 모
르는 것이 더 많아진다. 이러므로 사물의 근원자를 파악한 성인은 행
하지 않고서도 알 수 있고, 보지 않고도 명제(命題)를 내릴 수 있고,
작위하지 않아도 이룩할 수 있다.

이 장은 진리가 외부 세계에 있는 것처럼 생각하고 외부 현상에 온
신경을 다 쓰면서 돌아다니지 말라는 것을 권고하고 있다. 표면적 현
상 세계를 찾아다니는 것보다는 조용히 앉아서 우리 내면에서 발견되
는 진리의 뿌리를 붙잡도록 노력해야 한다는 것이다.

사실 중국 선종(禪宗)에서도 진리는 몸 밖에 있는 것이 아니고 마음에 있으므로 마음에서 구하라고 하였고, 선종의 영향을 받은 신유학 중에서 특히 육상산(陸象山)과 왕양명(王陽明)으로 대표되는 심학파(心學派)에서도 '우주는 곧 나의 마음이요, 나의 마음이 곧 우주'임은 물론 '마음이 곧 이(理)'이므로 먼저 마음을 알도록 하고 마음만 알면 자연히 우주의 이치를 다 알 수 있다고 하였는데(상산전집, 象山全集 권 35, 36), 이들은 노자의 철저한 유심적 직관주의를 이런 식으로 받아들인 셈이다.

第四十八章 없애고 줄이는 길

為學日益(위학일익), 為道日損(위도일손). 損之又損(손지우손), 以至於無為(이지어무위), 無為而無不為(무위이무불위). 取天下常以無事(취천하상이무사), 及其有事(급기유사), 不足以取天下(부족이취천하)

이 장은 전장의 문을 나서지 않고 천하를 안다. 또는 "저 멀리 가면 갈수록 아는 것은 점점 적어진다."의 세속적 학문, 즉 제20장에 나오는 "배움(學)을 끊으면 걱정이 없다."의 학(學)인 예악(禮樂)을 중심으로 하는 유가적 학문의 습득과 도(道), 말하자면 노자적 무위자연의 진리 체득과는 본질적으로 그 본성을 달리하고, 전자가 날마다 쌓아 올라가는 방향, 이를테면 박(博)을 귀하게 여기는 데 반하여 후자는 깎아내릴 수 있는 것을 깎아 없앤다는 과(寡) 혹은 요(要)를 중하게 여기는 것을 밝히고 있다.

학문을 하면 나날이 지식은 늘어나는데, 무위의 도를 하면 매일매일 욕심이 사라진다. 욕심을 줄이고 난 뒤 거기에 더하여 더욱 줄여 나가면 무위의 경지에 도달하게 되고, 무위의 경지에서 일체를 해치우게 된다. 세상을 다스리는 것은 억지로 일을 꾸미지 않을 때만 가능하다. 아직도 억지 일을 꾸미면 세상을 다스리기에는 족하지 않다.

『장자(莊子)』「지북유편(知北遊篇)」에는 아래와 같은 글이 나와 있다.

도를 잃으면 덕이 나오고, 덕을 잃으면 인이 나오고, 인을 잃으면 의가 나오고, 의를 잃으면 예가 나오는 것이니, 예란 도의 열매 없는 꽃과 같은 것이고, 혼란의 근원이다.

그러므로 말하기를 도를 깨달은 사람은 매일 버려야 하며, 그것을 버리고 또 버려야 무위에 다다를 수가 있다. 무위하여야 불위가 없어진다.

失道而後德(실도이후덕) 失德而後仁(실덕이후인) 失仁而後義(실인이후의) 失義而後禮(실의이후예) 禮者道之華而亂之首也(예자도지화이란지수야) 故曰(고왈) 爲道者日損(위도자일손) 損之又損之(손지우손지) 以至於無爲(이지어무위) 無爲而無不爲也(무위이무불위야)

무위(無爲), 즉 조용하고 자연스러운 마음을 가지고, 욕심부리지 말고, 남보다 앞서려고 들지 않으면 모든 스트레스는 저절로 자취를 감추고 편안한 마음, 가장 효과적이고 능률적인 일을 할 수 있다.

이와 관련하여, 권석만 저자 『긍정심리학 하루 15분 행복 산책』에 나오는 다음 글을 읽어보도록 하자.

우리가 느끼는 다양한 정서는 유쾌-불쾌의 속성에 따라 '긍정 정서'와 '부정 정서'로 구분할 수 있다.

긍정 정서는 개인의 삶에 도움이 되는 상황에서 경험되는 심리적 반응을 말하며 평온감, 애정감, 자존감, 희망감, 경외감이 해당된다.

부정 정서는 생존과 적응을 위협하거나, 손상하는 상황에서 느끼는 불안, 분노 등의 감정이다.

불안과 압박감은 우리의 교감신경을 활성화하여 근육을 긴장시키고 신체 기관을 흥분시키는데 이런 흥분 상태가 지속되면 신체에 손상을 가져온다.

그런데 인간의 마음은 긍정 정서보다 부정 정서에 더 강력한 영향을 받는다. 부정성 편향을 항상 가지고 있는 것이다.

좋은 것보다 나쁜 것에 더 민감하여 이득보다 손실에 더 예민하고 성공보다 실패에 더 민감하며 칭찬보다 비난에 더 강렬한 감정반응을 보인다.

자신에게 주어진 사소한 손해는 있을 수 없는 부당한 일로 여기며 강렬한 분노를 느끼는 것이다.

사람은 행복과 갈등이 착잡하게 얽힌 스트레스 가운데 산다. 이 다양성을 극복하는 방법은 없을까? 초월하는 방법이면 더 좋겠다. 그 해답이 무위자연(無爲自然)이 아니겠는가.

『논어(論語)』에 "군자는 광범위하게 글을 배운다(옹지편).", "나를 박식하게 하기 위해 글을 배운다(자한편).", "넓게 공부하고 두텁게 희망을 품는다(자장편)."라고 되어있다.

이 글에서 보듯이 유가의 학문(儒學)은 박(博)을 추구하고 따라서 날마다 늘어나는 것을 본질적 특징으로 한다.

그러나 노자와 장자는 유학의 박학(博學)을 '끝이 보이는 것을 가지고 끝이 없는 것을 따르라 하는 위험한 짓(양생주편 養生主篇)'이라고 비판하고 '아무것도 없는 곳으로 돌아가서(제14장)' '一'을 품고(제22장) 무지무욕 또는 과지과욕(寡知寡慾)의 처세술을 강조한다.

물질이 없는 곳으로 되돌아가기 위해서는, 물질이 있는 곳이 우선 부정되지 않으면 안 되고, '一'을 껴안기 위해서는 복잡하고 시끄러운 것을 부정하지 않으면 안 된다.

거기에서는 인간이 버릴 수 있는 데까지 남는 물건을 하나하나 없애버리는 순수화하는 노력이 중요한 의미를 가지게 된다. 순수화의 극치, 이를테면 일체를 버려 없애고 나서 무일물(無一物)의 경지에서 '도(道)'의 무지무욕과 하나가 되는 것이 인간의 궁극적 본성으로 우러러보게 된다.

노자의 무위의 철학은 "모든 필요 없는 고생을 없애고 가지가지 욕망의 웅덩이를 매우고, 마음의 오염을 씻어내고 청백(淸白)하게 몸을 가지고, 미묘한 법을 얻고 가장 올바른 깨달음을 성취한다(無量壽經 권 상)."는 것을 설교하는 불교의 교설과도 공통되는 점이 많다. 현재 쓰이고 있는 초기 한역(漢譯) 불전에서 붓다는 도(道)를 깨달은 사람, 열반은 무위, 불(佛)·법(法)·승(僧)의 3보(寶)와 더불어 어느 것이든 노자의 말을 번역으로 사용하고, 불도를 수행하는 사문(沙門)도 "집과 처자를 버리고, 애욕을 없애고, 6정(情)을 단절하여, 계율을 지키며 무위, 그 도는 청정하고 마음을 하나로 할 수 있었던 사람."이라고 하여 노자 장자풍의 번역문이라고 정의 내려질 정도이다. 이와 같이 한역불전에 따르는 교리와 실천을 전개한 중국불교가, 노자와 지극히 밀접한 생각을 그 안에 많이 포함한 것도 필연적인 것이 아니겠는가.

학문한다는 사람은 매일매일 외부로부터 지식, 윤리 등을 받아들여 이익이 되고 있는데, 거꾸로 근원의 도를 닦는 사람은 매일같이 내부로부터 협잡물을 버리며 줄여나가는데, 거기에 더하여 드디어 일체의 인위를 버리고 나면 무위의 경지에 다다르지 않겠는가. 무위의 경지에 오게 되면 수도자는 오히려 무엇이든지 해낼 수 있다.

　만일 통치자가 천하를 얻고서 제왕까지 되려고 하면 항상 사업을 버리고 무위로 되어야 한다. 만일 사업을 계획하고 잔꾀를 부리려 든다면 천하를 얻지 못한다.

第四十九章 성인에게는 좋고 나쁨에 치우친 마음이 없다

💬 聖人無常心(성인무상심), 以百姓心爲心(이백성심위심).
善者吾善之(선자오선지), 不善者吾亦善之(불선자오역선지), 德善(덕선). 信者吾
信之(신자오신지), 不信者吾亦信之(불신자오역신지), 德信(덕신). 聖人在天下歙
歙焉(성인재천하흡흡언), 爲天下渾其心(위천하혼기심). 百姓皆注其耳目焉(백성
개주기이목언), 聖人皆孩之(성인개해지)

성인은 항상 무심하나, 만민의 마음을 자기 마음으로 하고 있다. 선
량한 사람에게는 나도 선량하다고 하고, 선량하지 않은 사람에 대해
서도 나는 선량하다고 한다. 그리하여 선이 이루어진다. 신의 있는 사
람에게는 나도 신의 있다 하며, 신의 없는 사람에 대해서도 나는 신
의 있다고 한다. 그렇게 하여 신의가 이루어진다. 성인이 천하를 탐낼
때는 마음을 고요하게 얽매이지 않고 만물을 위해서 자기의 마음부
터, 좋고 나쁜 기분을 없애고 만다. 만민은 모두 총명함을 작동하고
있으나, 성인은 만민을 모두 갓난아기처럼 만든다.

세속적 도덕의 입장에서의 선(善)과 불선(不善)이 엄하게 구별 지어진
다. 선(善)은 어디까지나 선(善)이고, 불선(不善)은 어디까지나 악(惡)으
로 고정된다. 그러나 도(道)의 입장에 서게 되면 거기에는 이름도 없
고, 모양도 없어 선도 없고, 악도 없다. 선과 악의 대립을 그 근원에
하나로 싸서 그저 스스로 만물이 생기고 생성하고 있는 데 지나지 않

는다. 노자는 도의, 이와 같이 경계도 끝도 없는 근원적인 '一'을 동경하는 것이다.

따라서 노자가 말하는 성인은, 도를 체득한 사람으로 도의 광대무변함을 곧 나의 광대무변으로 하고 도의 근원적 '一'로써 일체의 만물을 무심하게 받아들인다.

『장자』의 제물론(齊物論)에서 다음과 같이 말하고 있는 것처럼 선악의 분별은 상식적 대립의 입장에서 볼 때 생겨나는 구별로, 도의 관점에서 사물을 보면 모든 사물이나 이론이 모두 고르게 여겨져 선악이 따로 없게 된다는 것이다.

> 성인은 좋은 것과 나쁜 것을 조화시켜 '자연의 평안' 가운데서 쉰다. 이를 양행이라고 한다.
> 是以聖人和之而是非(시이성인화지이시비) 而休乎天釣(이휴호천조) 是之謂兩行(시지위양행)

이 장은 전체적으로 이분의 세계, 대립의 세계를 넘어선 합일의 세계에 들어서면 독선적이고 독단적인 마음이 없어지고 아무것에도 걸리지 않는 무애(無礙)의 마음을 가질 수 있다는 것을 강조하는 것이다.

第五十章 삶과 죽음에 초연한 삶

💬 出生入死(출생입사), 生之徒十有三(생지도십유삼), 死之徒十有三(사지도십유삼). 人之生(인지생), 動之死地(동지사지), 亦十有三(역십유삼). 夫何故(부하고), 以其生生之厚(이기생생지후). 蓋聞(개문), 善攝生者(선섭생자), 陸行不遇兕虎(육행불우시호), 入軍不被甲兵(입군불피갑병). 兕無所投其角(시무소투기각), 虎無所措其爪(호무소조기조), 兵無所用其刃(병무소용기인). 夫何故(부하고), 以其無死地(이기무사지)

세상에는 오래 살 수 있는 몸을 버리고 사지에 뛰어드는 사람이 있다. 원래 사람에는 장수할 수 있는 사람이 열 사람 중 세 사람이 있고, 젊어서 죽는 사람이 열 사람 중 세 사람이 있는데, 세상에 살면서 일부러 사지로 가는 사람도 열 사람 중 세 사람이다. 이유는 무엇일까? 그대들이 너무나 삶에 대한 집착이 강하기 때문이다.

듣건대, 섭생을 잘하는 사람은 육지에서 뿔난 들소나 범을 만나지 않고, 전쟁터에서 무기의 상해를 입지 않는다. 들소는 그 뿔로 받을 곳이 없고, 범은 그 발톱으로 할퀼 곳이 없고, 무기는 파고들 곳이 없다고 한다. 이유는 무엇일까? 그에게는 죽음의 자리가 없기 때문이다.

성인이 세상을 느긋하게 살아가는 것은 다른 사람을 해치려는 마음이 없기 때문이다. 다른 사람을 해치려는 마음이 없으면 다른 사람도 그를 해치려는 마음이 없으며, 그러면 다른 사람을 방비할 필요가 없다.

이것을 일컬어 "생명을 잘 보양하였다."라고 한다. 그리하여 공을 이루게 되면 행동에 주저함이 없게 되고 용감하게 된다. 주저함에 없는 것은 자애로움에서 생기는 것이다. 그래서 자애롭기 때문에 용감할 수 있다는 말이 나오게 된 것이다.

도를 하나의 생명이라고 하면 생명이 현상계로 나오면 바로 삶이요, 본체계로 돌아가면 바로 죽음이다. 다시 말하면, 삶과 죽음은 생명류의 기류(起流)와 복류(伏流)와 같다. 사는 것도 생명을 이어가는 것이요, 죽는 것도 생명을 이어가는 것이다. 비유하면 새가 알을 낳는 것

도 생명을 지속하는 것이고 알을 깨고 새가 되는 것도 생명을 이어나가기 위함이다. 알만 보자면 새가 생긴 후에는 껍데기만 남아 없어지는 것 같지만, 알의 생명은 새에게로 옮겨가는 것이다. 알을 낳고 죽은 새의 생명은 알에게로 옮아가는 것이다. 이리하여 생명은 영원히 지속하는 것이다. 생과 사를 초월한 생명의 관점에서 보면 사는 것이 곧 죽는 것이요, 죽는 것이 곧 사는 것이다.

그럼에도 사람들은 산다는 것에 너무 애착을 가지고 죽는다는 것을 기피한다. 그러나 도는 생에 너무 집착하는 자를 도리어 빨리 죽게 하고, 죽음을 자연히 받아들이는 자는 오래 살게 한다. 이처럼 죽음을 자연히 받아들임으로써 오래 살게 되는 사람이 열 사람 가운데 세 사람쯤 되고, 생에 애착을 강하게 가짐으로써 도리어 빨리 죽는 사람이 열 사람 가운데 세 사람쯤 되고, 생에 애착도 가지지 않고 생사를 초월한 줄도 몰라 초목과 같이 움직이며 사지로 나아가는 사람도 열 사람 가운데 서너 사람쯤 있다.

섭생(攝生)을 잘하는 사람, 즉 사는 것도 자연이요, 죽는 것도 자연이라고 하며, 죽고 사는 것에 좋고 싫은 감정을 개입하지 않는 사람은 죽음이 들어갈 틈새가 없다.

이 장의 핵심은 우리가 삶과 죽음에 구애받지 않고 초연한 태도를 취하게 될 때 진정으로 자유스러운 삶을 살 수 있다는 것이다.

장자 또한 죽음을 한 가지 존재양식에서 다른 존재양식으로 옮겨감이라고 생각하였고, 부인의 죽음을 바라본 일화로 그의 죽음에 대한 초연한 태도를 알 수 있다.

장자의 친한 친구인 혜시(惠施)가 부인의 상(喪)을 당한 장자를 조문하러 와서 보니, 장자는 돗자리에 앉아 대야를 두드리며 노래를 부르고 있었다. 혜시가 장자에게 평생을 같이 살고 아이까지 낳은 아내의 죽음을 당해 어떻게 그럴 수가 있느냐고 따지자, 장자는 다음과 같이 말했다고 한다.

　"아내가 죽었을 때 내가 왜 슬프지 않았겠는가?

　그러나 다시 생각해보니 아내에게는 애당초 생명도 형체도 기(氣)도 없었다.

　유(有)와 무(無)의 사이에서 기가 생겨났고, 기가 변형되어 형체가 되었으며,

　형체가 다시 생명으로 모양을 바꾸었다.

　이제 삶이 변하여 죽음이 되었으니 이는 춘하추동의 4계절이 순환하는 것과 다를 바 없다.

　아내는 지금 우주 안에 잠들어 있다.

　내가 슬퍼하고 운다는 것은 자연의 이치를 모른다는 것과 같다.

　그래서 나는 슬퍼하기를 멈췄다."

第五十一章 현덕(玄德), 도의 위대한 작용

💬 道生之(도생지), 德畜之(덕축지), 物形之(물형지), 勢成之(세성지). 是以萬物莫不尊道而貴德(시이만물막부존도이귀덕). 道之尊(도지존), 德之貴(덕지귀), 莫之命而常自然(막지명이상자연). 故道生之(고도생지), 德畜之(덕축지), 長之(장지), 育之(육지), 亭之(정지), 毒之(독지), 養之(양지), 覆之(복지). 生而不有(생이불유), 爲而不恃(위이불시), 長而不宰(장이부재), 是謂玄德(시위현덕)

도(道)가 만물을 생기게 하고, 덕(德)이 그것들을 돌보아주며 키운다. 물건으로써 형태가 주어지고 무엇인가 하는 일을 가지는 것으로 완성시킨다. 사정이 그러하므로 만물은 모두 도를 우러러보고 덕을 귀하게 여긴다. 도와 덕이 귀중한 것은 누군가가 존귀한 지위에 임명한 것이 아니고, 언제든지 스스로 그런 것이다. 따라서 이런 말이 있다. 도가 만물을 생장하게 하고 도의 위대한 덕이 그것을 키우고 그것을 안전하게 하고 충실하게 한다. 태어나게 하고도 자신의 소유로 하지 않고 일을 하면서도 자랑하는 얼굴빛이 없다. 성장시키면서 지배자처럼 행동하지 않는다. 이것을 현묘한 덕(玄德)이라 한다.

고전적 존재인 도는 만물의 근원이요, 도의 운동법칙인 덕은 그 본질이요, 물(物)은 그 시공의 형태요, 세(勢)는 곧 세력이다. 그러므로 만물은 도가 없으면 생성할 수 없고, 덕을 얻지 못하고서는 축적될 수 없고, 물(物)을 떠나서는 형성될 수 없고, 세력을 떠나서는 성장할 수 없다.

도는 이처럼 만물을 생성하고도 제가 차지하지 않고, 작위하고서도 자랑하지 않고, 자라게 하고서도 주재 노릇을 하지 않는다. 이와 같이 천지 만물이 도에서 덕을 받고서도 무엇에서 받았는지 모르는 것을 불가사의의 덕, 즉 현덕(玄德)이라 한다.

이 장은 이 도의 위대한 자화 작용인 현덕을 찬미하고 있다.

第五十二章 근원적 도를 아는 것

💬 天下有始(천하유시), 以爲天下母(이위천하모). 旣得其母 (기득기모), 以知其子(이지기자), 旣知其子(기지기자), 復守其母(복수기모), 沒身 不殆(몰신불태). 塞其兌(색기태), 閉其門(폐기문), 終身不勤(종신불근). 開其兌 (개기태), 濟其事(제기사), 終身不救(종신불구). 見小曰明(견소왈명), 守柔曰强(수 유왈강). 用其光(용기광), 復歸其明(복귀기명), 無遺身殃(무유신앙). 是謂襲常(시 위습상)

이 천하에는 시작이 있는데 그것은 근원적 도이다. 그것을 천하의 만물을 생겨나게 하는 어머니라고 부르기로 하자.

그 어머니인 도를 잡고 나서 그 아들이 되는 만물의 모습을 알게 되고, 만물의 모습을 알고 난 뒤에, 그 어머니가 도의 입장을 계속한다면 일생 동안 위험한 때를 만나지 않을 것이다. 도를 잡는데 잡는 방법에 대해서 말하자면, 그것은 이목구비 등과 같은 욕망의 구멍을 막고 지각(知覺)의 문을 닫아야 한다. 이 도를 지키며 살아가면 일생 동안 피로하지도 않을 것이며 (완벽한 스트레스 방지 내지는 해결 방법) 반대로 이 도를 버리고 인위의 사업을 한다면 일생 동안 본래의 자신으로 되돌아가지 못할 것이다.

작은 것을 분별해내고 도를 아는 것을 명지(明智)라 하고, 부드러움을 계속 간직하는 것을 도에 기반을 둔 강인함이라 한다. 우리가 가지고 태어난 지혜의 빛을 지니면서 도를 아는 명지로 되돌아가면 우리들의 재해는 완전히 사라질 것이다. 항상 불변하는 도에 참여한다는 것이 이런 것이다.

第五十三章 평탄한 대도(大道)의 길

💬 使我介然有知(사아개연유지), 行於大道(행어대도), 唯施是畏(유시시외). 大道甚夷(대도심이), 而民好徑(이민호경). 朝甚除(조심제), 田甚蕪(전심무), 倉甚虛(창심허), 服文綵(복문채), 帶利劍(대리검), 厭飮食(염음식), 財貨有餘(재화유여), 是爲盜夸(시위도과). 非道也哉(비도야재)

『노자』의 무위(無爲)는 인간의 고의적인 행위를 나쁜 짓이라고 부정하는 사상인데, 의도적이고 작위적인 행위가 부정되는 것은 그것으로 해서 인간 본래의 본성이 일그러지고 손상되기 때문이다.

이 장은 인간의 부패와 타락을 격한 어조로 비난하고, 정치가에 대한 불신과 정치의 현실에 대한 분노를 가장 직설적으로 표현하였다. 이 논술에서 노장의 무위 사상의 근저에 숨어있는 격한 파토스(pathos)적 내면성의 일단을 잘 엿볼 수 있다.

만일 내가 어느 정도의 명지를 가진다고 하면 무위(無爲)의 대도(大道)를 무위하게 걸으며 나쁜 길로 빠지는 것을 경계할 것이다. 무위(無爲)의 대도(大道)는 더할 나위 없이 평탄한데 사람들은 더러는 나쁜 길로 빠지려고 한다. 조정에서 부패가 판을 치고 논과 밭은 전란으로 황폐해질 대로 황폐해지고 창고는 마치 텅 비었다고 하는데 예쁜 옷으로 장식하고 훌륭한 칼을 허리에 차고 배부르게 맛있는 음식을 먹고 사재를 듬뿍 저축하고 있다. 이것을 도적의 영화라고 한다. 무위의 도가 아니다.

『도덕경』 전체를 통해 '지(知)'를 달갑게 생각하지 않는데 이 장에서만은 이것이 필요하다고 했다.

여기서 '지(知)'란 이기심이나 자기 중심주의를 벗어나 삶의 내면을 관조할 수 있는 능력, 지혜, 명찰, 명지, 양심, 특수한 인식 능력 같은 것을 가리킨다고 보아야 할 것이다. 자기 한 몸의 이익이나 쾌락을 구하는 데만 전력을 다하는 대신, 도의 길을 생각하고 거기서 벗어나는 일이 없는가 걱정하게 된다는 것이다.

말하자면 우리의 '궁극 관심'을 흥청망청 누리는 물질적이고 경제적인 풍요로움의 추구가 아니라, 진리를 향한 높은 가치의 대도(大道)의 길을 걸으면서 거기에서 벗어나는 일이 없도록 힘쓰는 것에 가지라는 것이다.

第五十四章 도(道)의 파급력

💬 善建者不拔(선건자불발), 善抱者不脫(선포자불탈). 子孫以祭祀不輟(자손이제사불철). 修之於身(수지어신), 其德乃眞(기덕내진), 修之於家(수지어가), 其德乃餘(기덕내여), 修之於鄉(수지어향), 其德乃長(기덕내장), 修之於國(수지어국), 其德乃豊(기덕내풍), 修之於天下(수지어천하), 其德乃普(기덕내보). 故以身觀身(고이신관신), 以家觀家(이가관가), 以鄉觀鄉(이향관향), 以國觀國(이국관국), 以天下觀天下(이천하관천하). 吾何以知天下然哉(오하이지천하연재), 以此(이차)

이 장은 확고하게 체득한 무위자연(無爲自然)의 도(道)가 개인을 참된 인간으로 완성시킬 뿐 아니라, 가정의 질서를 보존하고 향당의 평화를 유지하는 데 한발 더 나아가서 나라를 지키고 천하를 지배하는 데도 위대한 공명이 있다는 것을 설명한다. 이 설명은 『노자』 중에서 유가 사상의 영향이 가장 두드러지게 느껴지는 장이다. 따라서 이 장이 완성된 시기도 다른 장과는 달리 상당히 뒤떨어지는 것으로 추측된다.

참으로 잘 확립된 도는 빠지지 않고, 도를 확실히 터득한 사람은 떨어져 나가지 않는다. 자손들이 그것에 따라서 지속하여 조상에 제사지낼 수 있다. 그 도를 나의 몸에 갖추게 되면, 그 덕은 더할 나위 없이 순수하고 우리 집안에서 배우게 되면 그 덕은 계속 쓰고도 남는다. 그 도를 동네에서 배우게 되면 그 덕은 풍부하며, 그 도를 천하에서 배우면 그 도는 널리 퍼져 나간다. 따라서 이런 말이 있다. 몸을 다스리는 도로써 집안이 잘 거두어지는 것을 보고 동리를 다스리는 도로써 동리를 다스림의 정도를 알고 천하를 다스리는 도로써 천하가 얼마나 다스려졌는가를 보고 나에게는 어찌하여 천하가 도에 의해서 다스려지는가 밝혀진다는 것을 안다는 것은 도의 광대무변함에서 그것을 알 수 있다.

확실하게 세워진 도는 잡아뺄 수 없고, 확실하게 감싸인 도는 빠져나가지 않는다. 이 도는 내 몸을 기초로 확산되는 단계적 범위에서도 유효성을 발휘한다.

第五十五章 갓난아기 같은 삶

💬 含德之厚(함덕지후), 比於赤子(비어적자). 蜂蠆虺蛇不
螫(봉채훼사불석), 猛獸不據(맹수불거), 攫鳥不搏(확조불박). 骨弱筋柔而握固(골
약근유이악고), 未知牝牡之合而全作(미지빈모지합이전작), 精之至也(정지지야).
終日號而不嗄(종일호이불사), 和之至也(화지지야). 知和日常(지화왈상), 知常日明
(지상왈명). 益生日祥(익생왈상), 心使氣日强(심사기왈강). 物壯則老(물장칙로),
是謂不道(시위부도). 不道早已(부도조이)

『노자』 중에는 무위자연의 도를 체득한 사람을 갓난아기에 비유한
문장이 몇 가지 보인다.

노자에게 갓난아기란 무지 무위의 도를 체득한 사람의 무심한 경지
를 상징하는 뜻이다. 그것은 벌써 성인이 된 인간의 추이를 거꾸로 돌
려 갓 태어난 젖먹이가 된다는 기적을 실현할 수 없지만, 유지유욕(有
知有欲)한 이들이 사리 분별력을 가지면서 사리분별로 혼란해지지 않
는, 자유롭게 사는 방법을 내 것으로 하는 데 있다.

갓난아기 때의 마음을 잃어버린 사람이 다시 그때의 마음을 가지려
는 것이니, 지금 있는 것도 부정하고 원래의 본성으로 되돌아가려고
하는 것이므로 복귀(復歸)란 말이 나오게 된다. 얇은 지식(知)을 끊고
욕망(欲)을 버리는 것이 강조된다.

"너희들이 어린아이처럼 되지 않으면 하늘나라에 들어갈 수 없다."라고 기독교의 성경 마태복음(18:3)에 나와 있는데, 이와는 다른 맥락으로 노자는 인지 인욕으로 얽매여서 몸을 옴짝달싹할 수 없는 인간을 도의 세계에서 본디 자유스러운 몸으로 풀어주려고 하는 것이다. 노자에게 있어 갓난아기란, 인간의 마음을 강직하게 하는 인지인욕의 질곡을 뚫고 구속됨 없이 행동할 수 있는 무위의 자유인을 상징하는 것이다.

이 장은 표현도 소박하고, 서술은 간결하게 갓난아기의 생태를 그리면서 매우 예리한 관찰을 나타내고 있다. 촌락의 철인 노자의 어린 생명에 대한 놀라움과 가엾게 여김을 피부로 느끼게 하는 문장인 동시에 그의 풍부한 시인적 천분, 거드름 피우지 않는 서민성이 드러나는 문장이기도 하다.

덕을 깊이 안에 모아놓은 사람은 비유하건대 젖먹이 아기와 같은 것이다. 젖먹이 아기는 벌이나 전갈, 살모사 따위도 공격하지 않으며, 맹수 또한 물려고 하지 않고 맹금의 종류도 할퀴지 않는다. 그 골격은 아직 굳어지지 않고 근육은 탄력성이 있어 주먹을 꽉 쥐고 있다. 남녀의 교합도 아직 모르는데 성기는 발기한다. 정기를 완벽히 지키고 있기 때문이다. 온종일 울면서 소리 질러도 목이 쉬지 않는다. 음양의 조화가 완전히 유지되고 있기 때문이다. 이와 같이 조화의 원리에 눈을 뜬 것을 절대의 지혜라고 한다. 무리하게 수명을 길게 하려는 것을 불길하다고 한다. 마음으로 기력을 부채질하는 것은 강한 체한다고 한다. 만물은 모두 위세가 넘쳐 흐르지만, 멀지 않아서 쇠퇴하기 시작한다. 이것을 부자연스러운 거동이라고 한다. 부자연스러운 거동은 곧바로 앞이 막힌다.

갓난아기는 아무 욕망이 없으므로 마음이 공허하고 자연히 부여한 기운을 보존하고 있다고 한다. 노자는 자연이 인간에게 부여한 기운을 덕(德)이라고 하였다. 그러므로 유가(儒家)에서 말하는 덕을 인덕(仁德)이라 하면 도가(道家)에서 말하는 덕은 기덕(氣德)이라 말할 수 있다. 이런 의미에서 공맹학파를 덕화주의라 하면 노장학파는 기화주의라 말할 수 있다.

이 세계의 모든 액체는 고체보다 유약하고, 모든 기체는 액체보다 유약하다. 그러므로 내면에 기덕을 안에 가지고 있는 사람은 어린아이와 같이 유약하고 깨끗하다. 욕심이 없어서 외적 사물의 침해를 받지 않는다.

第五十六章 말할 수 없는 '신비로운 하나됨(玄同)'

💬 知者不言(지자불언), 言者不知(언자부지). 塞其兌(색기태), 閉其門(폐기문), 挫其銳(좌기예), 解其紛(해기분), 和其光(화기광), 同其塵(동기진), 是謂玄同(시위현동). 故不可得而親(고불가득이친), 不可得而疏(불가득이소), 不可得而利(불가득이리), 不可得而害(불가득이해), 不可得而貴(불가득이귀), 不可得而賤(불가득이천). 故爲天下貴(고위천하귀)

이 장에서는 무위의 성인의 현동(玄同)—망언망지(忘言忘知)의 경지에서 도(道)와의 합일(合一)을 설명한다.

이 장의 주제라고 할 현동(玄同)이라는 말을 노장 철학의 근본적 개념으로서 특별히 강조한 사람은 서력 4세기 서진(西晉)의 노장학자 곽상(郭象)이다. 그 이후 현동(玄同)은 도가에 있어서 깨달음의 경지를 설명하는 말로써 육조(六朝)의 노장학 및 도교의 교리에서 중요한 의미를 가지게 된다.

『노자』의 철학이 로고스보다 카오스를, 지식보다 체험을, 의논보다 인생 그 자체를 귀중하게 여기는 점은 망언망지(忘言忘知)의 경지에서만이 도와의 합일이 실현되는 것과 같은 맥락이다.

정말 알고 있는 사람은 말하지 않고 말하는 사람은 정말 모른다. 나의 욕망의 구멍을 막아버리고, 문을 꽉 닫고, 나의 기세를 꺾고, 기세의 엉킴을 풀고, 나의 영지 빛을 부드럽게 하고, 빛을 더럽히는 것과 동화하고, 이것을 도와의 현묘한 합일이라고 부른다 따라서 이와 같은 현묘한 합일자는 그와 친할 수도 없고, 그 사람을 소원할 수도 없고, 이익을 줄 수도 없고, 위해를 가할 수도 없고, 귀하게 할 수도 없고, 천하게 할 수도 없고, 따라서 세상에서 으뜸가는 가치를 가진다.

참된 지(知)는 사람의 이목구비 등으로 느끼는 감각을 차단하여 지각(知覺)의 문을 닫고, 자신의 지혜의 빛을 부드럽게 하여 쓰레기와 같이 혼돈된 세계와 하나가 되어 나의 예리한 두뇌를 부수고 혼란스러운 만물 그 자체 속에 융화해가는 것이다. 이것을 혼돈한 세계와의 깊고 깊은 합일이라고 한다.

이런 세계와 합일한 사람은 누구와도 친해질 수도, 소원해질 수도 없다. 이익을 줄 수도, 손해를 입힐 수도 없다. 고귀한 자리에 앉을 수도 없고, 비천한 자리를 맡을 수도 없다. 그러므로, 천하에서 가장 귀한 사람이 된다.

지극히 평화스러운, 스트레스조차 없는 세상에 살고 있는 것 같다. 갖은 고난의 길을 다 겪고 난 후!

第五十七章 무사(無事)의 정치(政治)

💬 以正治國(이정치국), 以奇用兵(이기용병), 以無事取天下(이무사취천하). 吾何以知其然哉(오하이지기연재). 以此(이차). 天下多忌諱(천하다기휘), 而民彌貧(이민미빈), 民多利器(민다리기), 國家滋昏(국가자혼), 人多伎巧(인다피교), 奇物滋起(기물자기), 法令滋彰(법령자창), 盜賊多有(도적다유). 故聖人云(고성인운), 我無爲而民自化(아무위이민자화), 我好靜而民自正(아호정이민자정), 我無事而民自富(아무사이민자부), 我無欲而民自樸(아무욕이민자박)

이 장은 나라의 참된 평화와 국민의 궁극적인 행복을 일구어내는, 도에 따르는 청정무욕(淸靜無慾)의 정치를 설명하고 있다.

나라를 다스리는 데는 정도에 따를 것이며 군사(兵)를 사용하는 데는 남이 생각도 못할 색다른 방법을 쓰고 천하를 지배하는 자가 되려면 무위 무사로써 한다. 내가 그런 것을 어떻게 해서 아는가. 본래의 무사의 도에 의해서 그것을 안다. 세상에 금령이 많이 포고되면 국민들은 점점 가난해지고, 국민들에게 문명의 이기가 보급되면 나라는 점차 혼란해진다. 국민에게 기교가 발달하면 기술을 자랑하는 물품의 매년 만들어지고 법령이 정비되면 될수록 도적은 늘어난다. 한 나라를 통치할 때는 무위의 입장에 설 필요가 있다. 이런 사유로 이상적인 통치자인 성인의 말에 다음과 같이 적혀있다. "내가 인위를 행하지 않으면 백성들은 자진해서 교화되고, 내가 조용한 것을 좋아한다면 백성들은 자진해서 바르게 되며 백성들 스스로 소박함으로 돌아간다."

도(道)는 초월자요, 또 유동적이다. 이러한 도로 체(體)를 삼는 사람은 친소, 이해, 귀천과 같은 모든 상대적인 관계를 넘어서서 그것들의 근원인 '一'을 파악하고 거기에 참다운 의미를 둔다.

第五十八章 화(禍)와 복(福)은 같이 온다

💬 其政悶悶(기정민민), 其民淳淳(기민순순). 其政察察(기정찰찰), 其民缺缺(기민결결). 禍兮福之所倚(화혜복지소의), 福兮禍之所伏(복혜화지소복). 孰知其極(숙지기극). 其無正(기무정), 正復爲奇(정복위기), 善復爲妖(선복위요). 人之迷(인지미), 其日固久(기일고구). 是以聖人方而不割(시이성인방이불할), 廉而不劌(염이불귀), 直而不肆(직이불사), 光而不耀(광이불요)

이 장에서는 전 장의 무위무사의 정치에 더하여 민민(悶悶)[7]의 정치를 설명한다.

노자의 소위 민민(悶悶)의 정치는, 이론적으로 명쾌하게 딱 잘라 결론짓는 찰찰(察察)[8]의 정치, 즉 지적인 작위를 귀하게 여기는 로고스적 지배와 반대되는 말이다.

요명(窈冥)[9]한 도의 혼돈성을 지니는 무위의 지배, 카오스적 정치이다.

통치자의 의식이 흐릿해서 대충대충 정치를 하면 백성들은 순박함, 바로 그것이 드는데 통치자가 분명하게 판단하는 정치를 하면, 국민들은 텅텅 빈손이 된다. 화(禍)는 복(福)에서 모여들고, 복은 화가 몸을 감추려는 곳이다. 아무도 결국 그 끝이 어떻게 되는지 모른다. 세

---

7. 悶悶– 설리에 어두운 모양, 번민하는 모양을 뜻함
8. 察察– 너무 세밀하여 까다로운 모양을 뜻함
9. 窈冥– 이치가 심원한 모양

상에는 절대적으로 정상이라는 것은 없고, 정상이라고 하는 것도 다시 모습이 바뀐다. 훌륭하다는 것도 요괴한 것으로 바뀐다. 인류가 이 상대의 진리를 흩어버리는 것도 지금 새삼 시작된 일이 아니다. 따라서 그 진리에 눈을 뜬 무위의 성인은 나는 방정하여도 사람을 재단하여 거기에 맞추려고 하지 않는다. 내가 청결하더라도 사람을 아프게 해서 거기에 맞추려 하지 않는다. 내가 똑바르다고 해서 내 마음대로 뚫고 가려고 하지 않는다. 영지(英知) 빛이 눈부시게 빛나더라도 그 빛을 밖으로 나가게 하지 않는다.

"가의(賈誼)는 화(禍)와 복(福)을 함께 꼰 것과 다름이 없다."라는 말이 있는데 이 장에서 근거하여 쓴 것이다.

철인 정치가는 천하를 다스릴 때에 항상 상호부정의 모순 대립을 지양하여 시비와 선악 또한 분명하게 잘라 놓지 않는다. 궁극적인 극에 도달하면 좋은 것도 나쁜 것도, 선과 악도 없기 때문이다.

이와 마찬가지로 화가 있으면 그 그늘에 복이 의지하고 있고, 복이 있으면 그 밑에 화가 숨어 있다.

『회남자淮南子』 18장에 나오는 새옹지마(塞翁之馬) 일화가 이를 실증하는 것으로 함께 거론된다.

변방에 사는 한 노인이 말을 한 마리 가지고 있었다. 하루는 그 말이 국경선을 넘어 딴 나라로 건너가 버렸다. 동네 사람이 모두 그 불행을 동정했다. 그런데 얼마 있다가 그 말이 좋은 말을 데리고 다시 돌아왔다. 동네 사람이 모두 그 다행스러움을 축하했다. 또 얼마 있다가 그 아들이 들어온 말을 타다가 떨어져 다리가 부러졌다. 동네 사람이 다시 그 불행을 동정했다.

그런데 얼마 있다가 전쟁이 나서 동네 청년이 모두 징집되었는데 그 아들은 부러진 다리 때문에 징집에서 면제되었다. 동네 사람이 다시 그 다행스러움을 축하해 주었다.

이런 식으로 행은 불행을 가져오고 불행은 행을 가져오는 행과 불행의 교차됨, 청실홍실이 꼬여감, 전문 용어로 변증법적 진행이 인생사(人生事)라는 이야기다.

따라서 어느 한 가지 상태를 절대화해서는 안 된다는 것이다. 언제나 옳은 것이라고는 없기 때문이다. 올바르다고 여겨지던 것도 변하여 이상스러운 것으로 보일 수 있고, 선하다고 생각되는 것도 변하여 사악한 것으로 드러날 수 있다.

第五十九章 '아낌'의 정치

💬 治人事天(치인사천), 莫若嗇(막약색). 夫唯嗇(부유색), 是以早服(시이조복), 早服謂之重積德(조복위지중적덕). 重積德則無不克(중적덕 즉무불극), 無不克則莫知其極(무불극즉막지기극), 莫知其極(막지기극), 可以有 國(가이유국). 有國之母(유국지모), 可以長久(장이장구), 是謂深根固柢(시위심근 고저), 長生久視之道(장생구시지도)

이 장 또한 전 장과 관련하여 성인 무위의 지배- '아낌(嗇- 아껴 쓸 색)의 정치'에 대해서 설명한다. 색(嗇)의 원래 의미는 곡물을 수장한 다는 것으로, 헛된 낭비를 줄이고 겸손하게 지낸다는 의미를 품고 있으며, 오히려 지독하게 아끼는 구두쇠 등의 의미로도 사용되는데, 농촌 경제를 기반으로 하는 농민의 검약하는 생활을 상징하기도 한다. 농촌 생활에서의 검소함과 잘라 없애는 사고가 '아낌의 정치'와 같은 맥락이 되는 것이다.

적은 욕심의 철학을 설명하고 도의 무위무욕을 인간의 궁극적 이상으로 하는 노자에게는 잘라 없애는 원리인 색(嗇)을 실천하는 것은 도의 근원에 다가서는 가장 좋은 방법이다.

노자는 아낌(嗇)을 이행하는 것은 하늘에 봉사하고 도에 복종하는 것으로 거기에 더하여 덕을 쌓는 일이기도 하여, 나라를 잘 다스리기 위한 바른길이라고 하였다.

이 장에서는 색(嗇)의 원리와 노자의 무위자연의 정치철학과의 관계를 간명하게 설명하고 있다.

사람들이 정신을 사용하는 마음가짐은 조급하다. 조급하면 낭비가 많아지게 되는데, 이를 사치(侈)라고 한다. 성인(聖人)이 정신을 사용하는 것은 고요하다. 고요하면 소모가 적은데 이를 아낀다(嗇)고 한다. 아끼는 방법은 도리로부터 나온다. 일반 사람들은 걱정하고 환란에 빠져들어도 물러설 줄 모르고 도리에 따르려고 하지 않는다. 성인은 비록 재앙과 환란의 현상을 보지는 못하지만, 마음을 비우고 도리에 복종하기 때문에 이것을 조복(早服)이라고 한다. 그래서 말하였다.
"이른바 아낀다는 것은 일찍부터 자연의 도리를 따르는 것이다."

사람을 다스리는 방법을 아는 자는 생각이 고요하다. 이렇게 해서 끊임없이 덕을 쌓아간다. 이른 시간 내에 도리를 따르는 것이 부단히 덕을 쌓는 것이다.
덕을 쌓은 뒤에 정신이 고요해지고, 정신이 고요해진 이후에 조화로운 기운이 많아지며, 이러하면 생각이 꼭 들어맞게 되고, 그렇게 되면 만물을 제어할 수 있고 나아가 싸움에서 적을 쉽게 이길 수 있으며, 언변으로 세상을 제압할 수 있다. 이렇게 해서 "이기지 못할 것이 없다."
이기지 못할 것이 없다는 것은 부단히 덕을 쌓는 것에 뿌리는 둔다.
무릇 나라를 보유했으나, 이후에 멸망하고 몸을 보존하다가 이후에 훼손되었다면 이는 나라를 보유하고 몸을 보존했다고 말할 수 없다. 나라를 보존하면 반드시 사직을 안정시킬 수 있고, 그 몸을 보존하면 반드시 하늘로부터 받은 수명을 다할 수 있다. 이런 이후에 나라를 보존하고 몸을 보존했다고 말할 수 있다.

도(道)를 터득하면 지혜가 깊어지고 지혜가 깊어지면 계획이 원대해지며, 계획이 원대해지면 일반 사람들은 그 극점을 볼 수 없다. 오직 도를 터득한 사람만이 그 일의 끝을 볼 수 없게 할 수 있다. 일의 끝을 볼 수 없게 할 수 있어야 그 몸을 보존하고 그 나라를 유지할 수 있다.

"그 극점을 알지 못하게 하면 나라를 보존할 수 있다."

노자는 "나라의 어머니를 가지고 있다(有國之母)."라고 하였는데, 여기서 어머니란 '도'이다. 도는 나라를 보전할 수 있는 방법을 낳는다.

나라의 어머니를 가지고 있으면 나라가 오랫동안 유지될 수 있다.

나무에는 사방으로 퍼져 나간 뿌리(만근蔓根)와 줄기 아래로 곧장 내린 뿌리(직근直根)가 있다.

직근은 나무의 생명을 세우는 기초이고, 만근은 나무의 생명을 유지하는 기초이다. 그러므로 근본을 깊게 하여야 한다. 그 도를 체득하면 생명은 나날이 길어질 것이다. 그래서 이르기를 중심 뿌리를 곧게 하여야 한다고 하였다.

"뿌리를 깊이 박되, 튼튼하게 하는 것이 사는 것을 길게 하여 오래 살아가는 길이다. (深根固抵 長生久之道)

"백성을 다스린다(治人)."라고 한 것은 움직임과 고요함을 알맞게 조절해 사고의 낭비를 줄이는 것이고 "하늘을 섬긴다(事天)."라고 한 것은 청력과 시력을 끝까지 써버리지 않고 지식을 고갈시키지 않는 것이다.

백성을 다스리고 하늘에 봉사하는 데는 아끼는 일이 제일이라고 한다. 오로지 아낀다는 것, 이것을 도에 빠르게 다가간다고 한다. 빠르게 도에 따르는 것을 되풀이하여 덕을 쌓는다고 한다. 여러 번 덕을 쌓아 올리면 할 수 없는 일이 없으며, 도와 마찬가지로 무한한 일을 하게 된다. 무한한 일을 가지면 나라를 다스릴 수 있다. 나라를 가지는 어머니를 모시게 되면, 나라를 키워서 장구할 수 있다. 이것을 깊고 견고한 근저가 있어서 영원히 살 수 있는 도라고 한다.

서력 3세기, 위진(魏晉) 시대의 노자 철학 신봉자이면서 유명한 죽림칠현(竹林七賢)의 한사람이었던 왕융(王戎, 234~305)은 색(嗇)의 철학의 실천자로 유명하였다. 그는 낙양(洛陽) 제일이라고 불릴 정도로 부자였는데, 밤이 되면 촛불 아래에서 부인과 수판을 튕기며 증명문서를 계산하는 데 여념이 없었다고 하며, 그의 철저한 인색함을 전하는 일화는 5세기에 편찬된 설화집에도 남아 있다.

왕융의 인색은 난세의 화해(禍害)로부터 몸을 지키기 위한 권력자에 대한 속임수였다고 보는 사람도 있으나, 몸을 지킨다는 의도 또한 노자 철학의 본질적 관심사임은 확실하다.

노자 철학이 무(無)에 대해서 설명하고 무위(無爲)에 대하여 설파하나, 이는 생에 대한 강인한 의욕과 현실 생활의 대처가 포함된 것이다.

그러므로 통치자가 국민을 통치하고 천제(天帝)에 제사 지낼 때에 씀씀이를 억제하는 것이 가장 중요하다. 검약한다는 것은 결국 '함부로 하지 않음', '고요함', '일을 벌이지 않음', '마음을 비움' 등과 같은 맥락이다. 그런 뜻에서 그것은 그대로 '도를 따르는 행동'이다.

도(道)에 따라, 재력이나 국력이나 인력 등 외적인 것뿐 아니라 쓸 데없는 행동과 생각을 하지 않음으로써 체력, 지력, 정신력, 정력 등도 아끼고 보존하면 안팎으로 덕(德)이, 즉 힘과 생기와 활력이 점점 쌓이게 되고 그렇게 덕이 많이 쌓이면 아무리 울어도 목쉬는 일이 없는 어린아이처럼 거칠 것이 없는 상태가 된다. 이렇게 이겨내지 못할 것이 없을 정도로 무한한 내적 힘을 갖춘 사람만이 나라의 지도자가 될 자격이 있다는 것이다.

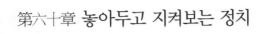

第六十章 놓아두고 지켜보는 정치

💬 治大國若烹小鮮(치대국약팽소선). 以道莅天下(이도리천하), 其鬼不神(기귀불신), 非其鬼不神(비기귀불신), 其神不傷人(기신불상인). 非其神不傷人(비기신불상인), 聖人亦不傷人(성인역불상인). 夫兩不相傷(부량불상상), 故德交歸焉(고덕교귀언)

　이 장 또한 노자의 정치에 대한 사상을 말하고 있다. 말하자면, 나라를 다스리는 것은 마치 작은 생선을 끓이는 것과 같다. 무위의 정치를 작은 생선으로 비유하는 것은 전장의 아낌(薔)의 정치의 배경같이 전원 촌락의 풍치를 눈에 어른거리게 한다. 그러나 대국(大國)이라는 말은 이 장에서 처음 보이는 것으로, 이 장의 대국을 다스리는 정치론이 나중에 설명되는 소국과민(小國寡民)의 정치사상과 어떠한 관계를 맺느냐는 점에 대해서 의문점에 남는데, 본 장을 대국(통일국가)의 출현을 구체적으로 예견하는 전국시대 말기 또는 그 존재를 전제로 하는 진한시대의 집필로 보는 견해가 있다.

　대국을 다스리는 것 또한 작은 생선을 요리하는 것과 같다. 무위의 도로 천하에 군림하면 편안하게 다스리게 되고, 귀신도 존경하던 영위력(靈威力)을 잃게 된다. 귀신이 영위력을 잃어버리는 게 아니고 그 영위력은 백성에게 해를 끼치지 않는다. 영위력은 백성에게 해를 끼치지 않을 뿐 아니라 성인(聖人) 또한 백성에게 해가 되게 하지 않는다.

귀신과 성인, 어느 쪽이든 백성을 상하게 하지 않으므로 덕이 번갈아 가며 모이게 된다.

최고 통치자가 한 나라를 다스리는 것은 마치 요리사가 생선을 솥에 넣고 생선국을 끓이는 것과 같다. 서투른 요리사는 성급하게 젓가락으로 생선을 건드려 몸뚱이의 살을 흩어지게 하지만, 익숙한 요리사는 그것을 건드리지 않고 몸뚱이를 온전하게 요리한다. 이와 마찬가지로 악한 통치자는 가혹한 법률로 백성을 탄압하여 민심이 흩어지고, 생활의 위협을 받아 생산 또한 부진하게 된다.

그러나 무위자연의 도로 나라를 다스리면 우주를 섭리하는 천지신명, 즉 우주정신과 사회를 운영하는 인간 의지가 한데 화합하여 백성은 자연 속에서 아무런 구속도 모르고 행복한 생활을 노래한다. 따라서 백성의 마음으로 마음을 삼는 철인 통치자 또한 무위로 다스리지만 백성은 의식하지 못한다.

무위 정치가 이루어지는 사회에는 신령의 은혜가 없는 것이 아니요, 위대한 철인 정치가의 덕이 없는 것도 아니지만, 백성은 그런 것이 있는지 없는지도 모른 채 자연스럽게 유족한 생활을 즐길 뿐이다.

第六十一章 대국(大國)과 소국(小國)

💬 大國者下流(대국자하류), 天下之交(천하지교), 天下之牝 (천하지빈). 牝常以靜勝牡(빈상이정승모), 以靜爲下(이정위하). 故大國以下小國 (고대국이하소국), 則取小國(칙취소국), 小國以下大國(소국이하대국), 則取大國 (칙취대국). 故或下以取(고혹하이취), 或下而取(혹하이취). 大國不過欲兼畜人(대 국불과욕겸축인), 小國不過欲入事人(소국불과욕입사인). 夫兩者各得所欲(부량 자각득소욕), 大者宜爲下(대자의위하)

   큰 강이나 큰 바다가 몇백 개 되는 하천의 왕자가 되는 것은 그것이 충분히 낮은 위치에 있기 때문이다. 그러므로 수백 개의 하천의 왕자 가 될 수 있는 것이다.

   대국(大國)은 하류에 위치해야 할 것, 천하의 흐름이 바뀌는 곳이니 여성적일 것이다. 여성은 항상 조용하므로 남성을 이긴다. 이를테면 조용함으로써 몸을 숙이기 때문이다.

   따라서 대국이 소국에 자기를 낮추면 소국이 귀순하게 된다. 대국 은 소국의 국민을 합해서 기르려고 할 뿐이고, 소국은 대국의 산하(傘 下)에 들어가서 대국에 봉사하려고 할 뿐이다.

   대체로 양자가 각각 희망하는 것을 실현하고자 하면 큰 것이 몸을 낮추는 것이 좋다.

   대국은 말하자면 큰 강의 하류, 천하의 만물이 모이는 요충이며, 세계가 연모하는 위대한 여성에 비교된다. 여성은 항상 고요하며 남성을 이긴다. 고요하면서 손아래에 선다. 따라서 대국은 고요하면서 소국에 몸을 낮추면 소국의 신뢰를 얻어낼 수 있다. 소국은 조용하면서 대국에 겸손하면 대국의 신뢰를 얻어낼 수 있다. 따라서 몸을 낮추어 실리를 얻는 사람도 있고, 낮추어 있어서 신뢰를 얻기도 한다. 대국은 소국을 지배하여 백성과 더불어 양육하려는 희망이 있을 뿐, 소국은 대국의 산하로 들어가서 사람들에게 봉사하려고 바랄 뿐이다. 이 양자가 바라는 바를 성취하려면 대국이 먼저 몸을 낮추면 된다.

일상생활 중에서 내가 잘났다고 생각하는 바람에 얼마나 많은 갈등이 생기는가? 세상에는 좋은 것, 나쁜 것이 따로 없다고 이 책에서는 여러 번 강조하고 있다. 어찌 보면 가장 평범한 이치인데, 그것에 눈뜨려고 하지 않는 데서 갈등은 비롯되고 나라 간의 전쟁도 발생한다. 적을 스스로 만들어 육체적으로나 정신적으로나 싸움이 끊일 날이 없다.

우리는 바깥만 보지 말고 우리 내면, 즉 정신을 냉철하게 들여다보고, 그 안에 먼지를 씻어 내버리는 수양을 해야 하겠다. 단단한 마음가짐과 인내심이 필요하겠지만, 이러한 살얼음 위를 지나지 않고서는 스스로 건강과 생명을 스스로 잘라버리는 꼴이 되지 않겠는가? 이것이 우리가 흔히 쉽게 내뱉는 스트레스의 발생 과정이다.

노자는 몸을 낮추라고 하고, 인색할 정도로 아껴서 번지르르한 사치 생활을 벗어나야 한다고 가르치고 있다.

마태복음 23장 13절에 "누구든지 자기를 높이는 자는 낮아지고 누구든지 자기를 낮추는 자는 높아지리라."라는 구절이 생각난다.

第六十二章 도(道)의 포용성

💬 道者萬物之奧(도자만물지오), 善人之寶(선인지보), 不善人之所保(불선인지소보), 美言可以市(미언가이시), 尊行可以加人(존행가이가인), 人之不善(인지불선), 何棄之有(하기지유). 故立天子(고립천자), 置三公(치삼공), 雖有拱璧以先駟馬(수유공벽이선사마), 不如坐進此道(불여좌진차도), 古之所以貴此道者何(고지소이귀차도자하). 不曰以求得(부왈이구득), 有罪以免邪(유죄이면사), 故爲天下貴(고위천하귀)

이 장은 도(道)가 만물을 골고루 포장하여 그 근원의 근원에 있는 궁극자이므로 만물의 선(善)도 불선(不善)도 허심하게 받아들여 아무것도 버릴 것이 없다는 것, 아무것도 버릴 것이 없으므로 정치의 원리로써 최상의 것이며 만민의 행복을 실현하는 최고의 가치를 가지는 것을 설명한다.

도는 만물의 구극(究極)에 있는 것. 선인의 보물인 동시에 좋지 않은 사람의 보물이기도 하다. 훌륭한 말은 그것으로 높은 지위를 살 수 있으며 훌륭한 행위는 다른 사람에게서 사야 할 수 있다고 하는데, 불선인 사람도 도를 근원으로 하므로 어찌하여 내버려둔 채 돌보지 않을 수 있겠는가. 따라서 천자를 세우고 삼공을 임명할 때는 사두마차를 앞세우고 큰 옥을 바치지만, 도를 현상하는 것에는 따를 수 없다. 옛사람이 이 도를 가치 있다고 한 것은 어떤 까닭일까? 구하면

이 도에 따라 얻고, 죄가 있어도 이 도에 의하여 피할 수 있다고 한다. 따라서 이 세상에 더할 나위 없는 가치를 가지는 것이다.

노자는 선악의 구별을 완전히 무시하는 것은 아니나, 선악의 구별보다는 그 구별의 근원에 있는 것을 눈여겨본다. 따라서 근원적 입장에서 보면 악이어야 할 것이 선이 되고, 나쁜 사람으로 될 사람도 또 선인으로 용서받게 된다. 노자의 도는 악인이라고 거부하지 않고, 죄 있는 사람을 결코 돌보지 않는 일이 없다. 따라서 모든 살아있는 것들이 도의 아들로 포용되어 살아있는 것 그 자체가 선으로 긍정되어 있다. 어느 사람도 '의'에 의해 남을 재판하고, 악인이라고 남을 거부하는 특권은 용서되어 있지 않다. 유교나 기독교가 '의롭다'고 하는 것, 정선(正善)한 인간을 위한 복음이라면 노자의 도는 불의하다며 거절당하지 않는 것, 불선으로 내버려지는 붕괴한 인간을 위한 덕음이라고도 말할 수 있겠다.

인간의 죄가 도에 의해서 면할 수 있다는 노자의 교설은 여러 가지의 변형을 교시하면서, 중국의 종교사상을 전개하는 중에 일관된 저류(低流)로써 생명을 이어가고 있다.

第六十三章 큰일은 미리 해버리는 무위(無爲)

💬 爲無爲(위무위), 事無事(사무사), 味無味(미무미), 大小多少(대소다소), 報怨以德(보원이덕), 圖難於其易(도난어기이), 爲大於其細(위대어기세), 天下難事(천하난사), 必作於易(필작어이), 天下大事(천하대사), 必作於細(필작어세), 是以聖人終下爲大(시이성인종하위대), 故能成其大(고능성기대), 夫輕諾必寡信(부경낙필과신), 多易必多難(다이필다난), 是以聖人猶難之(시이성인유난지), 故終無難矣(고종무난의)

이 장은 무위의 성인이 담담하고 나에게 얽매이지 않는, 대범하면서도 면밀 신중한 인생 태도를 설명한다. 무위의 편안함이 누워서 뒹굴며 아무것도 하지 않는 나태와는 다르다는 것을 입증하는 구체적인 자료이다. 글 중에서 '원한을 보답하는 데 덕으로 하고'의 문장은 공자의 '바른 것으로 원한을 갚는다(論語 憲問篇)'의 시시비비 주의와 대조하면 양자의 인생 태도의 상이함을 가장 단적으로 엿볼 수 있다.

무위를 나의 행동거지로 하고, 무사한 것을 나의 하는 일로 하고, 무미를 나의 맛으로 삼고, 소에는 대를 크게 주고, 적은 것에는 많이 돌려준다. 원한을 덕으로 보답하고, 어려운 일은 쉬울 때 손을 대고, 큰일은 작을 때 정리한다. 세상의 어려운 일은 항상 쉬운 데서 생기고, 세상의 큰일은 항상 작은 데서 시작한다. 따라서 무위의 성인은 결코 큰일을 하려고 들지 않고 이렇게 해서 완성하는 것이다. 대체로 경솔하게 떠맡으면 좀처럼 믿을 게 못되고, 쉽게 생각하면 반드시 혼난다. 따라서 무위의 성인은 쉬운 일에도 어렵게 맞붙는다. 이리하여 조금도 곤란이 일어나지 않는다.

일체의 인위를 버리고 무위로 하며, 전연 맛이 없는 무미를 맛봄으로써 근원적인 도의 입장을 확립하여 어떠한 상황에서도 덕으로 응하는 것이 좋다.

덕으로 응한다는 것이 어떤 것일까? 말하자면 큰 사업에 대해서 작은 전조의 단계에서 대책을 세우는 것이다. 천하의 모든 큰일은 어떤 것이든 조그마한 전조 단계를 거쳐 발생하기 때문이다. 이러하므로 이상적인 인물인 성인은 최후까지 큰 사업을 하려고 하지 않으나, 큰 사업을 해낼 수 있는 것이다. 또한, 대체로 쉽게 일에 합의하는 사람은 반드시 진실성이 부족한 것이고, 쉽다고 가볍게 보는 사람은 반드시 곤란에 빠진다. 성인은 어렵게 생각하고 일을 함으로써 최후까지 곤란에 빠지지 않는다.

"천하의 어려운 일은 반드시 쉬운 것에서 이루어지고, 천하의 큰일은 반드시 작은 일로부터 이루어진다."라고 하였다. 이 때문에 사물을 제어하려면 미세할 때 시작해야 한다. 그래서 "어려운 것을 도모할 때는 쉬운 것에서 시작하고, 큰 것을 하고자 할 때는 작은 것에서 시작한다."

천장이나 되는 제방도 땅강아지와 개미구멍 때문에 무너지고, 백척이나 되는 집도 굴뚝 틈새의 불씨로 인해 잿더미가 된다. 그래서 백규(白圭. 전국시대 위나라 사람으로 이름은 단(丹)이다. 백규는 물을 다스리는 일에서는 위나라 임금보다 앞선다는 자부심을 가졌던 인물이다.)는 제방을 순시하다가 작은 구멍을 막았으며, 나이 든 사람들은 불씨를 막기 위해 굴뚝 틈새를 막았다.

편작(扁鵲) 고대의 명의로 성은 진(秦), 이름은 월인(越人)이다. 그는 평생을 위학 연구에 몰두해 진단법을 체계적으로 분류했고, 침이나 뜸 등 중국의학의 기본적인 치료법을 완성하였다. 편작이 채(蔡)나라 환후(桓侯)를 만났다. 편작이 잠시 서서 환후를 살펴보고 말하였다.

"왕께서는 피부에 질병이 있습니다. 치료를 하지 않으면 장차 심해질까 두렵습니다." 이에 환후는 "나는 병이 없소."라고 답하였고 편작은 물러나왔다. 환후는 의사는 이득을 좋아해 질병이 없어도 치료하여 자신의 공이라 자랑하려고 한다고 하였다.

열흘이 지나서 편작은 다시 환후를 만나 말하였다.

"왕의 질병은 살 속에 있으니 치료하지 않으면 장차 더욱 심해질 것입니다." 이에도 환후는 응하지 않았고 불쾌해하였다.

열흘이 지난 뒤 편작은 또 환후에게 "왕의 질병은 장과 위에 있습니다. 치료하지 않으면 장차 더욱 심해질 것입니다."라고 하였으나, 환후는 또 응하지 않았다. 열흘이 다시 지나 편작은 환후를 멀리서 바라보다가 발길을 돌려 달아났다. 그래서 환후는 사람을 시켜 그 까닭을 물었다.

"질병이 피부에 있을 때는 찜질로 치료하면 되고, 살 속에 있을 때는 침을 꽂으면 되며 장과 위에 있을 때는 약을 달여 복용하면 됩니다. 그러나 병이 골수까지 온 경우에는 운명을 관장하는 신이 관여한 것이라 어찌할 방법이 없습니다. 지금 군주의 질병은 골수까지 파고들었으므로 아무것도 권유하지 않았던 것입니다."

그로부터 닷새 뒤 환후가 몸에 통증이 있어, 사람을 시켜 편작을 찾았지만, 편작은 이미 진(秦)나라로 달아난 뒤였다. 환후는 결국 죽었다.

훌륭한 의사가 질병을 치료할 때 피부에 있을 때 고치려고 하는데 이것은 모두 작은 것에서 해치우려고 하는 것이다.

第六十四章 큰일의 작은 시작

💬 其安易持(기안이지), 其未兆易謀(기미조이모), 其脆易泮(기취이반), 其微易散(기미이산), 爲之於未有(위지어미유), 治之於未亂(치지어미란). 合抱之木(합포지목), 生於毫末(생어호말), 九層之臺(구층지대), 起於累土(기어누토), 千里之行(천리지행), 始於足下(시어족하). 爲者敗之(위자패지), 執者失之(집자실지), 是以聖人無爲故無敗(시이성인무위고무패), 無執故無失(무집고무실). 民之從事(민지종사), 常於幾成而敗之(상어기성이패지), 愼終如始(신종여시), 則無敗事(즉무패사). 是以聖人欲不欲(시이성인욕불욕), 不貴難得之貨(불귀난득지화). 學不學(학불학), 復衆人之所過(복중인지소과). 以輔萬物之自然而不敢爲(이보만물지자연이불감위)

 이 장은 무위의 성인의 신중한 인생 태도를 설명한다. 노자의 무위 사상으로 인생의 화패(禍敗 – 재앙으로 인한 실패)에 대하여 예리한 눈으로 뚫어지게 자세히 본 것이다. 이 세상의 일이 잘못되기 쉬운 데 대한 깊은 성찰이라는 것을 느끼게 하는 글이다. 인생이 망가지기 쉽다는 것을 몸소 체험하고, 고생하며 인생의 풍설(風雪)에 이기고, 풍부한 영지를 닦아낸 철인의 면목을 느낄 수 있다.

 "한 아름의 큰 나무도 어린나무에서 생긴다."와 "천 리 길도 발밑에서 시작한다." 및 "끝을 잘 마무리하는 것을 처음과 같이한다." 등의 문장은 널리 애용되는 속담들이다.

안전한 사람은 계속 지탱하기 쉽고 일이 아직 싹트지 않을 때는 손 쓰기 쉽다. 굳어있지 않은 것은 녹이기 쉽고, 눈에 띄지 않는 것은 흩어지기 쉽다. 일이 생기기 전에 잘 처리하고 흩어지지 않을 때 잘 챙겨두는 게 요점이다. 한 아름이나 되는 큰 나무도 자그마한 눈에서 자라서 크게 된 것이고, 구 층의 고태(高台)도 한 삼태기의 흙이 쌓이고 쌓여서 일이 시작되고, 천 리 길도 발끝의 한발에서 시작된다. 잘 해주려고 애쓰는 사람은 실패하고, 쥐고 손을 놓으려 하지 않으면 놓치고 만다.

따라서 무위의 성인은 무리하지 않으므로 실패가 없고, 물고 늘어지지 않으니 놓치는 일이 없다. 세상 사람이 일을 할 때, 항상 거의 다되어 갈 즈음 잘못된다. 최후의 마무리를 처음처럼 신중히 하면 잘못되는 일이 없다. 무위의 성인은 욕망이 없는 것을 나의 욕망으로 삼고, 얻기 힘든 보화를 고마워하지 않는다. 박학(博學)을 버림으로써 나의 학문으로 하고, 사람들의 지나침을 본래의 모습으로 돌려놓고 만물의 있는 그대로의 본연의 자세를 완성케 하고, 무리하게 손을 대는 일을 삼가는 것이다.

사물이라는 것의 성질은, 안정된 것은 유지하기 쉽고, 아직 징후가 나타나지 않은 것은 대책을 생각하기 쉬우며, 취약한 것은 분할되기 쉬우며, 미세한 것은 분산되기 쉬운 것이다. 따라서 그것들에 대해서는 아직 형태가 나타나기 전에 처치하고, 아직 혼란스럽지 않을 때 통치하는 것이 좋다. 그러나 인위적으로 일하려고 하면 그 일이 곧 완성하려는 단계에서 그것을 파괴하고 만다. 스트레스 또한 인위에서 비롯되는 것이다.

자연의 깊고 맑은 세상을 꿰뚫어보고 우리의 삶의 본보기로 하지
않겠는가?

第六十五章 무지의 정치

💬 古之善爲道者(고지선위도자), 非以明民(비이명민), 將以
愚之(장이우지). 民之難治(민지난치), 以其智多(이기지다). 故以智治國(고이지치
국), 國之賊(국지적), 不以智治國(불이지치국), 國之福(국지복). 知此兩者(지차양
자), 亦稽式(역계식), 常知稽式(상지계식), 是謂玄德(시위현덕). 玄德深矣(현덕심
의), 遠矣(원의), 與物反矣(여물반의), 然後乃至大順(연후내지대순)

　이 장은 무위자연의 도와 일체가 된 무지 무욕의 사회 실현을 궁
극적인 이상으로 삼는 노자적 성인의 현덕(玄德) 정치를 설명한다. 인
간의 참된 행복은 어리석음(대현(大賢)은 우(愚)한 것만 같다의 愚)과 도를
아는 '무지'에 철저한 현덕(玄德)으로 얻을 수 있다는 것을 알려주고 있
다.
　예부터 노자의 우민 정치를 설파한 논술로써 종종 논의되는 장이기
도 하다. 노자는 참된 지(知)를 상식적인 말로 무지라고 부르고, 참된
현(賢)을 세속적 말로 우(愚)라고 부르고 있다.

　옛날에 무위의 도를 잘 배운 사람은 그 도에 따라서 백성을 총명하
게 하지 않았고 그 도에 의하여 백성을 우둔하게 하려고 했다. 백성
을 다스리기 힘든 것은 백성들에게 약은 체하는 지혜가 많았기 때문
이다. 따라서 이런 말이 있다. 지(知)를 가지고 나라를 다스리는 것은
나라에 해가 된다. 지(知)를 가지고 나라를 다스리지 않으면 나라의

복이다. 이 두 가지 말을 알아차리는 것도 정치의 법칙이다. 언제나 이 법칙을 잘 알고 있는 것을 현덕(玄德)이라 한다. 현덕, 즉 도의 현묘한 체득이라고 한다. 현덕은 매우 깊고, 대단히 원대하다. 세속의 세계를 부정하는 방향을 가진다. 부정함으로써, 결국 도와의 합일에 도달한다.

공자는 덕치(德治)를 주장하였고 묵자는 겸애(兼愛), 즉 평등애로 천하를 다스릴 것을 말하였다. 그러나 노자는 도(道)로 백성을 다스릴 것을 주장하였다.

도(道)로 백성을 다스리는 데는 주지주의(主知主義)를 배척하고 자연주의를 내세운다. 자연주의란 백성으로 하여금 이미 알고 있는 지식을 버리게 하고 인간의 자연성을 회복하게 하는 것이다. 다시 말하면 백성에게 교활한 지식을 반진귀박(返眞歸樸)하게 하는 것이다. 행복하게 살면서도 행복한지 모르는 것이야말로 참된 행복이요, 불가사의한 덕이다.

第六十六章 스스로 낮춤의 철학

●● 江海所以能爲百谷王者(강해소이능위백곡왕자), 以其善下之(이기선하지), 故能爲百谷王(고능위백곡왕). 是以欲上民(시이욕상민), 必以言下之(필이언하지), 欲先民(욕선민), 必以身後之(필이신후지). 是以聖人處上而民不重(시이성인처상이민부중), 處前而民不害(처전이민불해). 是以天下樂推而不厭(시이천하락추이불염). 以其不爭(이기부쟁), 故天下莫能與之爭(고천하막능여지쟁)

이 장은 8장과 마찬가지로 물에 비유한 것인데, 싸우지 않는 덕을 설명한다.

큰 강이나 큰 바다가 수백 개의 하천의 왕자가 될 수 있는 것은 그 것이 낮은 곳에 있으면서 보기 좋게 몸을 낮추기 때문이다. 따라서 사람 위에 서려고 하면 반드시 겸허한 말로 상대방에게 몸을 숙이고, 사람들 앞에 서려고 한다면 반드시 사람 뒤에 따라간다. 따라서 무위 의 성인은 백성들의 윗자리에 있어도 백성들은 무거운 줄 모른다. 그 앞에 있어도 백성들은 방해자로 생각하지 않는다. 따라서 세상 사람 들이 그를 받들어 높이는 것을 즐기며 싫증 나는 얼굴을 하지 않는 다. 아무와도 싸우려 하지 않으므로 이 세상에 적이 없다.

출세하고 남과 싸우지 않고 살려면 겸손하고 몸을 낮추는 행동을 버릇으로 삼아야 한다. 거만하게 굴면 계획하던 일도 망가지고 몸 또 한 상하기 쉽다.

물을 비유로 한 구절은 여러 번 나왔다. 스트레스 때문에 받는 고 생도 많은 부분이 이 방법으로 해소될 것이다.

第六十七章 세 가지 보배

💬 天下皆謂我道大(천하개위아도대), 似不肖(사불초). 夫唯
大(부유대), 故似不肖(고사불초), 若肖(약초), 久矣其細也夫(구의기세야부). 我有
三寶(아유삼보), 持而保之(지이보지); 一曰慈(일왈자), 二曰儉(이왈검), 三曰不敢
爲天下先(삼왈불감위천하선). 慈故能勇(자고능용), 儉故能廣(검고능광), 不敢爲
天下先(불감위천하선), 故能成器長(고능성기장). 今舍慈且勇(금사자차용), 舍儉
且廣(사검차광), 舍後且先(사후차선), 死矣(사의). 夫慈以戰則(부자이전칙), 以
守則固(이수칙고), 天將救之(천장구지), 以慈衛之(이자위지)

이 장은 노자의 무위의 도를 실천하는 데 세 가지 보배(三寶)인 자
혜로움(慈)과 검소함(儉)과 세상 사람들 속에서 선두에 서지 않는다는
것을 설명한다.

삼보(三寶)라는 말은 중국 불교가 Triratna를 번역한 말로, 이 단어
를 쓰기 시작한 이래 오로지 불(佛)·법(法)·승(僧)을 뜻하는 말로 사용
되었는데, 본래는 노자가 사용한 말이다. 노자의 삼보(三寶) 중 자(慈)
는 유가에서도 부모의 사랑을 표현할 때 쓰였으며, 논어와 예기(禮記)
등에서도 보인다. 노자에서는 더욱 넓게 인간의 인간에 대한 귀여워
하는 감정을 뜻하며, 유가(儒家)의 인(仁)과 거의 동일한 의미이다. 검
(儉)은 59장의 색(嗇)과 동류의 개념이라고 말할 수 있으며 검소함을
의미한다. "억지로 천하의 앞이 되려고 하지 않는다."는 몸을 뒤로한

다는 처세를 일반화하여 사용한 말이자 몸을 숙이는 인생 태도를 의미한다.

세상 사람들은 내가 말하는 도에 대하여 크기는 큰데 어딘지 바보스럽게 보인다고 한다. 바보 같아서 크다고 말할 수 있다. 나의 도에는 세 가지 보물이 있어서 귀중하게 보관하고 있다. 그중 하나는 자(慈)— 사랑하는 마음이며, 그 두 번째는 검(儉)— 검소하고, 그 세 번째는 세상 사람보다 앞서지 않는다는 것이다. 자비심이 있으므로 참된 용기 있는 사람이 되고, 검소함으로 넓게 베풀며, 사람 뒤에 서는 것을 그만두고 앞서려고 하면 명이 떨어질 뿐이다. 사랑하는 마음은 그것을 가지고 전쟁을 하면 전쟁에서 이긴다. 그것을 가지고 지키면 지킴이 튼튼하고, 하늘도 그를 구하려고 하고 사랑으로 감싸준다.

노자는 자기의 세 가지 보물을 세상 사람이 귀중히 여기는 금은보화와 같이 잘 지니고 보존하는 것이다.

첫째, 윤리 생활에 있어서는 사랑이요, 둘째, 경제 생활에 있어서는 검약이요, 셋째, 정치 생활에 있어서 남보다 먼저 앞에 나서려고 하지 않는 것이다.

사랑하는 마음을 가지지 않고, 다만 용감만 하려고 한다든가 검약한 생활을 하지 않고 여유 있는 생활을 하려고 한다든가 또는 뒤로 물러나려는 행동을 하지 않고, 다만 남보다 앞장서서 지도자가 되려고 하면 이것은 자신을 죽이는 길이다.

第六十八章 싸우지 않는 덕

善爲士者不武(선위사자불무), 善戰者不怒(선전자불노), 善勝敵者不與(선승적자불여), 善用人者爲之下(선용인자위지하). 是謂不爭之德(시위부쟁지덕), 是謂用人之力(시위용인지력). 是謂配天古之極(시위배천고지극)

이 장은 인간의 참된 강함, 유약하면서 싸우지 않는 덕에 관해서 설명하고 있다.

참으로 뛰어난 인물은 무용(武勇)을 자랑하지 않으며 싸움을 잘하는 사람은 성을 내지 않는다. 대적을 잘 이기는 사람은 대적과 다투지 않는다. 사람을 잘 쓰는 이는 남의 부하가 된다. 이런 것을 남과 싸우지 않는 덕이라 하고 이것을 사람의 힘을 잘 쓴다고 하고 이것을 하늘과 하나가 된다고 한다. 옛날의 무위의 도이다.

뛰어난 인물이 되면 무용(武勇)을 자랑하지 않는다. 훌륭한 군인이 되면 성을 내지 않으며, 묘하게 적을 때려 이기는 사람은 상대방에게 달려들지 않는다. 위에 서서 사람을 잘 쓰는 사람은 상대방에게 자기를 낮춘다. 이것을 남과 싸우지 않는 참된 덕이라고 하며, 사람을 능숙하게 잘 쓰는 방법이라고도 한다. 하늘과 일치한다고도 한다. 이거야말로 고대의 궁극적 규범과 다름이 아니다.

〈장자(莊子)〉에 이런 이야기가 나온다.

닭싸움을 위해 닭을 훈련시키는 사람이 있었는데, 주나라 선왕의 부탁으로 닭을 한 마리 훈련시키게 되었다.

열흘쯤 지나 왕은 그 닭이 싸움을 할 만큼 훈련이 되었는가 물었다.

훈련사는 "아직 안 되었습니다. 지금은 쓸데없이 허세를 부리고 자기 힘만 믿습니다." 하고 대답했다.

다시 한 열흘이 지나 왕이 또 물었다. 훈련사는 "아직 안 되었습니다. 다른 닭의 소리나 모습만 보아도 덤벼듭니다." 하는 대답이었다.

다시 열흘이 지나 왕이 또 묻자 훈련사의 대답은 "아직 안 되었습니다. 아직도 상대방을 노려보고, 혈기 왕성합니다." 하는 것이었다.

그 뒤 다시 열흘이 지나 왕이 묻자, 훈련사는 그제야 이렇게 대답했다.

"이제 됐습니다. 상대가 울음소리를 내어도 아무 변화가 없습니다. 멀리서 보면 마치 나무로 깎아 놓은 닭 같습니다. 그 덕이 온전해진 것입니다. 다른 닭이 감히 상대하지 못하고 돌아서 달아나 버립니다."

남과 물리적으로 힘을 겨루어 이기는 것이 아니라, 도와 하나됨으로 얻는 도의 힘, 자애의 힘으로 이기는 것이 완전한 이김이다.

세상 사람들의 전쟁은 욕망, 즉 지배욕과 소유욕에서 싹트게 된다. 그러므로 무력과 분노와 투쟁을 본질로 삼는다. 그러나, 도(道)로 본질을 삼는 전사는 부득이 침략자와 전쟁을 할 때에 무력을 쓰지도 않고, 분노를 품지도 않고, 경쟁을 하지도 않고, 대적보다 앞서 나아가려고도 하지 않는다. 왜냐하면, 부쟁(不爭)으로 전쟁의 덕을 삼고, 겸손으로 군사를 사용하는 힘을 삼고, 평화를 자연에 합치되는 극치로 삼기 때문이다.

第六十九章 전쟁은 방어전으로

💬 用兵有言(용병유언); 吾不敢爲主而爲客(오불감위주이위객), 不敢進寸而退尺(불감진촌이퇴척). 是謂行無行(시위행무행), 攘無臂(양무비), 扔無敵(잉무적), 執無兵(집무병). 禍莫大於輕敵(화막대어경적), 輕敵幾喪吾寶(경적기상오보). 故抗兵相加(고항병상가), 哀者勝矣(애자승의)

옛날 병가(兵家)의 말이 있다.

"싸움을 먼저 걸지 말아야 한다. 싸움을 걸어오기까지 기다리라. 앞으로 나아가 싸우지 말고 뒤로 물러서서 지키라."

이러한 것을 무형한 가운데서 행진하고, 팔을 사용하지 않고서도 물리칠 수 있고, 병장기를 가지지 않고도 붙잡을 수 있고, 대적할 군사 없이 전진할 수 있다고 한다.

화(禍)는 적을 업신여기는 것보다 더 큰 일이 없으니, 적은 업신여기면 노자가 말한 삼보(三寶)를 잃어버리게 된다.

"슬퍼하는 사람이 이긴다." 전쟁의 비참함을 참으로 자각하는 일, 될 수 있는 대로 희생을 피하려고 하는 유도자(有道者)에게 궁극적인 승리가 있다.

第七十章 도를 아는 이의 고독함

💬 吾言甚易知(오언심이지), 甚易行(심이행), 天下莫能知
(천하막능지), 莫能行(막능행). 言有宗(언유종), 事有君(사유군), 夫唯無知(부유
무지), 是以不我知(시이불아지). 知我者希(지아자희), 則我者貴(칙아자귀). 是以
聖人被褐懷玉(시이성인피갈회옥)

이 장은 '알기 쉽고 행하기 쉬운 무위자연의 도'를 설명하는 노자를
향한 세간의 무이해에 대하여 탄식하고 있다.

나의 말은 아주 이해하기 쉽고 매우 실행하기 쉬운데, 세상에는 이
해할 수 있는 사람이 없고, 실행할 수 있는 사람도 없다. 말에는 근
본이 되는 것이 있고, 사물에는 그것을 검토하는 게 있다. 대체로 그
것을 이해하지 못하니, 따라서 나를 이해 못 하는 것이다. 나를 이해
하는 사람은 분명 없고 나한테서 배우려는 사람 또한 거의 없다. 따
라서 무위의 성인은 변변치 않은 의복을 몸에 걸치고 그 주머니에 구
슬을 지니고 있다.

성인은 이처럼 겉으로는 거칠고 남루한 옷을 입고 있지만, 속에는
'진리의 구슬'을 품고 있는 사람이라는 것이다.
그러기에 남루한 옷을 입고 다른 사람의 멸시나 박해를 받아도 기
죽지 않고 의연한 자세를 유지하는 것이다.

우리는 지금 겉을 다듬는 데 신경을 더 쓰는가, 내면의 구슬을 닦기를 더 중시하는가?

第七十一章 알고 있으면서 알지 못하는 것

💬 知不知上(지부지상), 不知知病(부지지병). 夫唯病病(부유병병), 是以不病(시이불병). 聖人不病(성인불병), 以其病病(이기병병), 是以不病(시이불병)

알고 있으면서 알지 못한다고 생각하는 것이 최상이고, 알지 못하면서 안다고 생각하는 것이 결점이다. 결점을 결점으로 자각하니 결점도 결점이 아니 된다. 무위의 성인은 결점이 없다. 나의 결점을 결점으로 자각하므로 이렇게 되면 결점이 되지 않는다.

'지부지상(知不知上)'은 알고 있으면서 알지 못한다는 상(上)이라고 읽고, 알고 있으면서도 아직 모른다는 것은 최상이라는 뜻이다. 상은 최상의 뜻. 근원적인 진리, 말하자면 도는 깊이를 알 수 없고 인간의 지식으로는 다다를 수 없는 것이므로 알고 있음이 동시에 알 수 없다

는 일면이 있어서 그 일면성을 겸허하게 받아들이는 것이 최상(最上)의 앎(知)라는 것이다.

노자는 인간에 있어서 가장 중요한 근원적인 진리는 지식으로는 알수 없지 않은가 하는 의문과 어중간한 지식으로 인간으로서 사는 데가장 중요한 것을 놓치는 게 아닐까 하는 반성으로, 차라리 무지로 있는 것이 낫다고 생각하는 것이다.

근원적 진리는 인간의 인식을 넘어섰고, 그 진리 앞에서는 알고 있다고 하는 것이 동시에 모른다는 것이라는 높은 차원의 앎(不知의 知)을 꿰뚫어보고 있는 것이다.

『장자』 지북유편(知北遊篇)에 이 장과 맥락을 같이 하는 글이 다음과 같다.

또한, 저 도에 대한 박식이 반드시 참된 지식은 아니고,
도에 대한 능변도 반드시 참된 지혜가 아니오.
그래서 성인은 그런 것을 끊어 버렸소.
아무리 더하려고 해도 더해지지 않고,
아무리 덜려 해도 덜어지지 않는 것이야말로,
성인이 참으로 소중히 지키는 것이오.
且夫博之不必知(차부박지불필지)
辯之不必慧(변지불필혜)
聖人以斷之矣(성인이단지의)

若夫益之而不加益(약부익지이불가익)

損之而不加損者(손지이불가손자)

聖人之所保也(성인지소보야)

  공자의 지식은 '넓게 배우는 것'을 전제로 하나, 노자는 박학(博學)을 부정하고 도(道)로 복귀(復歸)할 것을 설명한다.

  도로 복귀하는 것이 나의 무지를 자각하는 것이다. 노자는 공자의 지식론보다 한 발자국 깊어졌다고 말할 수 있다.

第七十二章 스스로를 사랑함

💬 民不畏威(민불외위), 則大威至(즉대위지). 無狎其所居(무압기소거), 無厭其所生(무염기소생), 夫唯不厭(부유불염), 是以不厭(시이불염). 是以聖人自知(시이성인자지), 不自見(불자견), 自愛(자애), 不自貴(불자귀). 故去彼取此(고거피취차)

사람이 통치자의 위엄을 겁내지 않으면 얼마 안 있어 최대의 천벌이 인류 전체에 내리게 될 것이다. 사람이 자기의 위치를 소홀하게 여기지 말 것이요, 자기 생을 싫어하지 말 것이다.

왜냐하면, 싫어하는 마음이 없으면 자연히 모든 것을 싫어하지 않게 되기 때문이다. 그러므로 성인은 자기가 알면서도 스스로 나타내지 않고, 자기가 사랑하면서도 스스로 귀하게 여기지 않는다. 그러므로 사사로운 뜻을 버리고 무위자연의 도를 선택한다.

이상적인 통치자인 성인은 자기의 내심을 아는 데 노력하며, 자기를 외부로 밀어내려고 하지 않고 자신의 신체를 대단히 여기는 데 힘써서 자신의 고귀함을 자랑하지 않는다. 따라서 저쪽을 버리고 이쪽을 취하게 되는 것이다.

第七十三章 하늘에 맡김

💬 勇於敢則殺(용어감칙살), 勇於不敢則活(용어불감칙활). 此兩者(차양자), 或利或害(혹리혹해), 天之所惡(천지소악), 孰知其故(숙지기고). 是以聖人猶難之(시이성인유난지). 天之道(천지도), 不爭而善勝(부쟁이선승), 不言而善應(불언이선응), 不召而自來(불소이자래), 繟然而善謀(천연이선모). 天網恢恢(천망회회), 疎而不失(소이불실)

무슨 일이든 앞질러 과감하게 행동하는 사람은 죽고, 무슨 일이든 우물쭈물하며 뒷걸음질하는 사람은 산다. 이 두 가지 사는 방법에는 이익이 있든지 손해가 있다. 하늘은 무엇을 싫어하는가? 누가 그 이유를 알겠는가? 그러므로 성인인들 자연의 도리를 아는 것은 어렵다고 했다. 하늘의 도는 싸우지 않으면서 훌륭하게 이기고, 아무 말도 하지 않는데, 능숙하게 응답하고 초대하지도 않았는데 스스로 찾아오고 끝없이 큰데 솜씨 좋게 계획되고, 하늘의 법망은 넓고 큰데, 눈은 거칠어도 무엇이든 못 보고 빠뜨리는 일이 없다.

대체로 인위(人爲)를 행하려고 용기를 내는 사람은 죽임을 당하고 무위(無爲)를 행하려고 용기를 내는 사람은 산다. 하늘의 도는 대개 인간의 용기 등과는 인연도 관계도 없는 것인데, 전쟁을 벌일 것까지는 없이 훌륭하게 상대방에 이긴다. 말을 사용하기까지 않더라도 깔끔하게 상대방에 대응할 수 있다. 불러들이기 전에 스스로 찾아와서 조용히 준비 태세에 있으면서 훌륭하게 책모를 꾸밀 수 있다. 인류 전체를 위에서 덮고 있는 하늘의 그물은 광대무변하여 그 눈은 거칠기는 해도 무엇 하나 못 보고 빠뜨리지 않는다.

第七十四章 사형(死刑)은 자연에 맡긴다

💬 民不畏死(민불외사), 奈何以死懼之(내하이사구지). 若
使民常畏死而爲奇者(약사민상외사이위기자), 吾得執而殺之(오득집이살지), 孰敢
(숙감). 常有司殺者殺(상유사살자살), 夫代司殺者殺(부대사살자살), 是謂代大匠
斲(시위대대장착). 夫代大匠斲者(부대대장착자), 希有不傷其手矣(희유불상기수
의)

　백성들이 죽음을 겁내지 않고 자포자기하게 되면 어떻게 죽음으로
그들을 위협할 수 있을 것인가? 설령 백성들이 항상 죽음을 겁내고
발칙한 짓을 하는 사람을 내가 붙잡아서 죽일 수 있다 해도 어째서
마음대로 죽일 짓을 할 것인가. 항상 죽을죄를 다스리는 자는 하늘
에 있어서 그들의 생명을 빼앗는다. 대체로 죽을죄를 다스리는 사람
을 대신해서 죽이는 것은, 이것을 목수를 대신해서 나무를 자르는 것
과 같다고 한다. 대목의 명인을 대신하여 나무를 자르면 손에 상처가
나지 않는 것은 극히 드문 일이다.

　만일 백성이 항상 죽음을 무서워하지 않고 자포자기의 상태에 있다
고 하면 어찌하여 사형으로써 그들을 겁줄 수 있겠는가? 만일 백성
이 죽음에 겁을 먹으려 하면 여기에 안정된 사회질서가 생겼다 치고
그런 사회 안에서 기교(奇矯)한 행동에 신중한 고려 없이 멋대로 행동
하는 사람이 나타났을 경우 나는 그 사람을 체포해서 사형에 처해야

하는 존재이다. 대체 어떤 사람이 그러한 행동을 멋대로 하려고 할까?

악법과 학정(虐政)으로 나라를 다스리는 사회에서는 백성들이 다 살기를 원하지 않고 죽기를 원한다. 이러한 백성들에게 어떻게 죽음으로 무섭게 하겠느냐? 아무리 무서운 법이라도 백성들은 두려워하지 않을 것이다.

만일 백성에게 죽음을 무섭게 하는 정책으로 간악한 일을 한다면 나는 그런 사람을 잡아 죽일 수도 있다. 그러나 누가 감히 죽일 수 있겠느냐? 그것은 따로 죽일 자가 있다. 그것은 바로 자연의 법률이다.

만일 자연의 법률에 의하지 않고 사람의 사의로 사람을 죽이면 이것은 마치 목수를 대신하여 나무를 베는 것과 같아서 다치게 된다.

第七十五章 삶에 얽매이지 않는 삶

💬 民之饑(민지기), 以其上食稅之多(이기상식세지다), 是以
饑(시이기). 民之難治(민지난치), 以其上之有爲(이기상지유위), 是以難治(시이난
치). 民之輕死(민지경사), 以其上求生之厚(이기상구생지후), 是以輕死(시이경사).
夫唯無以生爲者(부유무이생위자), 是賢於貴生(시현어귀생)

이 장은 인간의 안전한 삶을 방해하는 세 가지 반자연(反自然)에 대
하여 설명한다.

통치자의 사치에 의한 백성으로부터의 가혹한 수탈, 무위의 정치에
안주하지 못하는 행동과 간섭, 백성들의 지나친 생명에 대한 자의식
을 말하며, 이것이 결국 만족할 줄 모르는 상태에서 비롯된다는 것을
말한다.

사람들이 편안하게 살기 위해서는 오히려 삶에 대한 속박에서 벗어
나지 않으면 안 된다. 사람에 대한 얽매임에서 물러나야 비로소 삶의
본래적 편안함을 알게 되며, 참된 의미의 생을 긍정하게 위해서는 삶
을 부정하는 것을 매개하지 않으면 안 된다는 노자의 역설이 이 장의
논지이다.

살아가는 데 가지가지 욕망에 얽매여서 근심, 걱정, 나아가 질병,
사망의 악순환 속에서 벗어나지 못하는 비운이 얼마나 많은가? 사는

동안에 스트레스를 완전하게 벗어나기는 성인에게서나 가능한 것인지도 모르겠다. 나날이 짙어지고 집요한 스트레스의 굴레를 일찍이 노자가 발견하고, 어떻게 하면 우매한 민초를 구해낼 수 있을까 고민하고 쓴 글이라고 해도 좋겠다.

백성의 배고픔은 통치자가 세금을 많이 걷어 챙기는 일로 생긴다. 백성이 다스리기 힘든 것은 지배자가 필요 없는 일을 벌여 놓기 때문이다. 그래서 나라를 다스리기 힘겨워진다. 백성들이 죽음으로 빨리 가는 것은 지나치게 살려고 안달하기 때문이다.

삶에 얽매이지 않는 사람이야말로 생명을 붙잡고 있는 사람보다 현명하다.

第七十六章 유약함의 우위성

💬 人之生也柔弱(인지생야유약), 其死也堅强(기사야견강).
萬物草木之生也柔脆(만물초목지생야유취), 其死也枯槁(기사야고고). 故堅强者
死之徒(고견강자사지도), 柔弱者生之徒(유약자생지도). 是以兵强則不勝(시이병강
칙불승), 木强則折(목강칙절). 强大處下(강대처하), 柔弱處上(유약처상)

　사람은 살고 있을 때는 부드럽고 탄력성이 있다. 초목도 죽으면 딱
딱하고 굳어진다. 초목 등 일체는 살아 있을 때는 부드럽고 윤이 나
고 싱싱하다가, 죽으면 마르고 딱딱해진다.

　따라서 딱딱하고 굳어져 있으면 죽음과 다름없다. 그러므로 군대가
강하면 상대방을 이기지 못하고 나무는 딱딱하면 꺾이고 만다. 강하
고 큰 것은 하위에 놓이고 부드럽고 약한 것은 위에 놓이게 된다.

　부드럽고 약한 것이 스스로를 낮추기 때문에 결과적으로 위에 오
르게 되고, 강하고 큰 것이 스스로를 자랑하므로 결과적으로 아래에
놓인다는 의미로 받아들일 수 있겠다.

　"온유한 자는 복이 있나니, 저희가 땅을 기업으로 받을 것이요."라
는 마태복음(5:4)의 구절이 생각난다.

第七十七章 도 앞에서는 모두 평등함

💬 天之道(천지도), 其猶張弓與(기유장궁여), 高者抑之(고자억지), 下者擧之(하자거지), 有餘者損之(유여자손지), 不足者補之(부족자보지). 天之道(천지도), 損有餘而補不足(손유여이보부족), 人之道(인지도), 則不然(즉불연), 損不足以奉有餘(손부족이봉유여). 孰能有餘以奉天下(숙능유여이봉천하). 唯有道者(유유도자). 是以聖人爲而不恃(시이성인위이불시), 功成而不處(공성이부처), 其不欲見賢(기불욕견현)

이 장에서 "하늘의 도는 여유가 생기면 손해 보고 모자라는 데 보탠다."는 옛날부터 유명한 문장이다.

노자는 도 앞에서는 존재하는 모든 것이 평등하다고 생각했다. '도'는 일체 만물을 그것으로써 있게 하는 근원적인 하나(一)이며, 기르는 어머니, 천하의 어머니라고도 불리는데, 어머니가 내 자식에 대하여 평등하게 사랑을 베푸는 것처럼 도 또한 만물에 대하여 차별이 없고 인간을 귀하게 여기고, 새와 짐승 또한 귀하게 여기며, 초목 또한 천하게 여기지도 않는다.

도 앞에서는 사람으로서 사는데 같은 분배를 가지는 것이다. 그런데 인간사회에서 사람 스스로 귀천을 따지며 계급을 만들고 가치를 매긴다. 노자는 이러한 인간사회를 부자연스럽다고 하며 엄하게 규탄하였다.

하늘의 도는, 예를 들면 활을 팽팽하게 재는 것과 같다. 한가운데 높은 부분은 눌려놓고, 양쪽 끝부분은 낮은 곳은 높이고, 남는 부분을 줄이고, 모자라는 부분을 채우게 한다. 하늘의 도는 그와 같이 남 아넘치는 것을 줄여서 모자라는 것에 보탠다. 그러나, 사람이 하는 짓은 그렇지 않다. 모자라는 것을 더 줄여서 많아서 넘치는 곳에 보태준다. 대체 지나치게 많이 가지면서 그것을 세상 사람들에게 내놓을 수 있는 사람이 누구일까? 그것은 도를 체득한 무위의 성인뿐이다. 할 것을 다 이루고도 그것에 기대려 하지 않고 위대한 공로를 세우고도 자랑하지 않는다. 자기의 현명함을 드러내지 않으려 하기 때문 아니겠는가.

일반적으로 도가 천하에 운행하고 있는 모습을 비유하면 마치 활을 팽팽하게 하는 것이다. 하늘의 도는 여유 있는 것에서부터 잡아 줄이고 모자라는 것에 보태어 이익이 되도록 한다. 그런데 사람은 그러하지 못하다. 남아서 넘칠 만큼 가지고 있으면서 하늘의 도에 따르겠다는 생각을 가질 수 있는 사람은 성인(聖人)뿐이다. 그러나 이러한 자기의 현명함을 드러내려 하지 않는 것은 56장에서 나오는 화광동진(和光同塵)[10]의 사상과 같다.

---

10. 和光同塵— 자기의 지혜와 덕을 밖으로 드러내지 않고 속인과 어울려 지내면서 참된 자아를 보여준다는 뜻

第七十八章 물과 같은 처세의 위대함

💬 天下莫柔弱於水(천하막유약어수), 而攻堅强者莫之能勝(이공견강자막지능승). 以有無以易之(이유무이역지). 弱之勝强(약지승강), 柔之勝剛(유지승강), 天下莫不知(천하막부지), 莫能行(막능행). 是以聖人云(시이성인운), 受國之垢(수국지구), 是謂社稷主(시위사직주), 受國不祥(수국불상), 是謂天下王(시위천하왕). 正言若反(정언약반)

이 장은 유약(柔弱)한 덕─ 유연(柔軟)한 처세의 위대함을 물과 비유하여 설명한다.

세상에는 물처럼 부드럽고 야들야들한 것은 없다. 더구나 딱딱하고 강한 것을 공격하는데 물에 비길 만한 것이 없다. 어떤 것이든 그 본성을 바꾸는 것은 없기 때문이다. 연한 것이 강한 것을 이기고, 부드러운 것이 딱딱한 것을 이긴다는 것은 세상 사람 중 아무도 모르는 사람은 없는데, 아무도 실행할 수 있는 사람이 없다. 그러므로 성인의 말에 나라의 더럽고 욕됨을 받아들이는 사람, 이것을 나라의 주인이라 하고, 나라의 불행을 받아 챙기는 사람, 이것을 세계의 왕자라는 말이 있는데, 참된 바른말은 얼핏 보기에 진실과는 반대처럼 들리는 것이다.

이 세상에서 물만큼 부드럽고 나긋나긋한 것은 없다. 그러나 딱딱하고 강한 것을 공격하는 데에도 물 만한 것이 없다. 물은 본래의 성질을 바꾸는 것이 없기 때문이다. 약한 것이 강한 것을 이기고, 연한 것이 딱딱한 것을 이긴다. 이런 사실은 세상 모든 사람이 알고 있으나, 실행하는 사람은 없다.

그러므로 성인은 "나라 안에 악과 부정이 횡행하는데 그것을 내 몸으로 받아들인다. 즉, 나라의 불상(不祥)을 받아들인다. 그것을 천하의 왕자라고 한다." 올바른 말은 상식을 벗어난 듯하다.

第七十九章 원한 사는 일은 하지 않는다

💬 和大怨(화대원), 必有餘怨(필유여원), 安可以爲善(안가이위선). 是以聖人執左契(시이성인집좌계), 而不責於人(이불책어인). 有德司契(유덕사계), 無德司徹(무덕사철). 天道無親(천도무친), 常與善人(상여선인)

대체로 어느 나라의 통치자가 전쟁에 동의한 뒤에 상대국의 사람들에게 주어진, 뿌리 깊은 원한을 풀어주려고 해도 상대국은 틀림없이 원한이 계속해서 모닥불처럼 타오르는 것이다. 이상적인 통치자인 성인은 양국 관계에서 우월한 입장에서 협정조약의 증서를 손에 쥐고 있을 때도 이것을 근거로 삼고, 상대국의 국민을 몰아세우지 않고 다그치는 일이 없다.

따라서 근원의 덕(도의 작용)을 체득하고 있는 사람은 계약을 관장하고, 그렇지 않은 사람은 조세를 관장한다.

하늘의 도는 편애하는 일 없이 항상 정해진 듯 착한 사람의 편에 설 따름이다. 깊이 엉킨 원한은 아무리 화해시켜 보아도 반드시 그 뒤에는 응어리가 남는다. 그래서는 진실로 처리가 바로 되었다고 할 수 없다. 처음부터 한을 만들지 않는 것이 가장 중요하다. 덕이 있는 사람은 계약을 관장하고 덕이 없는 사람은 조세를 관장한다. 하늘의 이법에는 한쪽에만 편들지 않고 긴 안목으로 보면 항상 착한 사람 쪽에 편든다.

큰 원한은 화해하여도 반드시 원한이 다 풀리지 않는다. 천망회회 소이불실(天罔恢恢疏而不失 – 하늘의 그물은 크고 성긴 듯하지만 빠뜨리지 않는다)과 관련되어 선한 자에게 선을 주고, 악한 자에게 앙화(殃禍)를 내리는 일을 조금도 빠뜨리지 않는다.

눈앞의 공리를 따르는 속세적 처세와 긴 안목으로 하늘의 이법을 신뢰하는 무위의 처세를 비유적으로 설명하는 문장에 발상의 묘가 있다.

우리들의 일상생활 중에는 허다한 한을 맺고 풀고 하며 살아간다. 스트레스의 행적과 같다. 눈앞의 문제를 빨리 잔꾀로 풀려고 안달하지 말 것, 긴 안목으로 무위의 처세를 취하라는 오래된 가르침이다. 일상생활이 얼마나 성급한가 되새겨 보면서 이 글귀를 되풀이해서 생각해 보는 것이 어떨까?

第八十章 노자의 이상 국가

💬 小國寡民(소국과민), 使有什伯之器而不用(사유십백지기
이불용), 使民重死而不遠徙(사민중사이불원사), 雖有舟輿(수유주여), 無所乘之
(무소승지), 雖有甲兵(수유갑병), 無所陣之(무소진지), 使民復結繩而用之(사민복
결승이용지), 甘其食(감기식), 美其服(미기복), 安其居(안기거), 樂其俗(락기속),
隣國相望(인국상망), 鷄犬之聲相聞(계견지성상문), 民至老死(민지노사), 不相往
來(불상왕래)

이 장은 노자 사상을 그리는 문장으로서 옛날부터 유명하다.

작은 나라에 적은 국민, 여러 가지 문명의 이기가 있어도 사용하지
못하게 하고, 백성들의 생명을 소중히 하여 먼 곳으로 이주 못 하도
록 한다. 그래서 차가 있어도 타는 일은 없고, 무기는 있어도 그것을
밖으로 드러내 놓고 사용하는 일은 없다. 백성들에게 지금 한번 태고
의 시대처럼 새끼줄을 이어서 약속의 표시로 삼게 하고, 나의 음식이
맛이 좋다고 하고, 그 의복을 좋다고 하고, 그 주거에 마음잡고, 그
풍속을 즐기게 한다. 이렇게 하여 이웃 나라가 눈앞에 보이고, 닭이
나 개의 울음소리가 들릴 정도로 가까운 데도 백성들은 죽을 때까지
남의 나라에 오고 가는 일이 없다.

노자의 이상적인 나라는 지역은 좁고 인구가 적어 나라라고 하기보

다는 오히려 촌락공동체라고 부르기에 알맞다. 이 촌락공동체는 원시 사회에 가까운 자연 상태는 보전하고, 문명의 이기 사용이나 기술 등을 소용없는 것이라고 배척하며, 타지방으로 이주하는 것이나 왕래하는 것조차 배척한다. 백성들은 그곳에서 태어나 그곳에서 죽는데, 죽을 때까지 나의 향리를 떠나지 않는 완전히 외부로부터 폐쇄된 사회이며, 그 폐쇄성은 도연명이 그리는 이상 사회 도화원경(桃花源境)과 똑 닮았다.

노자가 그리는 소국과민(小國寡民)은 그의 정치 이상에 따른 유토피아적 성격이 강한 것이다. 인간의 편안한 생활을 제일의(第一義)로 두고, 이를 위하여 문명의 교활한 지식과 경박함을 경계하였다. 문명의 오염에서 분리하여 원시 촌락공동체를 구상한 것이다.

그런데 노자의 소국과민의 소국은 대국(大國) 또는 천하와 어떤 관계를 맺은 것일까? 그것에 대하여 노자 자신의 명확한 설명은 없고, 양자 사이의 시간적 간격을 생각하지 않을 수 없다. 대국 또는 천하 또한 틀림없이 원시적 촌락공동체를 단위로 하는 집합체로써 생각하고 있었다는 것이 틀림없다.

第八十一章 참된 삶을 위한 네 가지

💬 信言不美(신언불미), 美言不信(미언불신). 善者不辯(선자불변), 辯者不善(변자불선). 知者不博(지자불박), 博者不知(박자불지). 聖人不積(성인불적). 旣以爲人己愈有(기이위인기유유), 旣以與人己愈多(기이여인기유다). 天之道(천지도), 利而不害(리이불해), 聖人之道(성인지도), 爲而不爭(위이부쟁)

『노자 도덕경』의 최후에 와 있는 이 장은 여기까지 설파한 무위자연의 사는 방법, 이를테면 상덕(上德) 또는 상선(上善)에 대하여 요약해 놓았다.

아름답지 않을 것— 겉보기만을 아름답게 장식하지 않는다.
지껄여대지 않을 것— 함부로 떠들어 대봤자 일은 수습되지 않는다.
쌓아놓지 말라— 욕심을 부려서 쌓아놓지 않는다.
싸우지 않을 것— 남과 시비를 삼가고, 무엇이든지 부드럽게 받아준다.

미더운 말은 근본적 의의를 말하므로 수식이 적고, 수식이 많은 말은 미덥지 못하다. 마음이 솔직한 사람은 옳은 것을 옳다 하고 그른 것은 그르다 하므로, 변명이 많은 사람은 마음이 솔직하지 못하다. 노자는 세상 학자들의 저술과 같이 미사여구로 꾸며있지도 않고, 웅변적인 논증도 없고, 박식을 떠벌리지도 않으며, 진리를 말하여 독점

하지도 않고, 남에게 적을 대하듯이 투쟁적이지 않다는 것, 요컨대 무위자연의 진리를 말하는 데 적합한 정언(正言)과 신언(信言)으로 말하고 있다는 것을 암시하면서 『노자』의 끝맺음으로 사용한 문장이다.

믿음직한 말은 아름답지 않고 아름다운 말은 믿음직하지 못하다. 참으로 훌륭한 사람은 말솜씨가 뛰어나지 않고, 말에 능숙한 사람은 참된 인간이 아니다. 참된 지자는 많은 것을 아는 사람이 아니다. 많은 것을 아는 사람은 참으로 알지 못한다. 무위의 성인은 쌓아놓지 않는다. 무엇이든 남을 위해서 내놓는데 더 많이 가질수록 더 많이 준다. 하늘의 도는 만물을 이롭게 하고 누구에게도 해를 끼치지 않는다. 성인의 도는 일을 하면서 남과 싸우지 않는다.

『노자 도덕경』의 마지막 장에서 부쟁(不爭, 싸우지 않음)이 전체를 매듭짓는 말로 되어있는 것은 특히 시선을 끈다.

무위의 철학이 '하지 않는 일이 없는' 천지조화의 작용에 대한 동경을 근저에 깔고 있는 것과 같이 부쟁(不爭)의 처세도 싸움으로 가득 찬 인간사회의 현실에 대한 응시(凝視)로부터 생각해 볼 수 있다.

사람이 싸우지 않기 위해서는 싸움의 근원이 되는 것을 없애야 한다. 노자는 그것을 지나친 지(知)와 욕(欲)이라고 본다. 인간의 지(知)와 욕(欲)을 억누르기 위해서는 인간이 가치의 전환을 할 필요가 있다. 인간의 생과 멸을 넘어서 인간의 하는 일의 성패를 넘은 것, 일체 만물의 유위전변(有爲轉變)을 포함하여 유구한 것− 도(道)에 따라 자신의 위(爲)의 근본을 싸우지 않는 데서 비롯하여 싸우지 않는 것으로 되돌아가는 것이다.

爲學者日益, 聞道者日損_
損之又損, 以至於无爲也_

"학문을 하는 자는 날마다 더하고
도를 들은 사람은 날마다 덜어낸다.
덜어내고 또 덜어내어 무위에 이르니
무위하면 하지 못하는 것이 없다."

終章 글을 마치며

도가 사상과 제자백가

💬 제자백가(諸子百家)란 말은『사기(史記)』「가의열전 (賈誼列傳)」에 "가의(賈誼) 나이 어려서부터 제자백가의 서에 능통했다." 라고 한 문장에서 처음 보인다.

'노자'를 있게 한 춘추전국시대(春秋戰國時代)는 전쟁과 흥망으로 밤이 지고 날이 새는 격동의 시대였다. 천하를 구하고자 하는 제자백가 (諸子百家)가 우후죽순처럼 난무하였다.

이 암담한 전국시대는 하극상(下剋上)의 세상 그것이어서, 제자들이 활약할 절호의 시기였었다. 주실(周室)의 제도는 버려진 채 들여다보지 않고, 자기의 힘에 의해서 필부(匹夫)도 왕후장상(王侯將相)이 될 수 있었다.

인재(人材)는 일시에 쏟아져 나와 입장을 고수하고, 서로가 다투고 남을 배척하며, 마침내 많은 학설이 쏟아져 나오게 되었다.

제후(諸侯)들은 부국강병에 광분하고, 현자를 채용하여 그 학설을 쓰는 것이 급선무였다. 이러한 전국시대를 중심으로 하여 나타난 제자를 통틀어 제자백가(諸子百家)라고 부른다. 이들의 학문이 가장 융

성했었던 때는 주말(周末)로부터 한(漢)나라까지다.

이 가운데 실로 위대한 사상의 굵은 줄기인 도(道)의 사상이 꽃피웠던 것이다.

도가(道家)라는 말은 도가의 시초인 노자(老子)가 우주 본체를 설명하면서 사용한 도(道)와 덕(德)의 개념에서 비롯되어 도덕(道德)을 논하는 일련의 학자들을 도덕가라고 부르다가 뒤에 이를 도가라고 하였다고 한다.

『논어』나 『맹자』 등에 초기 도가 사상이 흩어져 있기는 하지만, 도가에 있어 본연의 사상을 전해주고 있는 것은 역시 『노자』와 『장자』이다.

주로 도(道)라는 궁극적(窮極的)·근본적(根本的) 실재(實在)를 사색의 중심으로 하는 노자적(老子的)인 것, 장자적인 것, 회남자적인 것을 도가(道家)라고 불렀다.

1. 양자(楊子)

양자에 대해서는 이름이 주(朱)라는 것 외에는 분명치 않다. 장자에 나오는 양자거(楊子居)를 양주(楊州)로 보고 자거(子居)가 그의 자라고도 한다. 출생은 노자보다 늦고, 맹자보다는 앞서있다. 그러나 열자(列子)에서는 양자가 노자의 지도를 받았다고 되어있으니, 그의 영향을 받은 것은 분명하지만 노자와 동시대 인물인지는 알 수 없다.

그의 저서 또한 열자 7편 중에 양주편(楊朱篇)이 있는 정도이다. 『맹자』에서 양자의 학설을 일부 문제 삼고, 묵자와 같이 유가의 큰 적으로 몰아세운 점 등으로 보아 그 인물의 실재와 학술만은 의심할 여지가 없다. 그처럼 영향력이 있는 인물인데도 독립된 저서가 없다는 것은 이상한 일이 아닐 수 없다. 혹시 원래 『열자』 속에 들어있는 양주편이 독립된 저서였던 것을 같은 도가라고 해서 한 데 묶은 것은 아닐까?

양자의 사상은 위아주의요, 개인주의로써 제자백가 중에서 독특한 지위를 차지한다. 그것은 중국에서 그리 흔치 않은 일종의 반역적인 사상이기 때문이다.

양자는 "사람은 만물의 영장이므로 만물을 이용해서 자기 생명을 유지할 수 있는 것은 다만 지능이 있기 때문이다. 그러므로 인간은 지능으로 자기를 보존하고 자기를 수호하는 것이다. 자기를 위하고 남을 해치치 않는다."라고 본인 철학의 근본 명제를 말하고 있다.

전국시대와 같은 난세의 사람들은 염세주의를 가지기 쉬운데, 인간의 자기보존 의욕을 이론적으로 뚜렷하게 표시한 철학자는 양자가 처음이다.

노자의 무위자연이나 그 밖의 은자들의 사상은 일종의 현실도피나 염세주의로도 보인다. 그러나 양자는 노자의 '무위자연'을 승계하여, 즉 타고난 대로 사는 것이 쾌락에 가까운 종락(從樂)으로 보고, 이것을 자기를 위한다는 '위아주위'로 발전시킨 것 같다.

옛사람이 하나의 털을 뽑아서 천하를 이롭게 한다 하더라도 그렇게 하지 않고, 사람마다 털끝만큼도 손해 볼 것도 없이 천하에 이익을 보려고 하지 않는다면 평화로운 세상이 되지 않을까?

양자는 개인을 본위로 하여 피차간 권익을 침해함이 없이 사회질서를 유지하면 그만이라는 주장이다.

"한 사람이 갓난아기에서 노년에 이르는 동안 잠자는 시간을 빼고, 깨어있어도 멍하니 지나는 시간, 그 밖에 아픔, 슬픔, 걱정 근심 등을 하는 시간이 반을 차지하니, 나머지 시간을 정말 모든 것을 잊고 즐겁게 만족하는 경우는 거의 일시도 없는 것이 된다. 결과적으로 인생은 무엇을 하는 것이냐? 무엇이 쾌락이냐? 아름다움과 풍족을 위한 것이 아니냐? 아름다운 성색을 위함이 아니냐? 그러나 아름다운 것도 항상 만족할 수는 없고, 성색에도 항상 빠질 수는 없다. 부질없이 당년의 쾌락을 잊어버리고 일시라도 마음대로 지낼 수 없는 형편이라면 중형의 죄수가 수갑을 차고 지내는 것과 무엇이 다르단 말인가?"라고 그는 말했다.

사실 이 말에는 일리가 있고, 근래 풍족한 생활 속에 헤아릴 수 없는 갈등 속에서 헤매고 있지 않은가. 여러 학자들이 하는 말이다.

만물이 다르다는 점은 살아있다는 것이다. 죽으면 다 마찬가지로 된다. 살아있을 때는 훌륭하고, 어리석고, 귀하고, 천하다고 해서 이것이 다른 점이었으나, 죽고 나면 썩어 없어질 뿐이다. 어질고 거룩 사람도 죽는 것이며 음흉하고 어리석은 자도 죽기는 매한가지다.

쾌락은 마음대로 충족시킬 수 없기 때문에 심한 고통이 따른다.

봄볕 따스한 맛으로 양자는 쾌락주의적 자가당착만은 중화시켰다. 그는 장자만큼 인생문제에 철저하지 못했는데, 이를테면 도가에 있어서 하나의 사생아가 되었다. 양자가 그처럼 유명한 게 된 것은 맹자가 그를 너무 호되게 공격한 탓도 있을 것이다.

맹자가 묵자와 양자를 비유하여 한 말은 매우 재미있다.

양자는 자아(自我)주의자이므로 제 몸의 털 한 오라기를 뽑아서 그것으로 천하를 이롭게 한다 해도 하지 않을 사람이요, 묵자는 겸애(兼愛)주의자여서 머리 꼭대기부터 갈아서 발끝까지 이를지라도 천하에 이롭다면 서슴지 않을 사람이라는 것이다.

열자의 양주편에 "세상의 고락은 이제나저제나 한가지이고, 변이치란(變易治亂) 역시 예나 지금이나 마찬가지이다. 익히 들은 바이며 익히 듣는 바이다. 백 년도 많아서 싫은데 오래 살아 고생할 것인가?"라고 실려 있다.

양자는 그 학설의 요체를 노자에서 얻었으나, 그 정신과 사상의 깊이는 노자를 넘어섰다.

2. 장자(莊子)

동양권에서 사람들에게 가장 많이 읽힌 것이 『논어(論語)』이고, 두번째가 『장자(莊子)』라고 한다.

노자(老子)의 사상을 이어받고 도가 사상(道家思想)을 대성시킨 사람이라고 하여 노장사상가(老莊思想家)라고 일컬어지기도 하는 장자의 이름은 주(周)이고, 송나라에서 태어났으며 몽(蒙) 출신이다. 대략 기원전 370년이나 369년에 태어나 300년이나 280년 사이에 죽었다고 한다. 그중에 369~286년을 가장 믿을 만하다고 한다.

장자의 생계수단이 칠원리인 것을 보면 소생산자였고 평민계층이었다(하층의 지식인). 사상의 발생은 관리인으로 한가한 시간을 이용하여 독서, 유람, 관찰, 상상의 기회를 가졌고, 대자연과 다방면의 하층 노동자들과 접한 것이 장자 사상의 형성 배경으로 본다. 전국시대인 BC300년 무렵 활동한 것으로 여겨지며, 칠원(漆園)의 말단관리가 된 적이 있을 뿐 대개는 자유로운 생활을 했다. 사기(史記)에 이르기를 초(楚)의 위왕(威王)이 장자의 소식을 듣고 초빙하였으나, 그는 "돌아가시오. 나를 모독하지 마시오. 나는 차라리 더러운 도랑 안에서 혼자 즐기며 놀지, 나라를 가진 자에 의해서 얽매이지 않고 종신토록 일을 맡지 않음으로써 내 뜻을 즐겁게 할 것이오."라고 말했다고 기록되어 있다. 장자의 철학은 묵자와 같이 소생산자의 사상적인 정서를 대표한다.

장자는 도(道)를 천지 만물의 근본원리라고 보았다. 도는 어떤 대상을 욕구하거나 사유하지 않으므로 무위(無爲)하고, 스스로 자기 존재를 성립시키며 절로 움직이므로 자연(自然)한 것이라고 주장하였다. 일종의 범신론(汎神論)적 사고를 지니고 있던 사상가이다. 그의 저서인 『장자』는 내편(內編) 7, 외편(外編) 15, 잡편(雜編) 11로 모두 33편으로 구성되었으며, 그중 내편이 비교적 오래되었고, 외편과 잡편은 후학(後學)에 의해 저술된 것으로 추측된다. 저자의 인식에 대한 철저한 상대성은 『장자』에 나오는 유명한 '나비의 꿈(胡蝶之夢)'에 잘 나타나 있다.

『장자』에는 『노자』에 대한 이야기가 많이 나온다. 대부분 노자는 가르치는 위치에 있으며, 마지막 논변에서 승리하는 사람으로 등장한다. 따라서 장자가 노자를 스승으로 받들었다는 사실을 알 수 있다.

장자는 도(道)를 위대한 대장장이라고 부르면서 결과적으로 다시 도와 만물의 관계를 대장장이와 대장장이가 만들어내는 여러 가지 명칭으로 설명한다. 인격적인 면을 가진 도의 비유적 이미지와 그런 이미지를 다 버린 본래적 '무'로써 도의 성격 양쪽을 다 가지면서 때에 따라 자유롭게 왔다 갔다 한다.

장자의 사상은 노자의 사상과는 근본은 통한다고 하지만, 엄밀히 따지면 서로가 다르다. 지금 문제가 되는 부분은, 노자는 불로장생을 말하고 있는 데 대하여 장자는 오히려 그것을 부정하고 있는 점이 바로 그것이다.

장자와 같이 생사를 동일한 것이라고 여기며 산다는 것은 노역(勞役)이며, 죽는 것은 휴식이라고 보는 것은 신선의 사상과 거리가 멀다고 볼 수 있다.

세상이 어지러울 때면 사람들은 정신적으로 의지할 곳을 잃고 이러한 방면의 출로를 찾고자 애쓰기 마련이다. 무릇 어떤 사물이든 보는 입장이 다르면 관점도 차이가 있다.

3. 열자(列子)

열자(列子)는 중국 전국시대의 사상가로 본명은 열어구(列禦寇)이다. 노자(老子), 장자(莊子)와 함께 중국 도가의 기본 사상을 확립시킨 철학가 가운데 한 사람이다. 도가삼서(道家三書) 중의 하나이다. 그러나 열자의 생애는 분명치 않다. 노자와 장자 이후 진한(秦漢)시대에 신선 사상이 보태어져 이른바 도교(道敎)가 이룩되기 이전의 순수한 도가 사상의 성격 변화를 이해하는 데에는 무엇보다도 귀중한 자료가 된다.

도가 사상에는 본시 '노자'부터 시작하여 그 속에는 유가(儒家)나 법가(法家), 병가(兵家) 등 다른 제자백가(諸子百家)들의 사상과도 잡다하게 통해있다. 어떻든 열자는 도가 사상의 발전을 이해하는 데 큰 도움이 된다.

열자를 비롯한 도가의 사상가들은 유가들의 가치 기준을 부정하고 거침없이 참다운 인간성이란 어떤 것일까 추궁하기에 이르렀다. 특히, 열자는 일반적인 가치관을 초월하여 자연과의 융화를 모색하였다. 이렇게 함으로써 중국인의 유가적인 생활에서 벗어나서 새로운 세계를 추구하기에 이른 것이다.

열자는 유가에 의한 가치관을 일단 싹쓸이 부정해 버렸으니 정신적으로 자유로워졌다. 그러므로 재미있는 우화들을 많이 쓰기도 했다.

예를 들면, 「탕(湯) 임금이 물어본 진리」 편의 우공이 산을 옮기는 이야기(愚公移山) 이다. 사람이 노력을 게을리하지 않으면 무슨 일인들 안 될 것이 있겠는가? 맨손으로도 큰일을 할 수가 있다는 교훈을 주고 있다.

열자의 글 내용이 잡다하다 한데 대해서 여러 가지 오해도 있을 수 있겠으나, 중국 고대 사람들의 사고방식을 아는 데에는 오히려 편리한 자료를 제공한 셈이다.

이런 대목이 있다.

어떤 사람이 열자에게 물어보았다. "선생은 어찌하여 텅 빈 것을 귀중히 여기십니까?" 열자의 대답은 이러하다.

"텅 빈 것은 귀중할 것이 없습니다. 그것은 형식적인 것을 두고 하는 말이 아닙니다. 그러나 고요한 것만 한 것이 없고 텅 비우는 것만 한 것이 없습니다. 고요하고 공허하게 살아간다면 그는 사는 방법을 터득한 것이고, 무엇인가를 부산스럽게 주고받고 한다면 그는 안주할 거처를 잃은 것입니다."

도에 이르는 길은 자기의 마음과 감정을 없애는 것이다. 마음과 감정이 없으면 사나운 들짐승이라도 그의 앞에서는 무감각하게 되어 유순해진다. 마음이 없는 완전한 경지에 들어가면 사나운 들짐승뿐만 아니라, 높은 절벽이나 깊음 물이나 뜨거운 불길까지도 그에게 아무런 피해를 가할 수 없다는 것이다.

4. 회남자(淮南子)

회남자(淮南子)의 저자는 일반적으로 전한(前漢)의 회남왕(淮南王) 유안(劉安 BC 179~122)이라고 한다. 그러나 그의 단독 저서는 아니고, 여러 식객이 분담하여 저술하여 회남왕 유안의 저서로 불린 것이고 한다. 회남왕 유안은 본래 학자풍 제후로 글을 잘 짓고 학문도 뛰어났다고 한다. 회남자는 사상적으로는 노장(老壯)을 주축으로 제자백가를 아우르

는 통합적 이론으로 한대(漢代)의 지식을 집대성한 것이 특이하다.

(1) 원도훈(原道訓)

원도(原道)란 근본적인 도로 천지를 포괄해서 만물을 낳게 하는 존재다. 자연 그대로 이 도를 말하면 덕에 통한다. 스스로 만족한 상태여서 자랑함이 없으면서 조화를 이루고, 만사가 똑같지 않은데도 허심(虛心)으로 이를 대하면 본성에 들어맞게 되어 있다.

도의 정신은 극히 세밀하게 보이는 부분이라도 우주의 총합보다 크고, 도의 덕은 천지를 부드럽게 하여 음양을 조화시키며, 사시(춘하추동)를 조절해서 따뜻하게 어루만져 만물을 무리 지어 자라나게 하고, 초목을 윤택하게 하며 금석(金石)을 윤택하게 한다.

보통 사람들은 모두 알고 있는 세태(世態)나 사람이 살면서 거치고 지나가는 규범이나 습관 일체에 항상 집착하여 정신이 불안해지는데, 그 밑에 흐르는 근본적인 의미(道)를 잊어버리고 마는 것이다.

세상은 별의별 고통으로 가득 차 있다. 그러나 어떠한 고통도 사람들은 욕심이 많고 성을 잘 내며 바보스러운 것이다. 이것을 사람의 삼독(三毒)이라고 하는데, 결국 이 삼독도 아집이 강하고 자기에 집착하는 데서 비롯된다. 그러므로 고통을 없애려면 무엇보다 아집을 없애야 한다. 유익한 말은 겉치레 없는 말에서 올 때가 많다. 그러나 해가 되는 말은 달고 즐거워 타락의 구렁텅이에 빠지게 한다.

그러나 평범하면 할수록 표면적으로나마 높은 사람으로 치켜 올려

지기를 바라는 것이다. 높은 사람이 되지 않아도 좋다고 말은 하는데, 사람들은 '높아지고 싶다'는 마음을 좀처럼 없애기가 쉽지 않다.

갈매기가 하늘을 날면 그림자로 물 위에 흔적을 남긴다. 갈매기는 자기의 모습을 비추려는 마음은 본래 가지고 있지 않았겠고, 물 또한 갈매기의 그림자를 비추어보려는 생각이 없다.

아무 생각 없이 보이는 작동이 '스스로'라고 표현할 수 있지 않겠는가. 말하자면 어떤 보람도 바라지 않는다. 그러나 사람들은 보람을 느끼고 싶은 마음이 생기게 마련이다. 어떠한 보람을 기대하지 말고 행동을 해야 하는데 사람들은 공정이 있기를 바라고 행동한다.

그러나 갈매기가 날면 그늘이 물에 뜨는 행동은 참으로 어려운 행동이다. 부처님 마음처럼 항상 맑은 물처럼 흘러가지만, 행적을 남기지 않는다. 그런 마음은 큰 바다와 같다. 들어온 것에는 티끌만큼도 차별하지 않는다. 부처님의 마음을 본다고 할까? '무위자연'의 극치가 아닐까?

꽃은 봄을 잊지 않고 꽃이 피는데, 꽃의 입장에서는 꽃이 피는 것이 아니다. 스스로 꽃이 피어지는 것이다. 꽃은 작위적으로 하는 일 없이 무위(無爲) 속에 꽃이 핀다.

정신과 물질이 대차하고 있는 동안은 모순(矛盾), 투쟁, 상극(相剋), 상살(相殺)을 건너뛸 수가 없을 것 같다. 정신과 물질 세계 뒤에는 다른 하나의 세계가 열려 전자와 후자가 서로 모순된 새로운 모습을 나타내지 않으면 안 된다. 이것은 영성적 직각(靈性的 直覺) 또는 자각으로써만 가능해진다.

영성(靈性)이라는 것은 정신과 물질과는 다른 제삼자로서 대치하고 있는 것은 아니다. 이 작용에 눈뜨지 않으면 참으로 알(知) 수도 없다.

무릇 최상의 도는 만물을 만들어내나 소유로 생각하지 않고, 생산된 물체를 이루어 놓고서도 주재하려 하지 않는다. 만물을 거두어 쌓아두어도 도는 더 넉넉해지지 않고, 보시(布施)하고 베풀어도 가난해지지 않는다. 짐작하여도 알 수 없고, 작게 만들어도 없어지지 않으며, 쌓아도 높아지지 않고, 더 보태고 쌓이지 않고, 덜어내도 줄지 않으며, 깎아내도 얇아지지 않고, 줄여도 없어지지 않으며, 파내고 줄어들지 않고, 매워도 얕아지지 않는다. 흐릿하여 형상을 알 수가 없고, 흐릿하고 분명치 않으나 사용하여도 없어지지 않는 듯하다. 그윽하고 어두워서 형용할 말이 적당치 않다.

무릇 맑은 거울과 고요한 물이 어떤 형상을 접할 때 아무런 장식을 하지 않아서 모난 것과 둥근 것, 굽음과 곧음이 그대로 나타난다. 따라서 울림과 그림자는 말없이 스스로 그 소리에 그대로 응한다.

물려고 하는 개를 매질하고 차려는 말을 때려 길들이고자 한다면 비록 이윤(伊尹, 은(殷)나라의 어진 재상)이나 조보(造父)[11]라도 교화시킬

---

11. 옛날의 말을 잘 몰던 사람. 조씨(趙氏)의 조상이다. 주목왕(周穆王)에게 팔준마(八駿馬)를 바쳐 총애를 받았다. 목왕이 그에게 말을 몰게 하여 서쪽으로 순수(巡狩)를 가 서왕모(西王母)를 만나 즐거움에 빠져 돌아올 줄 몰랐다. 그때 서언왕(徐偃王)이 반란을 일으켰는데, 그가 말을 몰아 하루에 천 리를 달려 대파(大破)했다. 이로 인해 목왕이 그에게 조성(趙城)이란 이름을 주었고, 그리하여 조씨가 되었다. [네이버 지식백과] 조보 [造父] (중국역대인명사전, 2010. 1. 20. 임종욱, 김해명)

수 없다. 그러나 남을 해치려는 마음이 심중에서 없어진다면 주린 범이라도 꼬리를 칠 것이니 개나 말 따위야 걱정이 되겠는가? 그러므로 도를 체득한 자는 숨어 살더라도 궁하지 않고, 술수만 쓰는 자는 수고를 해도 공이 없다.

성인(聖人)은 인사(人事)로써 천리(天理)를 어지럽히지 않고 욕심 때문에 맑고 깨끗한 정을 어지럽히지 않고, 꾀하지 않아도 들어맞고, 말하지 않아도 믿음직스러우며, 생각하지도 않고 얻으며, 하지 않아도 이룬다.

대체로 헤엄을 잘 치는 자는 물에 빠져 죽고 말을 잘 타는 자는 말에서 떨어져 죽으니, 좋아하는 바람에 오히려 해를 입는 것이다. 그러므로 욕심을 부리는 자로서 일찍이 중상을 입지 않는 사람이 없고, 이익을 다투는 자로서 일찍이 궁색하지 않은 사람이 없다.

옛날에 순(舜)이 역산(歷山, 순이 임금 되기 전에 농사를 짓던 산 이름인데 여러 곳에 있다.)에서 밭을 갈 때 1년이 되니 농부들은 다투어 자갈땅을 차지하고, 벌판에 비옥한 땅을 서로 양보했으며 그가 강가에서 낚시질할 때 1년이 되니 어부들은 고기가 적은 여울을 차지하려고 하고 고기가 많은 굽고 깊은 곳을 서로 양보했다. 순은 이때 입으로는 말하지 않았고 손으로는 가리키지도 않았으나, 천연의 덕이 마음에 있었으므로 감화의 재빠름이 귀신과 같았다. 이때 순이 크나큰 도(道)의 뜻이 없었으면 그가 입을 놀리며 집집이 찾아다니고 유세를 했더라도 한 사람도 감화시킬 수 없었을 것이다. 그러므로 말로 다 표현할 수 없는 도(道), 곧 무위의 도(道)는 아득하고 크다고 하지 않을 수 없다.

그러므로 성인(聖人)은 안으로 그 근본을 닦고 겉으로 그 말단(末端)을 꾸미지 아니하며, 그 정신을 유지하고 교지(巧智)를 눌러 막연히 아니하는 것 같으면서도 되지 않는 것이 없다. 하나하나 다스리려고 하지 않으면서도 다스려지지 않는 것이 없다. 이른바 무위(無爲)라는 것은 만물에 앞서서 하지 않는 것이요, 이른바 하지 않음이 없다는 것은 만물의 성질에 따라서 하는 것이다. 다스리지 않는다는 것은 자연적인 것을 바꾸지 않는다는 것이요, 다스리지 않음이 없다는 것은 만물의 마땅함에 따라서 다스리는 것이다.

만물은 각각 발생하는 상태가 달라서 복잡하지만, 도를 아는 사람은 홀로 그 근본이 되는 도를 지킬 줄 알고, 모든 일은 그 나타나는 정리(情理)가 각각 달라 복잡하지만, 도를 아는 사람은 홀로 그 금해야 할 중요한 문(門)을 지킬 줄 안다. 그러므로 무극(無極)을 다하고 그 무극에 이르러 사물을 비추어보지만 현혹되는 일이 없으며, 울림과 같이 그 물건에 응해서 부족함이 없는 이것을 천해(天解, 천의(天意)를 밝힐 수 있는 것을 말함)라 한다.

그러므로 도를 체득한 사람을 뜻하는 것이 유약하나 일을 행하는 것은 강하고, 마음은 허하면서도 사물에 응하는 데는 합당하다. 이른바 뜻하는 것이 유약하다는 것은 부드럽고 온화하며 편안하고 고요해서 남과 다투지 않는다는 것이다. 아무 욕심 없이 마음이 편안해져 근심하지 아니하고 움직여 때를 잃지 아니하며, 만물과 더불어 움직이며 선전하면서 먼저 주장하는 일을 하지 않고 느끼게 되는 거기에 응한다.

이런 이유로, 귀한 사람은 반드시 천하다는 뜻의 말을 넣어서 자기를 부르고, 강하다는 것을 멸시하여 작게 보는 것으로, 도가(道家)에서는 강하다는 것을 귀하게 여기지 않는다. 높은 사람은 반드시 낮은 것으로써 기본을 삼는다. 작은 데 거처하면서 큰 것을 보충하고, 가운데 있으면서 밖을 제어하며, 부드럽게 행동하면서 강할 수 있고, 약하게 이용하면서 굳세어질 수 있다. 그러므로 강해지고자 하는 사람은 부드러움을 지키고, 굳세어지고자 하는 자는 반드시 약함을 지닌다.

따라서 부드러움을 쌓으면 강해지고 약함을 쌓으면 굳세어진다. 그 쌓는 것을 보면 화복(禍福)의 방면을 안다. 그리고 부드러움은 자기보다 나은 자를 이기니 그 힘은 가히 헤아릴 수가 없다.

이런 사정을 돌아보면 앞서가는 사람은 뒤에 가는 사람 화살의 표적이 될 뿐이다.

날이 가고 달이 흘러가면서 때는 사람을 기다리지 않는다. 그러므로 성인은 광음(光陰)을 중하게 여겼으니 때는 얻기 어려우나 잃기는 쉽다. 우(禹)가 시간을 다툴 때는 신발이 벗겨져도 고쳐 신지 않고 갓이 비뚤어져도 돌보지 않았다. 이것은 서로 앞서가려고 다툰 것이 아니요, 시간을 아끼려고 한 것이다.

천하의 물건 중에 물보다 부드럽고 약한 것이 없다. 그러나 그 크기는 한량없고 깊이는 측량할 수 없으며, 길이는 무궁하고 먼 것은 끝이 없으며, 혹은 늘고 혹은 주는 것을 가늠할 수가 없다. 하늘로 올라가면 비나 이슬이 되고 땅으로 내려오면 연못이 된다. 만물이 물을 얻지 못하면 생명을 잃고 모든 일은 이루어질 수 없다. 모든 생물을 너그럽게 포용하여 좋아하고 싫어하지 않는다. 혜택은 곤충이나 작은 벌레에까지 주면서도 보답을 바라지 않는다. 덕을 모든 백성에게 베풀면서도 대가를 바라지 않는다.

여유가 있으면 천지에 고루 나누어주고, 부족하면 천지로부터 얻어서 만물의 앞뒤를 가리지 않고 골고루 나누어 준다. 그러므로 사적으로 더 생각하지 않고 공적을 더 생각하지도 않는다.

물이 그의 지극한 덕을 천하에 베푸는 까닭은 만물을 골고루 적셔서 기름지게 하는 데 있다. 그러므로 노자(老子)는 "천하에서 가장 부드러운 것이 천하에서 가장 굳은 것과 겨루는데, 허(虛)에서 나와 극미(極微)로 들어간다. 나는 이로써 무위(無爲)가 유익하다는 것을 알게 되었다."라고 하였었다.

무형(無形)에서 유형(有形)이 나오고, 무음(無音)에서 유음이 나오므로 무형과 무음은 만물의 근본이 된다는 뜻이다.

도(道)는 평화로움을 귀하지 여기므로 기쁨과 노여움은 사악하게 된다. 근심과 덕의 망실이다. 덕은 염화를 숭상하므로 근심하고 슬퍼하면 덕을 잃는다. 사람이 크게 노여워하면 노여움은 음이므로 점점 쌓여 음의 균형이 깨지고, 사람이 크게 기뻐하면 양(陽)이 점점 쌓여 음(陰)의 평형이 다치게 된다.

심술(心術)의 논리에 통달하면 탐욕과 애증이 마음에서 없어진다. 그러므로 기뻐할 것도 없고 성낼 것도 없으며, 즐거워할 것도 괴로워할 것도 없다. 만물이 혼연일체가 되어 잘못도 없고 옳음도 없으며, 화육(化育)이 찬란하여 살았으면서도 죽은 것과 같다(정욕(情欲)이 없음을 뜻함.)

도(道)를 얻은 사람은 궁해도 두려워하지 않으며 출세해도 영화롭게 생각하지 않으며, 높은 곳에 있어도 위태롭지 않다. 그래서 권세를 기다리지도 않는데, 존귀해지고 재물을 바라지 않아도 넉넉해져서 조화 속에서 한가로이 다니게 된다.

천하에는 때에 따라 눈이 멀어 망령되어 스스로를 잃을까 근심이 생기게 되니, 이것은 기름을 태우는 등잔불과 다를 게 없지 않은가? 불이 점점 타들어 가면 꺼지는 것이 더욱 빨라진다.

정신과 기지를 날마다 고요히 보충해나가면 사람은 씩씩하게 남아있게 되고, 조급하게 마음에 불을 태우는 사람은 빨리 늙게 된다. 그러므로 성인(聖人)은 고르게 마음을 가지고 기지 또한 부드럽고 약하게 하여 도(道)와 더불어 성쇠(盛衰)하거나 오르고 내린다.

(2) 숙진훈(俶眞訓)

"없는 것이 있다."라고 하는 것은 보아도 그 형체가 보이지 아니하고, 들어도 그 소리가 들리지 않으며, 잡아도 붙잡히지 않고, 바라도 이를 수 없으며, 아득하게 크고 넓어 생각하고, 생각해도 헤아릴 수 없으면서 무형에 통하는 것이다.

현 세계는 나를 점지하는데 형체로써 하고, 나를 수고롭게 하는데 삶으로써 하며, 나를 편안하게 하는데 늙음으로써 하고, 나를 쉬게 하는데 죽음으로써 하게 한다. 나의 삶을 좋게 하는 것은 나의 죽음을 좋게 하기 때문이다.

장자(莊子) 대종사(大宗師)에서 인용한 말인데, 생사(生死)는 일여(一如)로 서로 다른 것이 아니라는 것을 역설하고 있다. 자연의 섭리에 맡겨야 안전하다는 비유이다.

도(道)는 한 근원에서 나와 구문(九門)에 통하고 육합(六合)의 거리에 흩어져 있으며, 한계가 없는 우주에 베풀어져 있어 적막하고 허무하며, 만물에 작용을 가하지 않아도 만물 스스로 작용한다. 그러므로 모든 만물이 도에 따르는 것은 도가 그렇게 만드는 것이 아니고, 도가 베풀어져서 자연적으로 된 것이다.

질풍은 나무를 뽑아내지만, 모발을 뽑아내지는 못하고, 구름 속으로 솟은 누대의 높이는 떨어지는 사람의 머리를 깨게 하지만 모기나 등에가 날아가기에는 알맞다. 곤충과 같이 천기(天璣)를 타고 형체를 천지(天地)의 한 테두리 안에 받아 가볍게 나는 미세한 물체도 오히려 그 숙명을 탈피하기에 넉넉하거늘, 하물며 형상이 없는 도에 있어서랴! 이렇게 보면 무형에서 유형이 나오는 것은 분명하다.

정신이 흩어진 사람은 정성이 중심에 없으므로 언행을 겉으로 나타내게 도니, 이렇게 되며 그 몸은 물질에 지배당할 수밖에 없다.

방이 비면 일광이 빈방에 가득 차 빛나 좋은 징조가 깃든다. 마음이 허하여야 밝음이 생기고 도가 머물 수 있다.

욕망의 마음을 허(虛)로 돌릴 수 있으며 욕정은 녹아 없어진다. 이것이 성인(聖人)의 행동이다.

(3) 도응훈(道應訓)

태청(太淸)이 무궁(無窮)에게 묻기를 "자네는 도를 아는가?" 하니 무궁이 대답하되,

"나는 모르네." 한다. 그래서 다시 무위(無爲)에게 묻기를 "자네는 도를 아나?" 한다. 그러자 태청이 다시 묻는다.

"자네가 도를 아는데 술수가 있나?"

"나는 도를 아는데 술수가 있네."

"그 술수는 어떤 것인가?"

"나는 도가 약해질 수도 있고 강해질 수도 있으며, 부드러워질 수도 있고 굳세어질 수도 있으며, 음이 될 수도 양이 될 수도, 어두워질 수도 밝아질 수도 있으며, 천지를 포괄할 수도 있고 무변(無邊)에 응대할 수도 있음을 아네. 이것이 내가 도를 아는 술수일세."

이에 태청은 위 내용을 설명하며 다시 무시(?)에게 물었다. "무위가 아는 것과 무궁이 모르는 것 중 누가 옳고 그른가?" 무시가 대답하기를

"모르는 것은 깊고 아는 것은 얕으며, 모르는 것은 내(內)요 아는 것은 외(外)며, 모르는 것은 정(精)이요 아는 것은 조(粗)일세."

하므로 태청이 우러러보고 탄식하면서 "그렇다면 모르는 것이 아는

것인가? 아는 것이 모르는 것이요, 모르는 것이 아는 것임을 누가 아는가?"

"도는 들을 수 없는 것이요, 들을 수 있으면 진정한 도가 아니며, 도를 볼 수 없는 것이요, 볼 수 있다면 진정한 도가 아니며, 도는 말할 수 없는 것이요, 말할 수 있으면 진정한 도가 아니네. 형(形)이 아님을 누가 알 것인가?" 한다.

그러므로 노자(老子)가 말하기를 "천하가 모두 선(善)이 선(善)하다는 것을 알면 이는 선(善)이 아니다. 그러므로 아는 자는 말하지 않고 말하는 자는 모르는 것이다."라고 하였다.

"그렇다면 사람들은 미언(微言)을 할 수 없지 않소이까?"

"어찌 불가하다 하겠소? 말의 의미를 누가 아는가? 대체로 말을 아는 자는 말로써 말하지 않는 것이오. 고기를 다루는 자는 물에 젖고, 짐승을 잡는 자는 뛰게 되나 이는 즐거서가 아니오. 그러므로 최상의 언어란 말을 떠난 것이고 최고의 행위란 무위(無爲)인 것이오. 얕은 지혜로 다투는 것은 천박한 행위요." (이상 공자의 대답)

'노자'는 말하기를 "말에는 종(宗)이 있고, 일에는 군(君)이 있다." 했다. 아는 것이 없으므로 자신을 성찰할 줄 몰랐던 것인, 백공(白公) 같은 자를 두고 하는 말이다.

노자는 말했다. "수컷처럼 강장하고 능동적인 힘을 발휘할 줄 알면서 암컷처럼 유순한 겸허를 지킨다면 모든 물이 저절로 모여드는 계곡같이 천하의 인심은 그에게로 돌아갈 것이다."

멍청하기를 새로 태어난 송아지같이 하여 기교를 부리지 말라.

(4) 전언훈(詮言訓)

태일(太一)은 원신(原神)으로 만물을 총괄하는 자, 즉 도(道)를 말한다. 모두 귀하게 여기는 바에 빠져 천하게 여기는 바에는 무관심하다. 귀하게 여기는 바는 형상이 있고 천하게 여기는 바는 조짐이 없기 때문이다.

자신(自信)이 있는 사람은 비방과 칭찬으로써 움직일 수가 없고, 만족할 줄 아는 사람은 권세나 이익으로 유혹당하지 않는다.

성인(聖人)은 비난을 당할만한 행동을 함부로 하지 않으나, 남이 자기를 비난하더라도 그를 미워하지 않고, 칭찬받을 만한 덕을 쌓지만, 남들이 자기를 칭찬해줄 것을 바라지 않는다.

화(禍)가 닥쳐오지 못하도록 할 수는 없으나, 자기는 화를 당하지 않으리라 믿고 있으며, 화가 닥쳐오더라도 자기 스스로 그렇게 한 것은 아니기 때문에 곤궁에 빠지더라도 근심하지 아니하며, 복(福)이 와도 남에게 자랑하지 않는다. 화복이 닥쳐오는 것은 자기에 달린 것이 아님을 알기 때문에 오히려 한가로이 지내면서 즐기며 무위(無爲)하면서 스스로를 다스린다.

도가(道家)의 사상가로서 또 한 사람으로, 한(漢)의 고조(高祖) 유방(劉邦)의 손자이며, 회남국(淮南國)의 왕의 왕이었던 유안(劉安. BC 179~122)을 꼽지 않을 수 없다. 회남자(淮南子) 편찬에 참여한 사람들은 전한 경제기(景帝期) 무제기(武帝期)의 이들이라고 하는데, 실제의 작가는 전국 말기부터 살아남아서 회남왕 주위에 모여들었던 제자백가(諸子百家)들이었다.

그 사람들 중에는 도가 사상가들이 많이 포함되어 있었다는 것은 회남자 책의 내용을 읽어보면 추측할 수 있다. 최초로 도가 사상을 생각해낸 전국 중기~전한, 무제기(武帝期)의 중요한 사상가 중에서도 그가 쓴 책이 아직 남아 있으면서 가장 중요한 인물은 장자(莊子)를 저작한 사상가들로서 장자 전국 말기부터 전한 초기의 노자를 저작한 사람들로서 노자, 거기에 더하여 전한 경제기(景帝期)~무제기(武帝期)의 유안(劉安)과 회남자(淮南子)이다.

5. 기타

5-1. 한비자(韓非子)

한비자(韓非子)는 『노자』의 제1장으로 해로(解老) 즉 노자를 해석한다는 의미로, 노자 곧 도덕경을 한비(韓非)가 나름대로 풀이한 것이다. 해로 편은 뒤이어 나오는 유로(喩老) 편과 자매 관계인데, 현존하는 『노자』 해석본 중 가장 오래된 문헌이라는 점에서 가치가 있다.

해로 편에서 '도(道)'와 '이(理)'의 철학 범주 및 그 둘의 관계, 곧 일반 규율과 특수 규율의 관계에 대하여 고찰하였다. 그는 사물의 변화는 '이'와 상응하는 '도'가 때에 따라 변화하기 때문에 정해진 관례가 있을 수 없다고 하였다.

재앙은 복이 기대는 곳, 복은 화가 숨어있는 곳.
『노자』에서 말하는 대장부(大丈夫)란 지혜가 큰 사람이다. 이른바 "그 중후함(상덕)에 처신하며 그 경박함(하덕)에 머물지 않는다." 곧 "저

것을 버리고 이것을 취한다(去彼取此)."

선인(善人), 유도자(有道者), 성인(聖人)과 유사한 개념으로, 세속적인 자가 구속을 단절하고 초월하여 절대적 경지에 이른 것을 말한다고 보면 되겠다.

사람은 재앙을 당하면 마음이 두려워지고, 마음이 두려워지면 행동이 단정해지며, 행동이 단정해지면 재앙과 화가 없게 되고, 재앙과 화가 없으면 천수를 다하게 된다. 행동이 단정하면 생각이 무르익고 생각이 무르익으면 사물의 이치를 얻게 되고, 사물의 이치를 얻게 되면 반드시 공을 이루게 된다. 천수를 다하면 온전하게 장수할 것이며, 반드시 공을 이루면 부유하고 귀해질 것이다. 온전하게 장수하고 부유하고 귀한 것을 복(福)이라고 한다. 이렇게 복은 재앙이 있는 곳에서 생긴다.

그러므로 "재앙이란 복이 기대는 곳이다."

사람에게 복이 있으면 부유함과 귀함에 이르고 부유함과 귀함에 이르면 입을 것과 먹을 것이 좋아져 교만한 마음이 생기고, 교만한 마음이 생기면 행동이 사악하고 괴벽해져 도리를 벗어나는 행동을 하게 되며, 그렇게 하여 요절하고 공을 이루지 못한다. 무릇 안으로는 요절의 재난이 있고, 밖으로는 공을 이룬 명성이 없는 것은 큰 재앙이다. 이렇게 재앙은 본래 복이 있는 곳에서 생겨난다.

그러므로 "복은 화가 숨어있는 곳이다."

도리에 따라서 일을 하는 자는 성공하지 못할 일이 없다. 크게는 천자와 제후의 권세의 존칭을 이룰 수 있고, 작게는 경(卿)이나 재상 또는 장군의 상과 봉록을 쉽게 얻을 수 있다. 그러나 도리를 버리고 경거망동하는 자는 비록 위로는 천자와 제후의 권세의 존엄이 있고, 아래로는 의돈(猗頓― 춘추시대 노(魯)나라의 가난한 선비였으나, 소금과 쇠로 재산을 일으켜 막강한 부를 누렸으며, 의돈(倚頓)이라고도 한다)이나 도주(陶朱, 본래 월나라 대부인 범려를 말하는데, 제나라로 달아나 치이자피(鴟夷子皮)라는 이름으로 바꾸고 엄청난 재산을 모았다고 한다), 복축(卜祝, 본래 길흉을 점치는 사람과 축복을 기원하는 무당을 말하며, 여기서는 미신을 이용해 재산을 모은 사람이라는 뜻으로 쓰인다.)과 같이 부유하더라도 오히려 자신의 백성에게 버림받고 재산을 잃게 될 것이다.

사람들이 도리를 가볍게 버리고 쉽게 경거망동하는 것은 화와 복의 관계가 그처럼 심오하고, 도가 이처럼 광활하고 심원한지 모르기 때문이다. 그래서 노자는 사람들을 깨우치려고 "누가 그 끝을 알겠는가?"라고 하였다.

사람으로서 부유하고 귀해지면 건강하고 장수하기를 바라지 않는 자는 없지만, 가난하고 천하고 요절하는 화를 면할 수는 없다.

무릇 가고자 하는 길을 잃고 헛되이 행동하는 것, 이를 가리켜 갈피를 못 잡는다고 한다. 사람이 갈피를 못 잡으면 이르고자 하는 곳에 이를 수 없다. 지금 사람들은 이르고자 하는 곳에 이를 수 없기 때문에 갈피를 못 잡는다고 하는 것이다. 사람들이 이르고자 하는 곳이 이를 수 없는 것은 천지가 개벽한 이래로 지금까지 있어온 일이다. 그래서 말하였다.

"사람이 갈피를 못 잡는 것은 그 시간이 이미 오래되었다(人之迷也 期日故久矣)."

{한비자}에 담긴 일화 하나를 소개해 보면 그가 말하는 인간관계란 이런 것이다.

위(衛)나라 사람 부부가 기도를 드리는데, 축원하며 이렇게 말했다. "저희가 무사하게 해주시고 삼배 백 필을 얻게 해주십시오." 그 남편이 말했다. "어찌 그리 적은 것이오?" 대답하여 말했다. "이보다 많으면 당신은 첩을 살 것이기 때문입니다(내저설 內儲說 하)."

한이불을 덮고 살지만 서로 다른 꿈을 꾸고 산다는 말이다. 인간의 성품은 선하지 않고 모든 것이 이해관계에 의해 결정된다는 한비자의 비유는 묘미가 있다. 한이불 속의 부부도 아니고 피를 나눈 형제도 아닌 군주와 신하, 백성과 백성 사이에는 서로가 서로를 믿지 못하는 것이 당연하지 않겠는가?

도가는 인간의 본성이 순박하다고 보고 절대적인 자유를 옹호한 반면, 한비자는 인간을 악하다고 보고 사회적인 통제를 주장했다. 그렇지만 도가와 한비자는 무위(無爲)라는 공통분모를 가지고 있었다.

도가의 무위는 자연에 대한 '관조의 지혜' 그 자체를 긍정한 것인 반면, 한비자의 무위는 통치의 기본원칙을 자연으로부터 이끌어내는 것을 근본 목적으로 하는 것이다.

노자가 말하는 네 가지.

현재 도를 터득한 선비는 비록 마음이 미덥고 행동이 유순할지라도 비뚤어지고 바르지 못한 자를 비방하지 않으며, 비록 절개를 위해 죽고 재물을 가볍게 여기면서도 약한 자를 모욕하거나 탐욕스러운 자를 비웃지 않는다. 비록 장중해도 패거리를 만들지 않으며, 그것을 가지고 사악한 자를 물리치거나 사욕을 챙기는 자를 벌주지 않는다. 권세가 높고 존경을 받으며, 의복이 아름답다고 하더라도 가난한 자에게 자랑하거나 비천한 자를 속이지 않는다. 무슨 까닭 때문인가?

"단정하게 행동하면서도 다른 사람을 해치지 않고, 청렴하면서도 남을 상하게 하지 않으며, 강직하면서도 방자하지 않고, 청렴하면서도 남을 상하게 하지 않으며, 강직하면서도 방자하지 않고, 빛나지만 드러내지 않는다."
총명하고 지혜로운 것은 타고난 것이며, 움직이고 멈추며 사고하는 것은 인위적인 것이다.

사람이란 하늘로부터 받은 청각으로 듣고, 하늘로부터 받은 지혜로 사고한다.

욕심보다 큰 재앙은 없다(해로(解老)).
사람에게 욕심이 생기면 생각이 혼란스러워지고, 그렇게 되면 다시 욕심이 심해진다. 그러면 사악한 마음이 생기고 일을 이치에 맞게 처리하지 못해 재앙이 생기게 된다.
화근과 재난은 사악한 마음에서 생기는 것이며, 사악한 마음은 욕심을 일으키는 데에서 나오는 것이다. 욕심을 일으키는 사물은 나아가서는 선량한 사람들을 간사하게 만들고, 착한 사람이 화를 만나게 한다. 그러므로 "재앙은 욕심을 내는 것보다 큰 것이 없다."라고 하였다.

이 때문에 이익을 얻으려는 마음에서 벗어나지 못하는 것이다. 이익을 얻으려는 마음을 제거하지 못하는 것이 인간의 근심의 뿌리다. 그런데 성인은 옷은 추위를 막을 수 있고 음식은 허기를 달랠 수 있으면 족하기 때문에 근심이 없다.

이익을 얻으려는 욕망이 크면 근심하게 되고, 근심하면 질병이 생기게 된다. 이러면 지혜가 줄고, 분별력을 잃게 되어 경거망동하게 된다. 이렇게 됨으로써 재앙과 화가 이르게 된다. 사람이 상하면 물러나 스스로 질책한다. 물러나 스스로 질책하는 것은 이익을 얻으려는 욕심에서 생긴 것이다.

"질책하는 것 중에서 이익을 얻으려는 욕심에서 기인하는 것보다 심한 것은 없다."

도는 가깝다고 생각하면 사방의 끝에 있고, 멀다고 생각하면 항상 우리 곁에 있으며, 어둡다고 생각하면 광채가 눈부시고, 밝다고 생각하면 그 본질은 어렴풋하다. 도의 작용은 천지를 이루고, 그 조화로운 기운을 천둥으로 바뀌게 하였다. 우주 안에 있는 사물은 그것에 의지해 이루어진다.

그러므로 그것을 얻어서 죽고, 그것을 얻어서 살며, 그것을 얻어서 실패하고, 그것을 얻어서 성공하는 것이다.

지금 도는 비록 듣거나 볼 수는 없지만, 성인(聖人)은 그 단편들을 잡아서 형상을 소상히 생각해본다.

그러므로 말하기를 "도는 형상 없는 상(狀)이며 물체 없는 상(象)이다."라고 하였다.

무릇 만물이 한때 존재했다가 한때 사라지고, 문득 죽었다가 문득 태어나며, 처음에는 성했다가 이후에 쇠하는 것은 영원함(常)이라고 할 수 없다. 오직 천지개벽과 함께 생겨나서 천지와 함께 소멸할 때까지 죽지 않고 쇠하지 않는 것을 영원함이라고 한다. 영원함은 바뀌는 바도 없고 정해진 이치도 없다. 정해진 이치가 없으므로 일정한 곳에 있지 않기 때문에 도라고 말할 수 없는 것이다. 성인은 그것의 아득하고 허무한 면을 터득하고 두루 운행하는 원리에 기초해서 억지로 이름 붙여 도(道)라고 하였다. 그런 뒤에 논할 수 있었다.

"도는 말할 수 있으면 영원한 도(常道)가 아니다."

출생에서 죽음에 이르기까지의 인간을 살펴본다.
인간은 출생에서 시작해 죽음으로 끝난다. 시작은 '벗어난다(出)' 하며 끝을 '들어선다(入)'라고 한다.
"삶을 벗어나와 죽음으로 들어선다(出生入死)."라는 말이 생겼다.
인간의 몸에는 360개의 마디가 있고 사지와 아홉 구멍이 있는데, 이것이 가장 중요한 부분이다. 사지와 아홉 구멍을 합하여 열셋이 움직이고 멈추는 것은 모두 생존에 속하는 것이다.

기뻐함을 버리며 미워함을 없이하는 마음, 곧 허심(虛心)으로써 바른 도(道)에 합당하는 것이 되어야만 곧 도(道)와 일치하게 되는 것이다.

약지약천(若地若天)의 마음으로 바른 도(道)를 세워 천지는 누구를 소외한다든지 누구를 더 친애한다든지 하는 구별이 있을 수 없으니 정실 같은 것은 그사이에 개입될 수 없다. 하늘과 땅 같은 형상(形相)으로 세상을 다스리는 사람을 성인이라 일컫는 것이다.

"검소하기 때문에 넓힐 수 있다."란 말이 생기게 되었다.

성인은 전부 만물의 이치를 따른다. 그래서 "감히 천하의 앞이 되려고 하지 않는다. 이리하면 하는 일마다 되지 않는 일이 없고, 공을 세우는 일에 성공하지 못하는 경우가 없으므로, 고관대작의 위치에 있지 않으려고 해도 있지 않을 수 있겠는가? 그래서 감히 천하의 앞이 되려고 하지 않으므로 큰일을 할 우두머리가 된다." 지혜로운 마음을 가지고 싸우면 승리하고 지키면 공고해진다.

한비자 21편, 유로(喩老, 노자를 비유함)

적(翟)나라 사람이 진(晉)나라 문공(文公)에게 여우 털과 검은 표범 모피를 바쳤다. 문공은 모피를 받으면서 감탄하며 말하였다.

"이 짐승은 가죽이 아름답기 때문에 스스로 재앙을 초래하였구나!" 그러면서 욕심을 내는 것보다 큰 재앙은 없다고 말하였다.

지백(智伯)은 범씨(范氏)와 중행씨(中行氏)를 병합하고 조(趙)나라를 공격하려고 하였으나, 한(韓)나라와 위(魏)나라가 지백에게서 등을 돌려 지백의 군대는 진양(晉陽)에서 패하였다. 지백 사진은 고량(高粱) 동쪽에서 죽었으며, 영토는 마침내 세 나라로 갈라졌다. 지백의 머리는 잘려 옻칠이 된 뒤 요강으로 만들어졌다. 그래서 말하였다.

"재앙 중에서 만족할 줄 모르는 것보다 큰 것은 없다."

탐욕으로 자신을 해치지 않는다면 나라는 멸망하지 않을 것이고 자신도 죽지 않을 것이다. 그래서 "만족할 줄 아는 것이 만족한 상태이다."라는 말이 생기게 되었다. 형태가 드러나지 않는 가운데 일을 시작해 천하에 큰 공을 세우는 것, 이것을 일컬어 '미명(微明)'이라고 한다. 약소한 위치에 있는 것처럼 자신을 낮추고 상대는 높이는 것을 "유약함이 강함을 이긴다."라고 하는 것이다.

유로(喻老)에서 유는 비유하다는 뜻이고, 노는 노자를 뜻한다. 「유로(喻老)」 편은 역사적인 고사들을 노자의 사상과 비교하면서 해설하듯 설명하고 있는데, 한비자가 취한 노자의 문장은 전체가 아닌 부분에 해당하고, 순서도 우리가 아는 『노자』와는 다르다.

한비자가 보기에도 노자의 사유는 특유의 모순어법 때문에 언제나 알 듯 모를 듯하므로 이것을 더욱 실천적으로 해석할 필요성을 느낀 것이다. 세상의 대립과 모순을 역설적인 언어로 설명해내는 방식을 취하고 있는 노자의 문장이 한비자의 권력론과 맞물려 태어난 것이 바로 이 편이다.

「해로(解老)」 편이 노자 사상의 이론적인 면을 부각했다면 이 편은 설화의 인용을 통해 해설함으로써 그 실천적인 면을 강하게 드러내고 있다. 물론, 두 편 모두 한비자 자신의 철학과 정치사상을 피력하기 위해 지은 것이다.

「유로(喻老)」 편의 취지는 구체적인 이야기를 통해 노자의 학설을 설명하는 것이며, 그것을 쉽게 이해하고 쉽게 활용하기 위한 것이다. 회남자(淮南子)가 이 편을 모방한 것으로 볼 수 있다고 한다.

해로(解老)

덕이라는 것은 마음속에 갖추어져 있는 것이다. 덕이 갖추어지면 결과로써 하는 일이 모두 도에 알맞으면 도로 좋은 결과가 얻어지는 것으로, 그것은 덕이 밖으로 나타나는 것이다. 자기 마음속에 기를 것을 기르지 않고 얻을 것이 있다고 구해보아도 그것은 안 될 것이며, 먼저 덕을 길러야 한다. 그래서 노자는 상덕(上德) 부덕(不德)이란 말을 했던 것이다. 뛰어난 덕이 있는 사람은 겉으로 덕이 있는 것으로는 보이지 않는 것이라는 뜻이다. 참으로 제계(齊戒) 하는 바가 있으면 주위가 어떻게 변하더라도 또 세상이 어떻게 변화를 해도 조금도 마음이 움직이지 않는다. 자기 몸을 보전하여 일생을 보낼 수 있는 것이 곧 덕을 갖춘 것이라면, 덕이란 스스로 얻는 것이지 밖으로부터 더해지는 것은 아니다.

덕을 덕으로서 얻고자 할 때는 벌써 참된 덕은 얻을 수 없다. 덕을 덕으로 대하지를 않고 이것을 자연에 맡길 때만 스스로 참된 덕이 얻어지는 것이다. 그러므로 노자는 "상덕은 덕이 있는 것 같이 보이지 않는다. 그것이 참된 덕이다."라고 하였다.

무위무사(無爲無事)하고 마음을 허(虛)하게 하는 것을 귀하다고 하는 것은 그 뜻이 외물(外物)에 의하여 좌우되지 않기 때문이다.

참된 허(虛)라는 것은 아무것에도 제압되지 않는 마음을 말하는 것으로 굳이 무위(無爲)를 구하지 않는 상태이다.

인덕(仁德)을 갖춘 사람이라는 것은 단지 사람을 사랑한다는 것만은 아니다. 사람을 진심으로 사랑하며 기뻐하는 것을 뜻한다. 그 사람과 기쁨을 같이하는 것이 참으로 유쾌하다고 생각하는 것이 참된 인(仁)인 것이다. 바꾸어 말하면 남의 행복을 마음으로부터 기뻐하고, 남의 화(禍)를 진심으로 아파하는 것을 말한다. 이것은 진심에서 우러나와서 그만두려고 해도 그칠 수가 없고, 어떤 갚음을 받겠다는 생각 또한 조금도 없다.

노자는 "가장 뛰어난 인자라는 것은 남을 위해서 여러 가지 수고를 하더라도 자기 마음 가운데 만족함이 있으므로 누구에게 인정을 받으려고 하지 않는 마음이다."라고 했다.

쟁선공후(爭先恐後)

조(趙)나라 양왕(襄王)이 왕오기(王於期)로부터 수레 모는 방법을 배웠다. 그는 왕오기와 경주를 하게 되었는데, 세 차례나 말을 바꾸었지만 모두 뒤졌다. 양왕이 말하였다.

"그대는 나에게 수레 모는 방법을 가르치면서 그 기술을 다 가르쳐주지 않았소."

왕오기가 대답하였다. "기술은 모두 가르쳐드렸습니다만, 그것을 잘못 사용하셨기 때문입니다. 무릇 수레를 몰 때 중요한 것은 말의 몸과 수레를 일치시켜 안정되게 하고, 수레 모는 자의 마음이 말과 조화를 이룬 이후에 빨리 나아갈 수 있고 멀리 이를 수 있습니다. 그런데 지금 군께서는 뒤졌을 때는 신을 따라잡으려고 조바심을 내고, 앞서면 따라잡힐까 초조해하셨습니다. 무릇 길에서 경주하며 다투다 보면 앞서지 않으면 뒤처지게 되어 있는데, 군께서는 앞섰을 때나 뒤처졌을 때 마음이 모두 신에게 있었습니다. 그래서야 군께서 어떻게 말과 조화를 이룰 수 있었겠습니까? 이것이 군께서 뒤처진 까닭입니다."

다음 한 구절을 음미해보자.

"문으로 나가지 않아도 천하를 알 수 있고, 창문으로 내다보지 않아도 자연의 이치를 안다." 이것은 정신이 그 실체를 떠나서는 안 된다는 것을 말한 것이다.

털을 불어서 작은 흠을 찾으려 하지 말라. 나라를 다스리는 요체를 온전하게 한 자는 하늘과 땅을 바라보고 강과 바다를 보았으며, 산과 골짜기에 따라 덕을 베풀었고, 해와 달이 비추며 사계절이 따라가듯 구름이 펼쳐있고 바람이 움직이듯 하였다. 소소한 지혜로 요체인 마음을 수고롭게 하지 않았으며, 사사로움으로써 자신을 괴롭히지 않았다.

도(道)에 따라 법을 온전히 함으로써 군자는 즐거워하고 크나큰 간사함이 멈추게 된다. 그러므로 맑고 한가롭고 고요하면서 하늘의 명에 따르고 사람들로 하여금 법에 저촉되는 죄를 없게 만들며, 물고기(군주를 비유)로 하여금 물을 잃는 화(禍)가 없게 하니, 천하는 불가능한 것이 거의 없게 된다.

5-2. 묵자(墨子)

묵자(기원전 470?~391?)는 중국 춘추전국시대에 제자백가 중 묵가를 대표하는 위인으로 본명은 묵적(墨翟)이다. 그가 활약한 시기는 대략 기원전 450년에서 390년 사이로, 시기적으로 춘추시대 말기에서 전국시대 초기에 해당한다.

『묵자』의 핵심 사상은 '겸애주의(兼愛主義)'이며 그가 말한 '겸애'는 관념적인 사랑이 아니다. 타인을 이롭게 하는 것이 곧 자신을 이롭게 하는 길이라고 설파한다. 기독교와 불교에서 말하는 아가페나 이타정신과 같다고 볼 수 있다. 싸움을 그치고 안정과 휴식을 취함으로써 서로 '원원'할 수 있다는 '비공' 주장 역시 매우 합리적이다. 그는 시대를 앞서간 인물로 만민평등과 반전이라는 인류번영의 보편적 가치를 주창했다.

5-3. 순자(荀子)

성은 순(荀)이고, 이름은 황(況). 공자의 유학(儒學)을 뒤이어 발전시킨 사상가로 맹자(孟子)와 쌍벽(雙璧)을 이루고 있는 인물이다.

저서로는 『순자』 20권 32편 이외에 『한서(漢書)』 예문지(藝文志)에는 「손경부(孫卿賦)」 10편이 있다 하였다.

그릇된 주장을 하는 것은 마음 한구석이 욕망이나 이익 같은 것에 가려있기 때문이다.

"사람들은 무엇으로 도를 아는가? 그것은 마음으로 알 수 있다. 마음은 어떻게 도를 아는가…? 그것은 마음이 텅 비고 한결같아지고 고요해지는 것으로 알게 된다…. 마음이 텅 비고, 한결같아지고, 고요한 것은 크게 맑고 밝다(大淸明)."고 하는 것이다.

사람에게는 본디 욕망이라는 악한 본성이 있어서 그대로 버려두면 서로 충돌해 큰 혼란이 일어난다.

학문을 하면 사람이 되고, 학문을 버리면 짐승이 되는 것이다. 온

몸과 마음을 다해 그의 행동이 한결같이 완전할 때 비로소 학문의 완성을 기할 수 있다는 것이다. 조금이라도 마음이나 행동에 빈틈이 있어서는 안 된다.

쉬지 않고 반걸음씩 걸으면 절름발이라고 하더라도 천 리를 갈 수 있다. 흙을 쌓는 일을 중지하지 않는다면 높은 언덕이나 산을 만들 수 있다.

사람들의 재주와 성질이 어찌 절름발이와 여섯 마리 준마의 발처럼 차이가 날 수 있겠는가? 그런데도 절름발이는 목적지에 도착하고 여섯 마리 준마를 목적지까지 가지 못하는 것은 다름이 아니라 한쪽은 실행하고 다른 한쪽은 실행하지 않았기 때문이다.

일이 비록 작은 것이라 하더라도 하지 않으면 이루어지지 않는다. 생활에 한가한 날이 많은 사람은 남보다 뛰어날 수가 없다.

널리 알면서도 궁지에 몰리는 것은 남을 욕하기 때문이다. 말을 잘 하는데도 사람들이 설복당하지 않는 것은 다투기 때문이다. 몸가짐 을 곧게 하는데도 사람들이 알아주지 않는 것은 다투기 때문이다. 말 을 잘하는데도 사람들이 알아주지 않는 것은 남보다 앞서려 하기 때 문이다.
남과 다투는 사람은 그 자신을 잊은 자이다. 잠깐 노여움을 터뜨리 면 한평생의 자신을 잃게 된다.
남과 다투는 사람은 반드시 자기가 옳고 남을 그르다고 여긴다.

학문은 갑자기 귀하게 만들고 지혜롭게 만들고 부유하게 하는 유일한 길이라는 것이다.

『시경(時經)』에 "백성 중 좋지 못한 자들은 오직 남을 원망하며, 벼슬만은 사양하지 않으니 자신을 망치게 되네."라고 읊은 것이 있다.

남녀 사이도 기쁨으로 화합되지 않을 수 없다.

높은 곳이라 하더라도 가뭄이 들지 않고, 낮은 곳이라 하더라도 장마가 지지 않으며, 추위와 더위가 계절 따라 잘 조화되어, 오곡이 때에 알맞게 잘 여무는 것은 바로 하늘이 할 일이다.

초(楚)나라 장왕(莊王)이 허리 가는 여자들을 좋아하자 조정의 여자들은 굶는 이들이 속출하였다.

공자께서 말씀하시되, "내가 남들을 대하는 방법을 잘 살펴야 하는 것은 내가 남을 대한 대로 나에게 돌아오기 때문이다."라고 하였다.

뜻을 아름답게 지니면 수명이 늘어난다.

많은 별은 일정하게 돌고, 해와 달은 번갈아가며 빛을 비추고, 사철은 번갈아 바뀌고, 음과 양은 크게 변화하며 만물을 생성시키고, 비바람은 널리 내리고 불어 생육을 돕는다. 그러한 일을 하는 것을 드러내 보이지 않고 그 공적만을 드러낸다. 이러한 것을 두고 신묘함이라 한다.

모두가 그렇게 하여 이루어 놓은 것은 알지만, 이루어 놓은 방법은 그 형체가 없어 알 수가 없다. 이러한 것을 두고 하늘이라 하는 것이다.

하늘의 조화는 위대하지만, 그 원리는 알 수가 없다.

그의 행위가 빈틈없이 모든 것을 잘 다스리고, 그의 보양이 빈틈없이 모두가 적절하면 그의 삶은 손상되지 않는다. 이것을 두고 지천(知天)이라 한다. 그러므로 위대한 기교는 아무것도 하지 않는 데에 있고, 위대한 지혜는 아무것도 생각하지 않는 데에 있다.

하늘이나 자연에 대한 인식은 겉으로 드러나는 현상에 한정시켜야 한다는 것이다. 그 이상을 추구해도 알 수가 없다. 이것이 진실로 하늘을 아는 것이다.

더욱 뚜렷이 하늘과 사람의 입장을 구분하고 사람은 하늘을 잘 이용해야 함을 강조한다.
자연에 동화되기를 주장한 도가 사상이다. 노자와 장자는 사람의 입장을 버리고 자연으로 들어가 자연과 함께 변화하며 살 것을 주장한다.

순자는 하늘과 사람을 분리해 냉정히 전체를 관찰할 때 올바른 도를 파악하게 된다고 생각하였다.

어느 세상이고 악독한 자들이 없고, 어느 시대고 몹쓸 자들이 없겠는가? 모이면 말만 많고 등지면 서로 미워하고 오로지 다투는 것을 일삼는 자들 때문이다.

모욕을 당해도 욕되지 않음을 알면 곧 싸우지 않는다. 사람들은 모두 모욕을 당하는 것을 복되다고 여기기 때문에 싸운다. 비록 모욕을 당한 것을 욕되다 여긴다 하더라도 싫어하지 않으면 싸우지 않는다. 비록 모욕을 당한 것이 욕되지 않음을 안다 하더라도 그것을 싫어하면 반드시 싸운다.

5-4. 맹자(孟子)

성은 맹(孟)이며 이름은 가(軻)이다. 추(鄒)라는 지방 출신인데 추는 공자가 태어난 노(魯)나라에 속한 지방이라는 설도 있고, 독립된 나라라는 설도 있다.

맹자는 인의(仁義)의 덕을 바탕으로 하는 왕도정치(王道政治)가 당시의 정치적 분열 상태를 극복할 유일한 길이라고 믿고, 왕도정치를 시행하라고 제후들에게 유세하고 다녔다.

이루장구 상(離婁章句 上)

한 사람이 모욕을 당하는 것은 실은 그 자신이 먼저 모욕을 당하게끔 일을 했기 때문이지, 남이 공연히 그에게 모욕을 주는 것은 아니다. 가정이나 국가도 마찬가지로, 그 자체가 먼저 망하게끔 했기 때문에 망한다는 것이다.

맹자는 『시경(時經)』의 말을 인용하여 하늘이 지어낸 재앙은 피할 수가 있으나, 인간이 스스로 만든 재앙은 도저히 모면할 수 없다고 하면서 모든 잘잘못의 요인을 외부에서 찾으려 하기보다 그 자체 내에서 찾아야 한다고 말했다.

공손한 사람은 남을 모욕하는 일이 없다. 그리고 겸손한 사람은 남의 물건을 뺏지 않는다. 그러나 실제의 생활에서는 잘 지키려 하지 않는다.

남에게 돋보이기 위해서 또는 지나친 우월감 때문에 분에 넘치는 사치를 한다. 그리고 남의 결점을 알게 되면 곧 모욕을 준다. 그럴 뿐 아니라, 남의 없는 결점까지 만들어 내서 모욕을 주는 수도 있다. 이런 행동 때문에 그로 인해서 남에게 미치는 피해는 물론 자기 자신까지 파멸의 구렁텅이에 들어가게 된다.

이루장구 하(離婁章句 下)

맹자께서 이르시되 "큰 인물은 외물(外物)에 유혹당하지 않고 어린아이와 같이 순결하고 거짓이 없다. 본연의 마음을 온전히 하고, 이것을 확충시켜 나간다."라고 하였다.

진심장구 상(上)

군자가 스스로 진실한 도리를 깨닫는다는 것은 마음을 기울여서 연구를 열심히 하여 마음속에서 자연적으로 깨닫게 되는 것이다.

왕자의 백성들은 덕화(德化)에 젖어서 마음이 편안하고 너그럽다. 언제나 유연자득(悠然自得)한 모습이다. 왕자의 정치는 백성을 편안하게 하고 너그럽게 한다. 백성을 위하는 것이고, 무위이화(無爲而化), 즉 자기의 공을 남에게 알리려 하지 않고 무언무형(無言無形), 말없이 어느새 어진 정치를 베풀어 나가기 때문에 백성들이 평화와 자유와 안락을 누리면서도 그것이 누구의 힘이라는 것을 느끼지 않는다. 마치 풍년이 들어서 잘살게 되는 것도 대자연의 위대한 힘 덕분이라는 것을 느끼지 못하는 것과 같다.

군자가 사람을 가르치는 방법에는 다섯 가지가 있다.

첫째, 제때에 내린 비가 초목을 무럭무럭 자라나게 하는 것처럼 빠른 속도로 교화하는 방법

둘째, 그 사람의 순후한 본성을 따라서 덕을 성취시키는 방법

셋째, 사람의 총명한 자질에 따라서 재능을 발달시키는 방법

넷째, 질의와 응답의 대화 형식을 따라서 지혜를 개발시키는 방법

다섯째, 간접적인 교화로 사람의 인격을 도야시키는 방법이다.

사람의 자질에 따라 교육 방법이 다르다는 것을 설명한 것이다.

사람을 가리지 않고 받아들이다 보면 별별 사람들이 다 섞여 있게 된다.

본성을 잃지 않고 자연 그대로를 간직했던 요순이나 노력에 의하여 본성을 회복한 탕왕이나 무왕 모두 다 성덕의 극치를 이루었다. 여기서 본성을 그대로 따라서 행한 사람을 성인(聖人), 노력에 의해서 본성을 회복한 사람을 군자(君子)라고 하며, 성인과 군자를 구별하였으니, 요순은 성(聖)에 가깝다.

고전(古典)에서 느껴보는 무위자연(無爲自然)

1. 도연명(陶淵明)의 '귀거래사(歸去來辭)'

무위자연(無爲自然)이란 결국 편협하고 자의적인 인간의 작위(作爲)를 버리고 우리의 감관적 인식을 초월한 절대 존재, 즉 하늘(天)에 귀일(歸一)한다는 뜻이다.

서양에서는 이러한 경지를 신앙으로써 하나님 속에서 찾으려고 했다. 그러나 동양에서는 신앙이 아닌 이성과 생활 속에서 스스로 이러한 경지를 실천하며 체득했다.

도연명의 글은 바로 그러한 것을 기록해놓은 것이다. 우리는 그 속에서 해탈만을 보는 것이 아니라 때로는 고뇌(苦惱)도 보게 된다.

현실 세계에서 실망하고 벗어나도 무한하게 즐기며 살 수 있는 다른 세계가 있다. 그리고 그 다른 세계가 현실 세계보다 더 본연의 세계이자 영원한 세계라고도 한다.

동양의 전통적 은일(隱逸)과 탈속(脫俗)의 특징은 다름 아니라 노장(老莊)의 두둑한 배짱이다. 우리가 감관(感官)으로 인지할 수 없는 무한(無限)한 본연의 실재 및 실체에 귀의(歸依)하는 편이 영생할 수 있고, 또 본연의 자세를 찾을 수 있다고 보는 것이다. 우리의 삶은 우리가 모르는 무(無)에서 와서 한 백년쯤 이승에 나그네처럼 잠시 들렀다가 다시 영겁의 무로 돌아가는 것이다. 그러니까 진짜로 길게 있는 것은 무이고, 이승의 삶은 잠시 꿈같이 번쩍한 현상에 불과하다. 그 현상에 집착할 필요가 없다. 우리 육신도 오묘한 기가 모였다 흩어졌다 하는 것이다. 그것에 집착하는 것은 정신을 어지럽게 할 뿐이다. 그러니 명예나 이득 같은 것은 더 허무한 것이 아니겠는가?

속세에서 은퇴하면 어디로 가나? 자연으로 돌아간다. 자연의 풍물이 아름답고 한정(閑靜)하고 속세의 번거로움이 없어서만은 아니다. 인간사회의 굴레를 벗어나 자연 속에서 천도(天道)를 따라 살 수가 있기 때문이다.

추위에 떨고 굶주림에 시달리고 또 손수 논밭을 갈아 먹으면서도 그는 오직 도를 지킬 수 있으므로 해서 언제나 유연히 남산을 바라볼 수 있었다(悠然見南山).

도연명(陶淵明, 약 365~427년 추정)은 고궁절(固窮節- 넉넉하지 않지만 절제하는 생활을 지키는 삶)을 지키면서 몸소 농사를 지었던 억척같은 성격과 속세를 해탈하고 동쪽 울타리에 국화를 따며 유연히 남산을 바라보던 은일(隱逸)의 풍류에 잠겼다. 그러나 도연명이 태어났을 때의 그의 집안은 완전히 몰락하여 오늘날까지 도연명의 아버지 이름도 밝혀지지 않고 있다.

그가 42세 때 귀거래사(歸去來辭)를 쓰고 아주 농촌으로 은퇴한 전후기에는 군벌들의 손에 동진의 왕이 유폐되거나 시살(弑殺)되기까지 하였다. 게다가 그 군벌들 자신이 서로 엎치락뒤치락 흥망성쇠(興亡盛衰)를 거듭하여, 한편으로는 외부로부터의 이민족의 침략과 내부에서의 농민봉기 등이 끊이질 않아 국가사회와 백성들의 생활은 문자 그대로 도탄(塗炭)에 빠져 허덕이고 있었을 때다.

물러난 도연명에게는 고답(高踏)한 노장(老莊)의 가르침이 심오한 진리의 문을 열고 기다리고 있었다. 우주 만물의 근원인 도(道)는 '무위자연(無爲自然)'이다.

인간은 영원한 실재(實在)인 무(無)에서 왔다가 잠시 현상계(現象界)인 이승에 나그네로 기우(寄寓)하고 다시 본집(本宅)인 '무(無)'로 되돌아가는 것이다. 또 만물은 도를 따라 물화(物化)하게 마련이다.

그러므로 인간은 현실적 속세, 이욕과 추악에 엉켜 타락세계에서 악착같이 발버둥 칠 것이 아니라 '무위자연(無爲自然)'이라고 하는 참세상(眞)에 몸을 맡기고 유유자적(悠悠自適)하면 된다. 이것이 바로 해탈(解脫)이고 은퇴(隱退)의 높은 경지이다.

이러했던 도연명의 정신은 높푸른 가을 하늘과 같이 맑고 고고하였다. 육신은 음식과 옷을 필요로 했다. 엄동설한에도 시들지 않는 송백(松柏) 같은 절개를 지킨 도연명이었으나 물질생활의 궁핍을 견뎌내는 데는 무척 힘들었다. 더욱이 정신의 명을 따라 의(義)를 지키기 위해 겪는 육체적 고생이라 억울하고 분통스럽기까지 했다.
그러나 그는 굽히지 않고 스스로 농사를 지어 견디어냈다. 흔히 있는 인간적인 교지(巧智)나 간교(奸巧) 또는 권모술수(權謀術數)를 쓰지 않고 소박한 대자연의 순수한 덕성을 지켰다.

도연명은 한마디로 난세에 태어난 위대한 철인(哲人)이자 시인(詩人)이다. 흙탕 속에 육신을 빼앗겼고 그 곤욕과 괴로움을 솔직하게 호소

했다. 그러나 그는 마침내 고고(孤高)하고 청일한 정신으로 탈속하고, 무위자연의 도를 따라 참세상에서 유유히 세상을 소요했다. 처음부터 내키지 않는 벼슬길에 오르면서 다음과 같이 읊었다.

"구름을 타고 자유로이 나는 새를 보니 부끄럽고, 물속에 멋대로 노는 물고기에도 창피하게 느껴진다. 본래 나는 참뜻을 깊이 간직하고 있노라. 절대로 외형적인 속세에 구속되지 않으리라."

후에, 그의 은퇴는 불로도식(不勞徒食)이 아니었다. 자연에 몸을 맡긴다는 것은 천지의 대덕인 생산에 힘쓰는 것이었다. 그는 속세의 악덕과 타협하지 않고 손수 밭에서 농사를 지으면서 그의 이상향인 도화원(桃花源)을 스스로 영위했던 것이다.

송(宋)나라 시대의 대문호 소식(蘇軾, 蘇東坡 1037~1101)은 더없이 도연명을 높혔다. 소동파는 시선 이백도 시성 두보도 도연명의 경지에 닿지 못했다고 보았다.

도연명이 수졸(守拙– 어리석음을 지킴)하고 개황(開荒)하겠다고 하였는데 이는 만물을 끝없이 살게 하고 번영케 하는 천지의 대덕, 즉 자연의 도 또는 천도(天道)를 따르기 위한 것이다.

즉, 동양적 은퇴는 인위적인 악을 버리고 자연의 영원한 삶을 되찾는 것이라 하겠다.

인간은 나만을 내세우고 남을 해칠 수도 있다. 그러나 자연은 모든 것을 다 같이 살게 하고 다 같이 키우고 번성하게 한다. 즉, 공생·공존·공진화(共進化)이다. 이것이 자연의 도이자 바로 천도(天道)이다.

이 천도는 도연명의 자연에 돌아가서 농사를 짓는, 즉 인위적인 악을 버린 허정(虛靜)하고 한적(閑寂)한 정신과 이어진다. 사념(邪念)이 없는 그 마음은 명경지수(明鏡止水)와 같아서 심오한 하늘의 뜻을 받아들일 수 있는 것이다.

도연명의 '전원에 돌아와서 제五시'에 나오는 글귀에 갓끈을 빤다하는 것은 출사(出仕)를 하겠다는 뜻이고, 발을 닦는다는 것은 은퇴를 하겠다는 의미이다. 도연명은 "맑은 물에 발을 씻겠다."라고 했으니 철저하게 은일(隱逸)하겠다는 심정의 표현이라 하겠다.

귀원전거(歸園田居)의 다섯 수를 다시 훑어보기로 하자.

제1수에서 그는 '무위자연'하는 도를 따라 대자연의 섭리 속에서 몸소 농사를 짓는 기쁨에 넘쳤다.

제2수에서는 전세의 간교한 사람들과는 판이한 농촌의 촌로들과 농사 이야기를 나누는 동류의식을 높였다.

다시 제3수에서는 새벽부터 밤늦게까지 농사에 애를 쓰고 있는 자신을 그렸다.

그러나 인생은 결국 허무한 것! 옛날에 살다가 간 사람들을 보고 절실하게 인생을 공(空)과 무(無)에 귀일함을 느낀 도연명이다.

젊은 시절은 다시 오지 않으며 하루에 아침을 두 번 맞지 못한다.

때를 놓치지 말고 부지런히 일해라 세월은 사람을 기다리지 않고 지나간다.

사내대장부는 사해에 뜻을 떨쳐야 한다고 하나, 나는 늙는 줄도 모르는 채 공자님같이 글을 좋아하고 도를 즐겼으면 한다.
속세에는 잘난 체하는 자들은 얼음과 숯같이 일치하는 점이란 없이 모순된 생각으로 야단법석을 떨고 있다.

도연명은 당시의 속인들을 비꼬았다. 사해에 이름을 떨치겠다는 대장부들이란 모순된 야욕을 가슴에 품고 그것을 채우고자 온갖 협잡질과 악덕을 저지르고 있지만, 고작 살아야 백 년이다. 백 년 뒤에는 무덤의 흙더미로 돌아가고 말 것이며, 동시에 사는 동안의 허무한 이름만 남기고 말 것이 아니냐고 비판했다.

여기에 장자(莊子)에 있는 고사를 인용하였다.
"도적이 훔쳐갈 것이 겁나서 배를 골짜기에 숨겨놓았으나 밤 중에 힘센 사람이 그 배를 들어 메고 도망가버렸다. 즉 작은 꾀를 부렸으나 아무 소용이 없었다는 이야기다.
두렵고 불안정한 시간이 나를 마구 끌고 달리며 잠시도 멈추어 있지를 못하게 한다(引我不得住)."

도연명은 죽음을 '옛집'으로 돌아간다고 하였다.

귀거래사(歸去來辭) 중에서 첫마디는 다음과 같다.

자! 벼슬에서 물러나 내 집의 논밭으로 돌아가자. 전원이 황폐하고 있는데 어찌 돌아가지 않겠는가? 이미 내가 잘못하여 스스로 벼슬살이를 했고 정신을 육신의 노예로 괴롭혔으니 혼자 한탄하고 슬퍼만 해야 하는가? 지난 일을 공연히 탓해야 소용없다는 것을 깨닫고 앞으로 바른길을 좇는 것이 옳다는 것을 알게 되었다.

배는 흔들흔들 가볍게 흔들리고 바람은 한들한들 옷깃을 스쳐 간다.

귀거래사는 자연스럽고 평범한 어조로 담담하게 자신이 체득한 세계와 초탈한 인생관을 그리고 있다. 자연의 조화나 변화는 심오하고 다양하고 신비로우며 불가사의한 것이다. 그러나 자연은 평범하고 용이하면서 명백하게 모든 현상을 우리 인간에게 내보여주고 있다.

도연명의 시가 바로 이러한 대자연의 조화를 닮은 것이라 하겠다.

구름은 무심히 산골짝을 돌아나가고 날다 지친 저 새는 둥지로 돌아온다(雲無心以出岫 鳥倦飛而知還).

이 문구는 현실적인 명예나 이득을 찾아 아귀다툼을 하며 지칠 줄 모르는 인간들을 비꼰 것이다.

사람은 태어나면서 하늘에서 받은 참되고 맑은 천성이 있다. 이 청진(淸眞)한 성향에 맞게 사는 것을 적성보진(適性保眞)이라 한다. 이렇게 인간들도 청진무구(淸眞無垢)한 자연과 더불어 소박하고 진정(眞正)할 수 있는 것이다. 이러한 경지가 무위자연(無爲自然)이며 유유자적(悠

悠自適)이다.

> 曷不委心任去留 (갈불위심임거류)
>
> 어찌 마음을 대자연의 섭리에 맡기지 않으며
>
> 胡爲乎遑遑欲何之 (호위호황황욕하지)
>
> 이제 새삼 초조하고 황망스런 마음으로 무엇을 욕심낼 것인가
>
> 富貴非吾願 (부귀비오원)
>
> 돈도 지위도 바라지 않고
>
> 帝鄕不可期 (제향불가기)
>
> 죽어 신선이 사는 나라에 태어날 것도 기대하지 않는다
>
> 懷良辰以孤往 (회양진이고왕)
>
> 좋은 때라 생각되면 혼자 거닐고
>
> 或植杖而耘籽 (혹식장이운자)
>
> 때로는 지팡이 세워 놓고 김을 매기도 한다
>
> 登東皐以舒嘯 (등동고이서소)
>
> 동쪽 언덕에 올라 조용히 읊조리고
>
> 臨淸流而賦詩 (임청류이부시)
>
> 맑은 시냇가에서 시를 짓는다

"이미 지난 일을 되돌릴 수는 없고, 앞으로 다가올 일을 추구할 수 있다네. 길을 잘못 든 것을 깨달았으나 멀리 벗어나지 않았고, 지금이 옳고 지난 일이 틀렸다는 것을 깨달았다네. (悟已往之不諫이요 知來者之可追라, 寔迷途其未遠하니 覺今是而昨非로다.)"

세상의 숱한 사슬에 얽매임 없는 유유자적(悠悠自適)하는 모습이다.

2. 채근담(菜根譚)

🍃 인생이 꿈같은데 꿈속에도 꿈이 있다. 깊은 밤 종소리를 듣거든 꿈을 깨고 마음의 창을 열라. 덧없는 이 몸 안에 우주의 본체가 있다. 맑은 못에 잠긴 달빛을 보거든 그 우주의 맵시를 엿보라. 깨달아야 꿈인 줄 알 것이요, 보아야 참인 줄 알 것이다.

🍃 새 울음과 벌레 소리는 이 모두 전심(傳心)의 비결이요, 꽃봉오리와 풀빛은 이 모두 오도(悟道)의 명문(名文) 아님이 없도다. 배우는 사람은 모름지기 마음의 작용을 맑고 밝게 하고 가슴 속을 영롱히 하여 사물을 대함에 모두 깨닫는 바가 있어야 하리라.

🍃 "나에게 한 권의 경(經)이 있으니 종이와 먹으로 이룬 것이 아니로다. 활짝 펴 놓아도 글자 하나 없건만 항상 큰 광명이 여기서 퍼져 나가노라." 하는 글이 선가(禪家)에 있다. 이 경은 곧 천지자연경(天地自然經)이다. 천지만물(天地萬物) 산색계성(山色溪聲)이 모두 우주의 실상과 진리를 보여준다는 뜻이다.

🍃 도를 배우는 사람은 마땅히 마음을 맑고 깨끗하게 지녀 흉중에 한 점의 사념도 없앰으로써 보고 듣는 것마다 마음에 체득함이 있어야 한다. 그럼으로써 새 울음과 벌레 소리가 마음에서 마음으로 전하는 비결이 되고, 꽃송이와 풀잎이 그대로 산 문장이 된다는 말이다. 천지의 대도와 우주의 진리라는 것은 언어 문자로는 표현할 수 없으므로 석가도 49년 동안 설법을 한 자도 베푼 적이 없다고 하

였다. 문자로 풀이한다는 것은 얼마나 부족한 일인가! 천지 만물이 곧 그대로 우주의 진상이니 진리는 오직 스스로 느끼고 스스로 깨달을 수밖에 없다.

🍃 "참다운 황금시대는 그 황금시대가 오기 직전이다."라는 말이 있다. 황금시대는 이윽고 쇠퇴하기 시작하는 시기이기 때문이다. 꽃이 활짝 피면 시들고 달도 차면 기울 듯 모이면 마침내 흩어지고 기쁜 일 뒤에는 반드시 슬픔이 온다. 천하의 일이 모두 이와 같다. 그러므로 사람은 무슨 일이든지 극단까지 가지 말고 조금 아쉽다 싶을 때에 그치는 것이 좋다.

🍃 광대무변한 우주와 비기면 지구도 한 티끌이다. 그 속에 사람이야 티끌 속에 티끌이 아니랴! 피가 통하고 살이 붙은 이 몸뚱이도 물거품과 그림자로 돌아간다. 하물며 부귀영화 같은 것이야 그림자 밖의 그림자가 아니랴! 이와 같은 도리를 환하게 보는 지혜가 아니면 밝게 깨닫는 마음도 없으리라.

🍃 고운 목청을 듣기 좋아하고 시끄러운 소리를 싫어하며 아름다운 꽃을 가꾸고 잡풀을 뽑고 싶은 것이 사람의 상정(常情)이다. 이는 나타난 형체와 기질로 사람이 제멋대로 분별하는 까닭이니 만일 인정의 사심(私心)을 버리고 하늘의 뜻의 공정함으로 본다면 꾀꼬리 소리와 개구리 소리가 다 천연(天然)의 묘기(妙機)에서 나온 줄 알 것이요, 꽃이 피고 풀이 우거지는 것도 생생발육(生生發育)의 뜻을 폄에는 다름이 없다. 본성의 천의(天意)에서 보면 일체는 평등하여

예쁘고 추함, 선과 악, 좋고 나쁨의 차별이 없다. 차별 없는 이 본바탕을 밝히고, 형태와 기질에 따르는 편견을 벗어나리라.

🍃 난간의 발을 높이 걷고, 푸른 산과 흐르는 물을 보면 천지의 바탕이 본디 자유자재하여 거리끼지 않음을 알 것이요, 대숲을 무성히 가꾸면 거기 봄철에 제비 둥지 치고 가을에 비둘기 와서 울 것이니 춘하추동 사계절 보내고 맞음을 다 맡겨버리면 생물과 '나'가 하나가 된 경지를 알 것이다.

🍃 억지로 짜내서 공교롭게 만든 것은 맛이 없다. 어쩌다 뜻에 맞는 것이 문득 아름다운 경지를 이룬다. 사물이 모두 자연에서 절로 나와야 진짜가 된다는 말이다. 만일 그 절로 이루어진 것을 조금이라도 바꾸어 놓으면 멋이 문득 줄어든다. 그러므로 아무 일 없을 때가 제일 즐겁고, 기약하지 않고 이루어지는 일이 제일 반가우며, 까닭 없이 마시는 술이 제일 맛있고, 절로 부는 바람이 제일 시원하다. (無爲自然)

🍃 사람을 작은 우주라 부른다. 우주의 한 분신이기에 사람은 그 우주의 모든 작용을 줄여서 지니고 있다. 그러므로 만물의 변화는 그대로 사람의 몸과 마음에 조용(調用)하여 자연과 인간은 구별이 없어진다. 맑고 밝은 것을 보면 마음도 밝아지고, 따뜻하고 부드러운 것을 만나면 뜻도 부드러워진다. 자연에 풍우상설(風雨霜雪)이 있듯이 사람의 마음에는 희로애락(喜怒哀樂)이 있지 않은가.

🍃 흥이 나면 맨발로 풀밭을 거닌다. 들새도 때로는 사람을 겁내지 않고 함께 논다. 경치가 아주 마음에 들 적에는 꽃잎이 보슬비처럼 속삭이며 떨어지는 나무 그늘에서 옷깃을 헤치고 앉기도 한다. 그때야 흰 구름도 말없이 곁에 와서 머무른다. 유유자적! 자연을 참으로 아는 멋이다.

🍃 마음이 답답하거든 높은 곳에 올라서 탁 트인 경치를 보라. 산기슭에 나아가 바다로 흘러가는 물길을 보라. 눈비 오는 밤에 홀로 앉아 책을 읽으면 밝아지는 정신! 언덕에 올라서 휘파람 길게 불면 솟아오르는 흥! 이만하면 범속(凡俗)을 초월하는 맛 알 듯하구나.

🍃 복숭아 꽃이나 살구꽃은 비록 곱지만, 소나무나 잣나무의 변함없이 푸른 절개만은 못하다. 배나 살구가 일찍 익어 비록 달지라도 향기의 그윽함은 나중에 익는 유자나 귤만 못하다. 참으로 그렇다. 고와서 빨리 지느니 담백하여 오래가는 것이 좋으며, 젊어서 조금 뛰어나느니 늦으나마 크게 성취하는 것이 좋다.

🍃 마음에 집착이 없으면 속세에서 부대끼며 살아도 그곳이 신선 마을이요, 마음에 거리낌이 있으면 즐거움이 넘치는 곳도 괴로움의 바다를 이루고 말 것이다.

🍃 소란한 때를 당하면 여느 때 기억하던 일도 생각나지 않지만, 고요하고 편한 자리에 있으면 옛날에 잊은 일까지도 생각나는 법이

다. 달리 말하면, 고요함과 시끄러움이 조금만 나누어도 밝고 어두움은 아주 달라지기 일쑤이다. 그러므로 마음을 항상 고요하고 맑게 지니라.

🪶 마음을 맑고 고요하게 가지면 세상에 살아도 세상을 벗어날 수 있다. 깨달음을 얻겠답시고 반드시 모든 정욕을 끊어 마음을 식은 재처럼 만들어야 하는 것은 아니다. 오직 마음을 다하여 노력하는 가운데 오도(悟道- 깨달음의 길)의 공부가 있다. 중속(衆俗)과 정욕(情慾)은 경계하고 끊어야 할 때가 많지만, 출세 간의 길은 중속 안에 있고 마음을 깨닫는 공부는 정욕과 떨어져 있는 것이 아니다. 불은 태워서 해를 입히기도 하지만 알맞으면 익히고 태우는데 이익도 있으니 중속과 정욕도 불과 같다. 마음 공부하는 사람에게는 모든 것이 설법을 베풀어준다. 참으로 알고 보면 속악비천(俗惡卑賤)에도 양선고아(良善高雅)의 맛이 깃들어 있는 법이다.

🪶 아무것도 탓하지 마라. 허물은 항상 자신에게 있다. 마음에 번거로움이 없이하고 하기 싫은 두 마음이 서로 트이면 무엇이 능히 너를 속이며 어긋나게 할 것이냐? 영욕의 득실과 시비의 이해가 자신 속에서 일어나니 시끄러운 마음을 붙들어 고요히 가라앉히라.

🪶 심기가 어지러우면 사물에 흔들리기 쉬우니, 활 그림자도 뱀같이 보이고 돌도 범같이 생각되어 모든 것이 자기를 노리고 있는 것처럼 보이지만, 심기가 편안하면 호랑이도 갈매기로 여길 수 있으며, 개구리 소리도 음악으로 들을 수 있다는 말이다.

🍃 욕심이 없는 마음은 고요한 못물과 같다. 그러나 그 마음속에 욕심이 일면 못에서 물결이 끓어오르는 것 같으니, 고요한 산속에 있어도 정적을 느끼지 못한다. 마음을 비워서 욕심을 지우면 한여름 무더위 속에서도 서늘한 기운이 절로 느껴지고, 아무리 번잡한 저자에서 살더라도 시끄러움을 모른다.

🍃 화분에 심은 꽃은 아무리 고와도 생기가 없으며, 조롱에 가두어 기르는 새는 아무리 사랑스러워도 자연스러운 멋이 덜하다. 이름 없는 꽃이라도 산에 피고, 이름 모를 새라도 숲 사이에서 지저귈 때 훨씬 조화로운 법이다.

🍃 번거롭고 사치스러운 마음은 영락(榮樂)을 부르고 영락한 뒤에는 그 괴로움이 더하다.

🍃 순경(順境)과 역경(逆境)을 한가지로 보고 기쁨과 슬픔을 다 잊는다.

세상의 많은 일은 마음가짐에 따라 달라 보인다. 슬프게 보면 모두 슬픔거리요, 웃으면서 바라보면 모두 웃음거리다. 괴롭고 즐겁고 밉고 고운 것이 다 제 마음에서 비롯한다는 말이다. 날씨가 좋으면 풀과 나무의 짐승도 기뻐하는데, 하물며 사람이야 더 말하여 무엇하랴!

🍃 예기(禮記)의 월령(月令)에는 "여름철의 달빛과 썩은 풀이 화하여 반딧불이 된다." 하였으니, 옛사람은 거름더미가 변하여 개똥

벌레가 된다고 믿었다. 개똥벌레의 알이 거름 속에 있었으리라. 더러운 흙 속에서 자란 굼벵이가 매미가 되고 썩은 풀 속에서 반딧불이 나오듯이, 깨끗함은 매양 더러움에서 나오고 밝음은 항상 어둠 속에서 생긴다는 말이다. 흙탕물 위에 핀 연꽃도 이와 다르지 않다. 그래서 불교는 연꽃을 이상의 상징으로 본다.

🍃 복은 살벌한 자리에 오지 않고 재앙은 온화한 곳에 머무르지 않는다.

🍃 자연의 이치를 보라. 날씨가 따뜻하면 초목에 물이 오르고 잎이 나면 꽃이 피고 열매가 열리지만, 날씨가 추워지면 잎이 지고 모든 것이 시들지 않는가. 사람의 성질도 차가우면 받아들이는 것이 모두 차고 메마르며, 심정이 따뜻하고 부드러운 사람은 누리는 복이 두텁고 베푸는 은택(恩澤)도 장구하다.

🍃 사람은 불우할 때 참 공부를 한다. 주위에서 부딪치는 모든 괴롭고 아프고 서러운 것이 그대로 침과 약이 되기 때문이니, 모르는 동안에 자기를 반성하고 단련하게 한다. 반면에, 좋은 환경에 있으면 타락하기 쉽다. 주위에 있는 모든 즐겁고 반가운 것이 그대로 칼과 창이 되기 때문이니, 알지 못하는 사이에 해지고 속이 비게 된다.

🍃 이루지 못할 일이 없다
쇠와 돌도 뚫는다는 말은 주자(朱子)의 시에 나온다. "양기가 일어

나는 곳에 돌도 뚫을 수 있으니 정신을 하나로 모으면 이루지 못할 일이 없다."라는 구절이 그것이다.

🍃 허물없는 사람이 없으면서도 남의 흉 안 보는 사람도 없다. 남의 작은 허물을 뒤져내어 꾸짖지 말라. 감추는 일 없는 사람이 없으면서도 남의 비밀을 폭로하기 좋아하는 것은 무슨 못된 버릇이랴! 남의 사사로운 일을 들추어내지 말라. 좋은 점이 아무것도 없으면 이 세상에서 살 수 없다. 그 사람과 사귐을 계속하려거든 그 사람의 지난 잘못을 다시 생각하지 말라. 덕이란 별다른 게 아니다. 이 세 가지만 지키면 스스로 덕을 심을 뿐 아니라 소인의 해를 멀리할 수 있을 것이다.

원수는 은혜 때문에 생긴다는 말은 원망은 덕으로 인하여 나타난다는 것과 같은 뜻이다.

🍃 하늘이 큰일을 맡길 때는 반드시 먼저 그 몸을 수고롭게 하고 배를 굶주리게 한다는 말이 있다. 또 사람은 어지러움을 겪지 않으면 지혜가 밝아지지 않는다거나 영웅은 곤궁한 속에서 나온다는 말은 본디 그 뜻이 같은 것이다. 재난과 역경이 사람을 단련하여 대성시킨다는 말이다. 만일 이와 같은 단련을 받지 않으면 몸이 어려움을 감당하지 못할 것이요, 마음이 대임(大任)을 견디지 못할 것이다. 그러므로 선비는 곤궁한 것을 부끄러워하지 않으며 남 앞에 짐짓 늘어놓지 않는다.

🍃 질투와 시기하는 마음

더웠다, 싸늘했다 하는 태도의 변화는 부귀한 사람이 빈천한 사람보다 더욱 심하며, 질투하고 시기하는 마음은 육친이 남보다 더욱 질기다. 이러한 처지에서 만약 냉철한 마음으로 감당하고 평온한 기분으로 제어하지 못한다면 하루도 번뇌 속에 앉지 않는 날이 없을 것이다.

🍃 항상 자기를 반성하는 사람은 매사에 큰 공부를 한다.

🍃 너그러운 마음 좁은 마음

너그럽고 두터운 마음은 마치 봄바람 같아서 만물을 기르는 작용을 한다. 그 마음을 만나면 모든 것이 살아날 것이다. 모질고 좁은 마음은 마치 겨울 눈보라 같아서 만물을 얼린다. 그 마음을 만나면 모든 것이 죽을 것이다.

🍃 자기의 곤욕은 마땅히 참고 견뎌야 하지만, 남의 곤욕에 대해서는 결코 그냥 지나쳐서는 안 된다. 어려움을 무릅쓰고 구원의 손길을 내밀 줄 아는 인정을 지녀야 한다. 곤욕은 곤궁과 굴욕을 말한다.

🍃 선을 행하여 그 이익을 보지 못하여도 이는 숨은 덕이 될 터이니, 마치 모르는 사이에 풀 속에 동과가 자라나는 것과 같다.

🍃 유종의 미

해 질 녘 노을의 아름다움이나 잎진 뒤 귤의 향기로움 같은 것을 통해서 우리는 유종의 미를 배울 수 있다.

　🍃 행복을 찾으면 찾는 그 마음이 괴롭고, 고심을 벗하는 그 마음이 즐거워진다.

　🍃 성질이 조급하고 마음이 거친 사람은 한 가지 일도 이룰 수 없고 마음이 온화하고 기질이 평안한 사람은 백 가지 복이 절로 모인다.

　🍃 앞을 다투는 길은 좁으니 한 걸음 뒤로 물러서면 절로 한걸음 넉넉해진다.
　오솔길 좁은 곳에서는 한 걸음 멈추어 다른 사람을 먼저 가게 하고, 맛있는 음식은 삼분 덜어내어 다른 사람에게 맛보게 하라. 이것이 세상을 살아가는 아주 편안하고 즐거운 방법의 하나이다.
　인정 세파를 무사히 건너려면 어려운 곳에서는 언제든지 한 걸음 뒤로 물러설 여지를 남겨야 하고 쉬운 곳에서는 남에게 사양하는 공덕을 쌓는 것이 좋다.

　🍃 열 마디 말에 아홉 마디가 맞아도 반드시 대단하다는 칭찬은 없지만, 한 마디가 어긋나면 곧 탓하는 소리가 사방에서 모여든다.
　땅이 더러우면 초목이 많이 나지만, 물이 너무 맑으면 고기가 항상 없는 법이다. 군자는 마땅히 때 묻고 더러운 것을 받아들여 품는 사랑을 지녀야 하며, 깨끗한 것을 좋아하며 홀로 행하려는 뜻을 가져서는 안 된다.

🍃 문자는 언어의 부호요 언어는 마음의 형식이니, 문자보다 언어가 먼저요 더 완전하고 언어보다는 마음이 더 먼저요 또 완전하다. 거문고 줄은 소리를 내는 기구요 소리는 움직이고 부딪치는 가락의 형식이니, 가락은 소리로써 이루어지고 소리는 줄로써 나타난다. 문자 없는 책은 마음이요 줄 없는 거문고도 마음이다. 보이는 것만 볼 줄 알고 형체 있는 것만 쓸 줄 알아서는 참맛을 모른다. 멀리 산에 빛이 있음을 보고 가까이 물이 소리 없음을 들으며, 줄 없는 거문고를 어루만지고 구멍 없는 피리를 불 줄 알아야 바야흐로 책과 거문고가 없어도 그 뜻이며 가락을 알 것이다.

🍃 사람의 일생은 짧기가 마치 돌이 부딪칠 때 일어나는 불꽃 같다. 그 속에 길고 짧은 것을 다투니 이겨본들 얼마나 되는 세월이랴. 장자(莊子)에 달팽이의 왼쪽 뿔에 나라를 정한 이 있으니 촉씨(觸氏)라 하며, 달팽이의 오른쪽 뿔이 나라를 정한 이 있으니 만씨(蠻氏)라고 하는데, 서로 땅을 다투어 싸우니 시체가 수만이라. 라는 글이 있다. 세상 사람이 명리(名利)를 다툼이 마치 이 달팽이 뿔 위의 싸움과 같다는 말이다. 이겨본들 얼마나 되는 세계이랴!

🍃 일단 겉치레에 사로잡히고 형식에 얽매인다면 문득 속세의 고해에 떨어지고 말리라.
풍화설월(風花雪月)의 깨끗하고 맑은 맛은 아무나 보고 듣고 느낄 수 있건만, 사람마다 그 맛을 느끼는 것은 아니니 오직 마음 고요한 이만이 그 임자가 된다. 수목죽석(水木竹石)의 무성하고 메마름 또한 사람마다 보고 느낄 수 있건만, 속된 일에 바쁜 사람은 볼 겨를이 없으니, 마음 한가로운 이가 홀로 제 것처럼 즐긴다.

🍃 마음이 맑아 욕심이 적으면 오래 산다는 말이 있다.

천지는 움직이지 않는 듯하나 그 기의 작용은 조금도 쉬지 않으니, 그 품 안에서 만물을 기른다. 세월은 밤낮으로 달리지만 제 법칙을 조금도 어김이 없으니, 옛날이 지금의 거울이 된다. 이는 모두 고요한 가운데 움직임이 있고 변하는 가운데 변하지 않는 이치가 있음을 가르쳐준다. 이러한 우주의 대도(大道)는 그대로 인간의 대도가 되는지라, 고요한 때일수록 마음은 바쁘게 움직여야 하고 바쁜 곳에서도 도리어 한가로운 마음을 지녀야 한다.

🍃 나와 남을 차별하지 않고 일체를 평등으로 보아야 시끄러움과 고요함의 대립된 경계를 다 잊을 수 있다.

🍃 사람의 복과 재앙은 다 마음에서 만들어진다. 그러므로 석가(부처님)가 말하기를 "이욕(利慾)이 타오르면 이는 곧 불구덩이요, 탐애(貪愛)에 빠지면 모두 고해(苦海)로다. 한 생각이 청정하면 사나운 불꽃도 못이 되고, 한마음 깨달으면 배가 저 언덕에 오른다."라고 하였으니, 한 생각이 조금만 달라지면 그 경계가 아주 달라지니 어찌 삼가지 않을쏘냐!

🍃 비록 짚으로 꼰 새끼라도 톱 삼아 나무를 켜면 나무 또한 끊

어지는 법이요, 작은 물방울이라도 여러 해를 두고 떨어지는 자리에는 돌도 뚫어진다. 도를 배우는 이는 마땅히 이 가르침을 배워야 할 것이니 오직 정성을 기울어야 한다. 물이 모여 냇물이 되고 오이가 익어 꼭지가 빠지듯이 정성을 다함과 함께 자연(하늘)에 맡기면 깨달음이 열릴 날이 있는 것이다.

🍃 욕심이 마음의 눈을 흐리게 하고, 허심(虛心)이 마음의 눈을 열어준다. 큰 공과 큰 사업을 성취하는 사람은 대개 사욕이 없고 허심탄회하며 성격이 원만하다.

🍃 입을 열지 말고 남의 의견을 잘 들어라. 이든, 입술이든 더욱더 어리석은 것처럼 하여야 한다. 저쪽에서 스스로 입을 열면 나는 그것을 통하여 알게 되나 옳고 그름이 수레바퀴처럼 달려오더라도 상대방과 맞서서 상대하지 않는다.

텅 비고 고요한 상태로 아무 일도 하지 않는 것이 도의 본성이다. 여러 가지 사물이 뒤섞여 비교하면서 맞서는 것이 사물의 형상이다. 도(道)를 참조하여 사물에 비교하고 서로 비추어 텅 비고 고요한 상태로 들어맞게 하여야 한다.

마음을 비워서 도가 머물게 될 집으로 삼아야 한다.

맺음말

💬 우리나라를 포함해서 현대 21세기 세계는 바야흐로 혼돈한 상황의 한가운데에 놓여있다.

2~3가지의 상황을 떠올려 보기만 해도, 예를 들면 이스라엘 국가 등의 자폭테러에 의한 무차별적인 살육, 개발도상국에 있어서 기아, 빈곤, 질병의 만연과 인권문제, 국내질서의 파괴에 따른 대량 난민의 발생과 받아들이는데 인색함, 자연 파괴의 계속과 자연환경 파괴의 계속과 지구의 온난화, 석유에너지의 고갈 및 대체에너지 개발의 미숙, 뒤를 이어 생기는 자살과 살인, 핵 정책의 행방 등등 이것들을 해결하기 위한 유효한 정책과 방침은 미궁에 빠져있고, 이것들을 해결하기 위한 정책이나 방침은 거의 제기된 일이 없는 듯이 생각되며, 해결방향을 알려주는 깊은 이론과 철학이 아직 의논될 단계가 되지 않고 있다.

우리나라와 세계가 앞으로 어떻게 되어 갈까? 그 안에서 우리는 어떻게 해야 할까 아는 사람이 있는 것 같지 않다. 그러므로 앞길이 캄캄해서 예측할 수 없게 되었다고 말할 수밖에 없다. 그뿐만 아니라 이러한 문제들은 세상의 겉 층에 나타난 현상에 불과한 것이고, 그 심층에 뿌리박혀있는 인간의 마음의 고뇌의 심각성은 헤아릴 수 없는 그 무엇이라고 할까?

이와 같은 현대 사회의 중요한 문제에 직면하고 있는 우리에게, 노자의 도의 철학이 그냥 그대로의 모습이 문제 해결에 효과를 발휘하리라고는 생각되지 않는다.

그러한 주장은 단순한 시간 착오에 지나지 않으며, 그러므로 아무 의미도 얻을 수 없지 않은가. 그러나 앞에서 쓴 바와 같이 노자(老子)가 중국 고대의 중요한 문제를 해결해야 할 때 제현상(諸現象), 만물(萬物) 수준의 대주 요법적인 처방전을 쓸 것을 모조리 비판한 것이 포함된 독특한 윤리적 도덕적 습관에는, 사는 시대는 많이 떨어져 있지만 우리도 눈여겨보아야 하겠다. 노자에 있어서 중요한 문제의 해결은 오른쪽 비판을 뿌리째 뒤엎음으로써 얻어진다. 다시 말하면 인간이 제현상, 만물을 존재론(存在論) 의미로써 존재(存在, 運動, 變化)시키고 있는 궁극적 근원자 도(道)에까지 떨어져서는, 도에 접근하여 도를 잡고 최후에 도 그 자체가 된 뒤에 그 도가 가지고 있는 전능한 능력을 세계에서 발휘함으로써 이루어지는 것이다.

이 해결책이 그냥 그대로 쓸모가 없으리라는 것은 앞에 쓴 바도 있듯이, 중요한 문제의 해결을 그것들을 일으키는 궁극적인 근원자 도(道) 수준에서 생각해보는 자세는 오늘날에도 역시 중요한 것이 아니겠는가? 그리고 사람이 도(道) 바로 그것으로 되기 위해서 모든 현상 만물 수준의 협잡물에서 이탈하거나 주체인 '나(我, 己, 心)'를 무시하고 밀고 나가는 과정을 제시하는 것도 오늘날에도 귀중한 자세라고 말할 수 있는 것이 아니겠는가? 그리고 이러한 것들은 우리들이 현대 사회 안 중요 문제의 해결책의 방향과 어딘가 공통점이나 유사점이 있는 것처럼 느껴진다.

1. 어머니

나는 소백산 기슭의 평범한 농촌 마을에서 유난스럽지 않으나 따뜻한 정을 가진 어머니와 항상 사리에 맞는 판단을 하시어 행동하시는 아버지 사이에서 태어났다. 그 당시는 국민의 90% 이상이 농사일에 종사하였다. 새벽 첫닭이 울면서 일이 시작되고, 저녁에 해가 지고 땅거미가 깊이 깔릴 때까지 계속된다. 농부의 땀과 하늘의 처분에만 의존하던 농사였으므로 우순풍조(雨順風調)를 빌 따름이었다. 절기와 일기에 따라 빨리 맞추어 일해야 했다. 자연의 순리에 따라 농사를 짓고 자식들을 키우며 고생하신 어머니 생각이 난다.

"청청 하늘에는 별도 많고 이내 가슴에 시름도 많다." 어려운 집안에서의 혹독한 시집살이로 눈물을 삼키고 남모르게 흥얼거리셨던 아리랑의 한 구절이다. 어머니께서 품고 있는 고통은 바다와 같이 깊고 컸었지만, 그 한가운데에서도 어머니는 삶의 가치를 어디에 두셨을까 생각해본다. 신앙심을 잃지 않으신 어머니는 거친 시달림과 고통의 바다에서 부침하면서도 삶의 의미를 꽉 잡고 우리를 잘 키우셨던 것일 게다.

'어머니' 하면 모든 것을 주면서도 아무런 대가도 바라지 않는 존재이다. 이러한 이유로 도교 철학에서 절대적 존재를 어머니로 표현하는 것에 공감한다.

2. 무위자연(無爲自然)

"세상을 위해 일하나 아무것도 바람이 없다. 그것이 진정 행복이다.
(To work in the world, asking for nothing, that is true happiness)"
이는 슈바이처 박사가 한 말이다. 이것이 바로 진정한 무위자연(無爲
自然)이 아닐까?

나는 다시 태어나도 의사가 될 것이다. 의사가 되어 꼭 환자의 편이
되었으면 한다. 수입, 명예, 성취를 너무 의식하지 않고 일이 좋아서
열중하고 싶다. 그렇다고 일, 공부에만 매달리지도 않을 것이다. 할
수만 있으면 매일 아침 소나무 숲 사이를 산책하고 싶다. 그윽한 소나
무 향기 바람이 솔잎을 스치며 사그락거리는 소리, 항상 푸른 솔잎,
땅에 쌓인 폭신폭신한 솔가리 나뭇가지가 멋지게 휘어진 것을 나는
좋아한다. 피톤치드나 산소는 덤으로 얻는 선물이다. 그리고 더러는
그리 높지 않은 산을 오르고 싶다. 친한 동행이 있으면 좋겠으나 혼
자 가는 것도 나만의 시간이 되어 즐겁다.

아침에 일어나 창문을 열고 꽃을 보며 은은한 향기가 몸에 배어든
다는 것, 별을 쳐다보는 것, 해돋이와 강물에 반사되는 빛에 감탄하
는 것, 자연의 고마움을 느끼며 그 안에서 소요유(逍遙遊) 하며 살면
삶 자체가 영광되고 감동적일 수밖에 없을 것이다.

道沖而用之, 有不盈也_
淵呵似萬物之宗_

"도는 조화롭게 사용하니
넘치지 않음이 있다.
깊도다 만물의 근본인 것 같구나."

참고문헌

1. 포박자(抱朴子) [초판인쇄발행 2014년], 지은이 갈홍(葛洪), 해역 이준영, 펴낸이 김시열, 펴낸곳 도서출판 자유문고, 전화 02) 2637-8988, 팩스 02) 2676-9759

2. 노자와 21세기(2) [초판발행 1991년 12월. 2016년 7월 28일 2판 13쇄], 지은이 도올, 김용옥, 펴낸이 남호섭, 펴낸곳 통나무, 전화 02) 744-7992 팩스, 02)762-8520

3. 채근담(菜根譚) [개정판 28쇄 2014년 11월 1일], 지은이 홍자성, 역주 조치훈, 펴낸이 조미현, 펴낸곳 (주)현암사, 전화 02-365-3051, 팩스 02-313-3729

4. 한비자(韓非子) [1판 3쇄 발행일 2016년 4월 11일], 지은이 한비자, 옮긴이 김원중, 펴낸곳 휴머니스트, 전화 02-335-3422, 팩스 02-334-3427

5. 순자(荀子) [2판 12쇄 발행일 2017년 2월 5일], 지은이 순자, 옮긴이 김학주, 펴낸곳 을유문화사,

6. 손자, 36계 (孫子, 三十六計) [헤이세이(平年) 27년 5월 30일 九版], 지은이 유아사 쿠니히로(湯淺邦弘)

7. 료칸(良寬) こつじきあんぎゃ (乞食行脚). 지은이 마츠모토 이치주 (松本 市壽), 펴낸곳 고분사(光文社)

8. 로시(老子) [초판 2쇄 발행일 2017년 3월 13일], 지은이 모리야 히로시(守屋洋)

9. 논어(論語) [초판 2015년 11월 11일], 옮긴이 권정자, 펴낸곳 원앤원콘텐츠 그룹

10. 롱고(論語) [쇼와(昭和) 47년 2월 15일], 지은이 요시카와 고지로(吉川幸次郎), 펴낸곳 朝日新聞社

11. 롱고 게(論語, 下), 지은이 요시카와 고 지로(吉川幸次郎), 펴낸곳 朝日新聞社

12. 논어(論語) [발행일 2012년 3월 12일], 지은이 공자 옮긴이 김원중, 펴낸곳 글항아리

13. 노자의 목소리로 듣는 도덕경 [발행일 2001년 12월 31일], 지은이 최진석, 펴낸곳 소나무

14. 생각하는 힘, 노자인문학 [발행일 2015년 3월 12일], 지은이 최진석, 펴낸곳 위즈덤하우스

15. 예기 상(禮記 上) 신완역(新完譯) [발행일 2003년 10월 31일], 편저자 이상옥, 펴낸곳 명문당(明文堂)

16. 예기 중(禮記 中) 신완역(新完譯) [발행일 2003년 10월 31일], 편저자 이상옥, 펴낸곳 명
    문당(明文堂)

17. 예기 하(禮記 下) 신완역(新完譯) [발행일 2003년 10월 31일], 편저자 이상옥, 펴낸곳 명
    문당(明文堂)

18. 회남자(淮南子) 상(上) [2013년 5월 10일 초판 발행], 편저자 유안(劉安) 편역자 안길환,
    펴낸곳 명문당(明文堂)

19. 회남자(淮南子) 중(中), 편저자 유안(劉安) .편역자 안길환, 펴낸곳 명문당(明文堂)

20. 회남자(淮南子) 하(下), 편저자 유안(劉安) 편역자 안길환, 펴낸곳 명문당(明文堂)

21. 롱고(論語) [2017년 4월 10일 18쇄 발행], 지은이 가지 노부유키(加地伸行), 펴낸곳 고단
    샤(講談社)

22. 논어(論語) [2016년 7월 5일 3쇄 개정판 발행], 지은이 공자, 옮긴이 김형찬, 펴낸곳 홍익
    출판사

23. 맹자(孟子) [1996년 4월 30일 1판 13쇄 발행], 옮긴이 이기석, 한용우, 펴낸곳 흥신문화사

24. 로시(老子) その思想を讀み盡くす [2017년 3월 11일 발행], 지은이 이케다 도모히사(池田知久), 펴낸곳 講談社學術文庫

25. 로시(老子) [쇼와(昭和) 46년 5월 30일], 옮긴이 후쿠나가 미츠지(福永光司), 펴낸곳 朝日新聞社

26. 노자타설 상, 하 [2014년 7월 21일 초판 3쇄 발행], 지은이 남회근, 펴낸곳 부키

27. 사기열전(史記烈傳) 상 [2001년 3월 30일 초판 발행], 지은이 사마천 . 옮긴이 김원종, 펴낸곳 을유문화사

28. 사기열전(史記烈傳) 하 [2001년 3월 13일 초판 발행], 지은이 사마천 . 옮긴이 김원종, 펴낸곳 을유문화사

29. 르시(老子) [2017년 2월 15일 제14쇄 발행], 옮긴이 하치야 쿠니오 (蜂屋邦夫), 펴낸곳 이와나미 문고(岩波文庫)

30. 유쾌한 노자, 현대인과 소통하다 [2011년 4월 20일 초판 발행], 펴낸이 왕융하오, 옮긴이 이성희, 펴낸곳 베이직북스

31. 노자(老子) [1988년 2월 25일 8판 발행], 옮긴이 김경탁, 펴낸곳 명지대학교출판부

32. 회남자(淮南子) [199년 3쇄 발행], 지은이 유안, 옮긴이 이석호, 펴낸곳 도서출판 세계사

33. 서경(書痙) [2015년 1월 15일 개정 초판 3쇄 발행], 옮긴이(역저자) 김학주, 펴낸곳 명문당(明文堂)

34. 놓아버림: 내안의 위대함을 되찾는 항복의 기술 [2014년 5월 7일 1판 9쇄 발행], 지은이 데이비드 호킨스, 옮긴이 박찬준, 펴낸곳 판미동

35. 신완역(新完譯) 묵자(墨子) 상(上) [2003년 10월 6일 발행], 옮긴이 (역저자) 김학주, 펴낸곳 명문당(明文堂)

36. 신완역(新完譯) 묵자(墨子) 하(下) [2003년 10월 6일 발행], 옮긴이(역저자) 김학주, 펴낸곳 명문당(明文堂)

37. ビギナーズ.クラシックス中國の古典 韓非子(한비자) [2005년 3월 25일 발행], 지은이 니시가와 야스지(西川靖二), 펴낸곳 角川書店

38. 소우시(そうし, 莊子) 第1冊 (內篇) (全四冊) [2016년 4월 15일 발행], 옮긴이 가나야 오사무(金谷 治), 펴낸곳 이와나미 문고(岩波文庫)

39. 소우시(そうし, 莊子) 第2冊 (外篇) (全四冊) [2016년 4월 15일 발행], 옮긴이 가나야 오

사무(金谷 治), 펴낸곳 이와나미 문고(岩波文庫)

40. 소우시(そうし, 莊子) 第3冊 (外篇　雜篇) (全四冊) [2015년 1월 15일 발행], 옮긴이 가나야 오사무(金谷 治), 펴낸곳 이와나미 문고(岩波文庫)

41. 소우시(そうし, 莊子) 第4冊 (雜篇) (全四冊) [2015년 6월 25일 발행], 옮긴이 가나야 오사무(金谷 治), 펴낸곳 이와나미 문고(岩波文庫)

42. 소우시(莊子　全現代語譯) 上 [2017년 5월 11일 발행], 옮긴이 이케다 도모히사(池田知久), 펴낸곳 講談社學術文庫

43. 소우시(莊子　全現代語譯) 下 [2017년 6월 9일 1쇄 발행], 옮긴이 이케다 도모히사(池田知久), 펴낸곳 講談社學術文庫

44. 莊子 內篇 (朝日文庫 ち 3-12 中國古典選 12) [쇼와(昭和) 46년 11월 25일 제9쇄 발행], 옮긴이 후쿠나가 미츠지(福永光司), 펴낸곳 朝日文庫

45. 莊子 外篇 (新訂 中國古典選 제8권) [쇼와(昭和) 47년 2월 25일 발행], 옮긴이 후쿠나가 미츠지(福永光司), 펴낸곳 朝日新聞社

46. 莊子 外篇 雜篇 (新訂 中國古典選 제9권) [쇼와(昭和) 47년 2월 25일 발행], 옮긴이 후쿠

나가 미츠지(福永光司), 펴낸곳 朝日新聞社

47. 대학:大學　중용: 中庸 [1980년 2월 29일 발행], 옮긴이 백래옥, 이기석, 전영식, 한백우, 펴낸곳 흥신문화사

48. 도교와 그리스도교 [2003년 3월 25일 1판 2쇄 발행], 지은이 김승혜, 이상수, 김낙필 (서강대학교 종교학과 교수, 연세대 철학과 교수, 원강대학교 교수), 펴낸곳 바오로딸

49. 고사성어로 읽는 춘추좌전(春秋左傳) [2016년 2월 20일 발행], 엮은 이 최종례, 펴낸곳 명문당

50. 제자백가(諸子百家) [1996년 4월 30일 발행], 옮긴이 이민수, 펴낸곳 흥신문화사

51. 史記 漢武編 [쇼와(昭和) 46년 6월 제5쇄 발행], 옮긴이 다나카 겐지(田中謙二), 펴낸곳 朝日新聞社

52. 史記 楚漢篇 [쇼와(昭和) 46년 4월 30일 제6쇄 발행], 옮긴이 다나카 겐지(田中謙二), 펴낸곳 朝日新聞社

53. 史記ー中國古代の人びと [1988년 7월 25일 72판 발행], 옮긴이 카이즈카 시게키(貝塚 茂樹), 펴낸곳 中央公論社

54. 한권으로 보는 사기열전 [2004년 11월 30일 발행], 사마천 원저 옮긴이 이언호, 펴낸곳
도서출판 큰방

55. 사마천 사기-중국 고대사회의 형성 [2007년 4월 20일 발행], 옮긴이 이성규, 펴낸곳
서울대학교출판부

56. 한비자(韓非子) [2008년 5월 20일 발행], 옮긴이 성동호, 펴낸곳 흥신문화사

57. 맹자(孟子) [1989년 3월 20일 7판 발행], 옮긴이 김경탁, 펴낸이 명지대학교 교양교육연
구소, 펴낸곳 명지대학교 출판부

58. 易- 中國古典選 第1卷 [쇼와(昭和) 46년 4월 25일 발행], 옮긴이 혼다 와타루(本田 濟),
펴낸곳 朝日新聞社

59. 孟子-中國古典選 第5卷 [쇼와(昭和) 46년 7월 5일 발행], 옮긴이 가나야 오사무(金谷
治)

60. 장자(莊子) [2015년 10월 12일 초판 발행], 옮긴이 김갑수, 펴낸곳 글항아리

61. 도연명(陶淵明)-중국 고전 한시인선 [2002년 5월 20일 발행], 편역자 장기근, 펴낸곳 명
문당

62. 열자(列子)-난세를 이기는 지혜를 말하다 [2011년 8월 20일 발행], 옮긴이 김학주, 펴낸 곳 연암서가

63. 悩む力(고민하는 힘) [2011년 8월 22일 21쇄 발행], 지은이 강상중, 펴낸곳 集英社

64. 超譯 孫子の兵法「最後に勝つ人」の絶對ル ル [2013년 12월 24일 발행], 지은이 다구치 요시후미(田口 佳史), 펴낸곳 三笠書房

65. 般若心経入門 [1981년 10월 발행], 지은이 오오시로 타츠 히로(大城立裕), 펴낸곳 光文社